D1854656

Liebe Leserin, lieber Leser,

einer der bewegendsten Texte in dieser Ausgabe ist für mich das Porträt des Schriftstellers Feridun Zaimoglu (Seite 54). Dessen Pubertät in den späten 1970er Jahren, die meine Kollegin Marion Rollin beschreibt, wirkt wie ein Beitrag zur aktuellen Gewaltdebatte: ein türkischstämmiger Junge, pickelgesichtiger Schulversager, aufbrausender Schläger – der plötzlich, mithilfe seiner Eltern, doch noch die Kurve kriegt, seine Liebe zum Wort entdeckt und ein erfolgreicher Autor wird.

Auf die eine oder andere Weise erleben die meisten Eltern die Pubertät ihrer Kinder als dramatischen Einschnitt ins Familienleben. Was nicht erstaunt angesichts der fundamentalen Umbauarbeiten im Gehirn von Jugendlichen, der permanenten Hormonausschüttungen und der medialen Reizüberflutung. Irgendwann stellt sich dann die Frage, ob denn alle Erziehung nutzlos war. Das war sie natürlich nicht. Zwar wird es nur in wenigen Lebensläufen derart schnell und konsequent aufwärtsgehen wie in dem Feridun Zaimoglus. Gleichwohl entsteht aus der Krise vielfach etwas Neues, entpuppt sich aus dem kindlichen Ich schließlich ein junger Erwachsener. Dabei ist immer wieder die Unterstützung der Eltern wichtig – selbst wenn sie mitunter nur darin besteht, im richtigen Moment loszulassen.

Einfach da zu sein, das hätten sich von ihren Vätern und Müttern auch zwei jener Jugendlichen gewünscht, die wir gebeten haben aufzuschreiben, was sie ihnen nahestehenden Menschen immer schon einmal sagen wollten (Seite 122). Die Beispiele machen deutlich, wie seelisch verwundbar Kinder im Pubertätsalter sind. Andererseits schlummern in Jugendlichen meist mehr Fähigkeiten, als man es ihnen zutraut. Das zeigt etwa die Reportage von Ute Eberle über die sogenannten Model United Nations in Kairo, bei der 200 Schülerinnen und Schüler aus aller Welt in ausgetüftelten Rollenspielen das Politikmachen üben konnten (Seite 110).

Seinen festen Platz in der Erwachsenenwelt zu finden, ist dennoch nicht einfach in einer Zeit, in der die Rituale des Übergangs an Bedeutung verloren haben. Womöglich liege das auch daran, schreibt Alexandra Rigos in ihrem Report über Initiationsriten (Seite 80), dass es Jugendlichen hierzulande oft gar nicht sonderlich erstrebenswert erscheint, erwachsen zu werden – gerade wenn viele Ältere alles daran setzen, ewig jung zu bleiben.

Herzlich Ihr

Claus Peter Simon

INHALT

32 SEXUALITÄT Wachsendes Interesse für das andere Geschlecht
Zeitalter der dauernden Verfügbarkeit erotischer Reize für die

WISSEN KOMPAKT

GEO.de

Im Online-Special »Erziehung« geben Experten Ratschläge für Eltern. Und ein Test gibt Auskunft, ob Sie Ihren Kindern gewachsen sind: **www.geo.de/erziehung**

Titelbild: Debbie Miracolo
Redaktionsschluss: 11. April 2008

markiert den langsamen Abschied von der Kindheit. Der aber ist im meisten Jugendlichen komplizierter als jemals zuvor

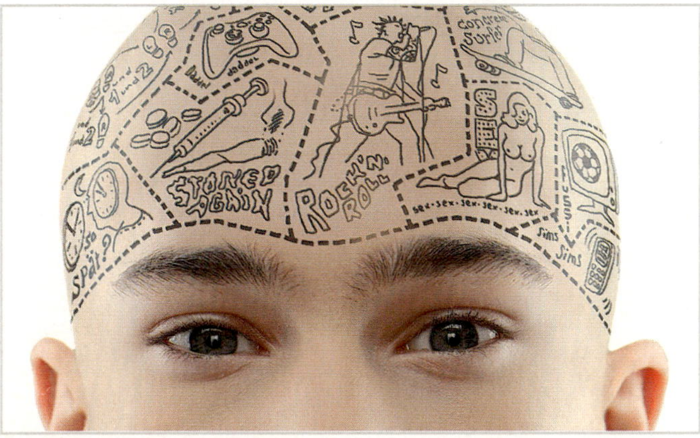

Unsicherheit, Misstrauen, Selbstbewusstsein, Trotz. Auch wenn sie es am liebsten verbergen möchten: Die Gesichter von Kindern in der Pubertät geben viel preis über ihr inneres Befinden – wie auf diesem Foto der Hamburgerin Petra Paulina Kohl

PUBERTÄT

AUFBRUCH IN EINE NEUE ZEIT

Der Übergang zwischen Kindheit und Erwachsenenalter ist ein drastischer Einschnitt im Leben eines Jugendlichen – die alten Sicherheiten gelten nicht mehr, die neue Persönlichkeit ist allenfalls in Umrissen zu erkennen. GEO WISSEN zeigt Arbeiten von Fotokünstlern, die sich intensiv mit diesem Lebensabschnitt befasst haben

METAMORPHOSE

Ein Junge wird zum Kerl

Die roten Haare und das Stachelhalsband von Pablo (im Alter von 14 Jahren) sind kein Zeichen des Protests, sondern das Outfit für eine Party. Immer mal wieder hat die Schweizer Fotografin Ruth Erdt die Lebensphasen ihres Sohnes mit der Kamera festgehalten: beim Anprobieren einer Lederjacke, am Strand von Bali oder vor einem Moskitonetz. Mit 15 lässt Pablo sich dann nicht mehr so gern fotografieren, präsentiert sich abweisend. Erst mit 18 sieht der augenscheinlich gereifte junge Mann die ganze Sache wieder etwas lockerer

10 Jahre

12 Jahre

13 Jahre

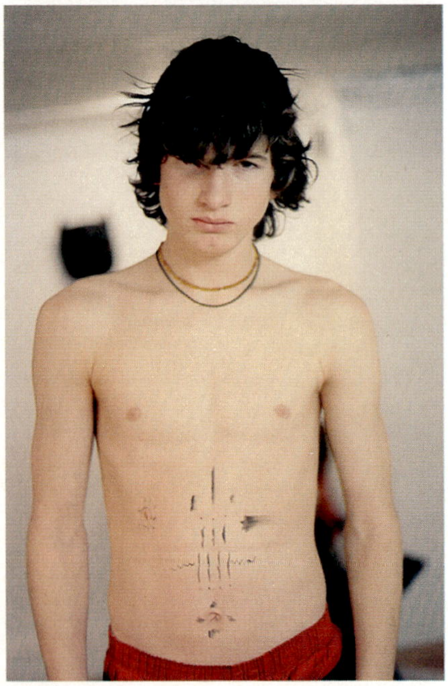

15 Jahre

17 Jahre

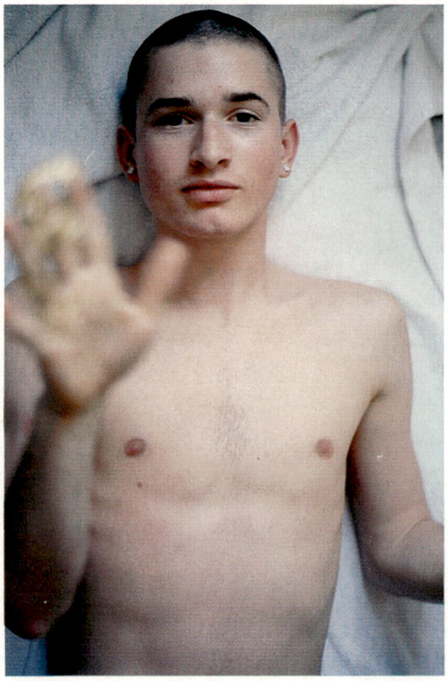

18 Jahre

FANKULT

Sehnsucht nach großen Gefühlen

Was in den 1960er Jahren den Beatles und in den 1980ern Michael Jackson gelang, vermochte im Jahr 2006 die Boygroup US5: die Fans zur Ekstase zu treiben. Eine solche Mischung aus Sex-Appeal, sanfter Rebellion und Musik hat schon immer eine große Anziehungskraft auf Teenager ausgeübt – hier festgehalten von dem Berliner Julian Röder für sein Foto-Projekt »Hey Fans!«

ig Brother: Beim Clipdreh
uschelt Jay mit Yasmin
ein Anschluss
Jay khan

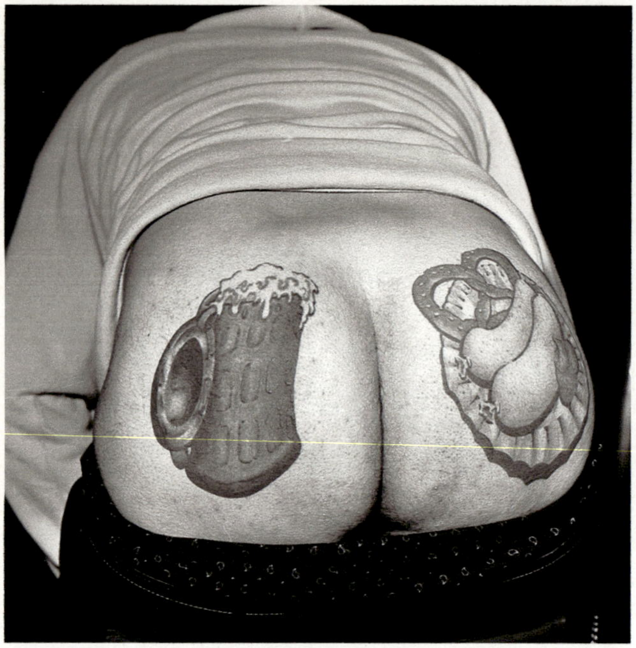

PROVOKATION

Anders sein um jeden Preis

Punk ist tot? Vielleicht in London oder Berlin, nicht aber im bayerischen Burghausen. Einmal im Monat bittet die Szene zum Konzert – Chaos und provozierende Gesten inklusive. In einer Kleinstadt ein für Jugendliche noch immer probates Mittel, ihr Anderssein zu demonstrieren. Entstanden ist die Fotoserie des Österreichers Philippe Gerlach im Rahmen des europaweiten Projekts »Youth in the Countryside«

RÜCKZUG

Manchmal wird alles zu viel

Weltflucht auf den Baum – mitten in der Großstadt. Dieses 13-jährige Mädchen sucht die Abgeschiedenheit, um in seinem Tagebuch über einen Jungen zu schreiben, in den es gerade verliebt ist. Das Foto ist Teil der Diplomarbeit »Ich liebe Dich, lass mich in Ruhe!« der Hamburgerin Johanna Manke

ESSEN

Der Kampf mit dem Körper

Ihr Aussehen ist für Kinder in der Pubertät überaus wichtig. Abweichungen vom vermeintlichen Idealbild und Hänseleien führen oftmals zu Essstörungen. Bei Mädchen äußern die sich häufig in Magersucht – wie bei der 16-jährigen Aiva, die Lauren Greenfield aus Los Angeles für ihr Buch »Thin« fotografiert hat, am ersten Tag nach Aivas Einweisung in eine Therapieeinrichtung. Jungen essen sich hingegen oft Kummerspeck an – wodurch düstere Stimmung noch verstärkt werden kann. Wie beim 11-jährigen Brian, den Jessica Roberts aus Philadelphia für ihr Projekt »Before the coming« porträtiert hat

EROTIK

Der Wunsch nach Nähe erwacht

Der Strand ist seit Langem ein beliebtes Experimentierfeld für zwischenmenschliche Beziehungen im Jugendalter. Dem Alltag enthoben, können Heranwachsende ganz neue Rollen erproben. In drei Ferienlagern, darunter einem an der Bretagneküste, hat die Französin Marion Poussier für ihr Werk »Ein Sommer« fotografiert □

15 WICHTIGE **FRAGEN**

Von neuronalen Netzwerken und frühreifen Früchtchen. Die Antworten

1 Gibt es mehr Konflikte, sobald Kinder in die Pubertät kommen?

Das muss nicht unbedingt der Fall sein. In der Familie wird ohnehin mehr und heftiger gestritten als unter Freunden oder in der Schule – einfach weil Familienbeziehungen als „unkündbar" und damit als sehr belastbar angesehen werden. Sich gehen zu lassen, ist für die meisten Kinder nur innerhalb des Familienumfeldes möglich. Daher sind sie zu Hause mitunter unerträglich, woanders aber ganz normal. Die Konflikte haben auch eine positive Funktion, denn sie fördern die Autonomie des Kindes.

2 Was geht im Gehirn von Pubertierenden vor?

Das lässt sich einerseits nur individuell beantworten. Andererseits gilt, dass sich das Netzwerk der Neuronen bei Pubertierenden gravierend von dem eines Kindes oder Erwachsenen unterscheidet – was Auswirkungen hat auf das Denken, Fühlen und Verhalten. Bis zu 30 000 unbenötigte Nervenverbindungen sterben im Jugendalter pro Sekunde ab. Gleichzeitig vernetzen sich die übrigen Neuronen immer stärker. Dies geschieht vor allem im vorderen Hirnbereich, der wichtig für die Entscheidungsfindung, für Planung und Motivation ist; aber auch im Gefühlszentrum, in dem Situationen als positiv oder negativ bewertet werden. Diese Veränderungen sind – gemeinsam mit der hormonellen Umstellung – für die typischen Stimmungsschwankungen mitverantwortlich, für die oft geringe Motivation und das Interesse an riskantem Verhalten.

3 Weshalb kommen Kinder heute eher in die Pubertät als zu früheren Zeiten?

Vor 150 Jahren setzte die Pubertät bei Mädchen im Schnitt mit 17 Jahren ein, heute schon mit zwölf bis 13 Jahren (bei Jungen heute mit 14 bis 15 Jahren, allerdings gibt es keine Vergleichsdaten zu früher). Eine wichtige Ursache dafür ist die bessere Ernährung, denn Mädchen benötigen einen Körperfettanteil von etwa 17 Prozent, damit eine Schwangerschaft erfolgreich verlaufen kann; daher setzt vorher die Regel nicht ein. Bei untergewichtigen Mädchen oder Leistungssportlerinnen verschiebt sich der Zeitpunkt der ersten Regel entsprechend nach hinten, bei Übergewichtigen mitunter nach vorn. Die heute bessere medizinische Versorgung vermindert darüber hinaus die Wahrscheinlichkeit von Entwicklungsverzögerungen bei Jungen und Mädchen, was ebenfalls zu einer früheren Pubertät führt. Außerdem haben frühreife Mütter meist auch wieder frühreife Töchter.

4 Was bedeutet für Mädchen ein besonders früher Start in die Pubertät?

Je frühreifer ein Mädchen ist, desto heftiger sind oft die Auseinandersetzungen, auf die es sich einlässt, insbesondere die mit der Mutter; meist kann ein hoher Anteil an Stresshormonen bei solchen Mädchen nachgewiesen werden. Sie fühlen sich emotional oft vergleichsweise wenig mit den Eltern verbunden, rauchen und trinken früher und sind auch eher sexuell aktiv. Eine Langzeitstudie zeigt aber, dass die meisten früh Pubertierenden im Alter von 30 Jahren eine stabile Gefühlswelt haben, gut Verantwortung für andere übernehmen und sehr zielgerichtet arbeiten können. Spät Pubertierende geben bei Frustration schneller auf, sind launischer und fühlen sich eher vom Leben enttäuscht. Ursache könnte sein, dass früh Pubertierende zeitig lernen, mit problematischen Situationen umzugehen; die spät reifenden Mädchen wachsen dagegen behütet auf und haben weniger Möglichkeiten, eigene Lösungswege zu finden.

ZUR PUBERTÄT

der Entwicklungspsychologin Karina Weichold

5 Was bedeutet für Jungen ein besonders früher Start in die Pubertät?

Früh Pubertierende sind aufgrund ihrer Körpergröße, der besser ausgebildeten Muskeln und ihrer Vorteile im Sport für Mädchen attraktiver und entwickeln sowohl Selbstvertrauen als auch soziale Fähigkeiten. Im Erwachsenenalter ermöglicht dies ein erfolgreicheres und zufriedeneres Leben; sie sind sozial meist besser angepasst und erreichen beruflich oft höhere Positionen als spät Pubertierende. Sie sind auch beliebter, selbstbewusster und zufriedener mit ihrer Ehe – jedoch weniger offen für neue Erfahrungen, wie Studien zeigen. Jungen, die spät reifen, fühlen sich in der Pubertät eher unwohl – sie werden oftmals gehänselt und hoffen auf einen Wachstumsschub. Um davon abzulenken, greifen spät pubertierende Jungen überdurchschnittlich häufig zu Alkohol.

6 Wer hat mehr Probleme mit der Pubertät: Jungen oder Mädchen?

Was Alkohol, Zigaretten und Drogen angeht, sind beide Geschlechter gleichermaßen betroffen. Unter depressiven Gefühlen, Unsicherheit, Unzufriedenheit und Angst leiden Mädchen deutlich häufiger. Beide Geschlechter achten in den Pubertätsjahren vermehrt auf ihr Äußeres und sind sensibel für Veränderungen. Jungen sehen diese – wie etwa das Muskelwachstum – eher als positiv; Mädchen nehmen die sich bildenden Fettpölsterchen hingegen als Abweichung vom Schönheitsideal wahr. Das kann zu Essproblemen oder depressiven Verstimmungen führen. An deren Entstehung sind in fast allen Fällen auch die hormonellen Umstellungen beteiligt und die Reaktion der Umwelt auf die körperlichen Veränderungen.

7 Welcher Erziehungsstil ist in der Pubertät angemessen?

Am besten trägt meiner Einschätzung nach die sogenannte autoritative Erziehung dazu bei, dass sich Kinder in einer positiven Weise entwickeln. Autoritativ beschreibt eine Mischung aus Wertschätzung und emotionaler Unterstützung durch die Eltern, die ihre Kinder aber durchaus auch fordern sollten. Wichtig ist es, dem Kind Eigenständigkeit zuzugestehen, ihm aber auch Grenzen aufzuzeigen. Ein solches Erziehungsprinzip sollte allerdings schon frühzeitig und nicht erst mit Beginn der Pubertät umgesetzt werden. Denn eine positive emotionale Beziehung muss über Jahre aufgebaut werden. Sie ist die beste Voraussetzung dafür, dass Kinder sich mit ihren Problemen und Ängsten auch in den Pubertätsjahren an die Eltern wenden.

8 Gibt es »goldene Regeln« für Eltern, um die Pubertät durchzustehen?

Mit den Kindern im Gespräch bleiben: Das muss im Vordergrund stehen. Es kann auch nicht schaden, wenn Eltern ihr Erziehungsverhalten immer wieder einmal kritisch überprüfen. Sie haben ja ständig einen Balanceakt zu vollführen. Einerseits sollen sie die Freiheitsansprüche und die Meinung der Jugendlichen respektieren, andererseits dürfen sie nicht alles billigen. Sich bei der Abwägung auf immer neue Machtspiele einzulassen, bringt beiden Seiten nichts ein. Vielmehr sollten Eltern und Kinder gemeinsam Regeln – etwa zur Computernutzung des Sohnes – diskutieren und beschließen, samt den Konsequenzen bei Verstößen. Und sich in Zweifelsfällen nicht scheuen, auch professionelle Unterstützung (z. B. durch eine Erziehungsberatungsstelle) in Anspruch zu nehmen.

15 WICHTIGE FRAGEN ZUR PUBERTÄT

9 Müssen Eltern immer alles mit den Kindern ausdiskutieren?

Konflikte und Diskussionen treiben die Entwicklung des Selbst bei Jugendlichen voran, darunter das Finden einer eigenen Meinung und die Fähigkeit, selbstständig Entscheidungen zu treffen. Es ist für Jugendliche aber auch wichtig zu lernen, dass Regeln zu befolgen sind. Andererseits sollten sie die Erfahrung machen, dass mit guten Argumenten und einer Diskussion auf gleicher Augenhöhe Regeln verändert werden dürfen – in einem Maße, dass sowohl Eltern als auch Jugendliche damit leben können. Elterliche Regeln brauchen jedoch immer eine Begründung, damit sie für die Kinder nachvollziehbar sind. Ein dosiertes „Basta!“ ist dennoch angebracht, wenn Regeln bewusst und mehrmals gebrochen werden.

10 Wie lassen sich einem Pubertierenden Selbstbewusstsein und Souveränität vermitteln?

Oft stehen allein die Probleme, Sorgen und Nöte des Pubertierenden im Mittelpunkt des Geschehens. Das ist aber nur die eine Seite seiner Persönlichkeit. Jugendliche sind auf vielen Gebieten sozial ähnlich kompetent und verantwortungsbewusst wie Erwachsene. Eltern sollten daher gezielt die Begabungen und Interessen ihrer Kindern fördern, ob durch einen Beitritt zum Sportverein, zu einer Pfadfindergruppe oder durch Musikunterricht. Erfolgserlebnisse stärken das Selbstwertgefühl und verbessern auch die Beziehung zu Erwachsenen. Eltern benötigen allerdings auch selbst ein Mindestmaß an Souveränität und Selbstbewusstsein, ansonsten können Kinder dies von allein kaum entwickeln. Inzwischen bieten einige Schulen sogenannte Lebenskompetenzprogramme an, die Jugendlichen helfen sollen, mit den alltäglichen Herausforderungen besser zurechtzukommen.

11 Was lässt sich dagegen tun, dass ein Kind die Schule vernachlässigt?

Eltern verlieren in der Pubertät massiv Einfluss auf ihre Kinder, insbesondere wenn es um Themen wie Frisuren, Kleidung oder Musik geht. Pubertierende wollen sich in dieser sie verunsichernden Lebensphase von den Eltern abgrenzen, von ihren Freunden hingegen um fast jeden Preis akzeptiert werden, ihnen ähnlich sein. Um das zu erreichen, veranstalten sie zum Beispiel Mutproben oder betrinken sich gemeinsam – und vernachlässigen mitunter die Schule. Meist ist das aber nur ein vorübergehendes Verhalten. Und gerade bei Themen wie Bildung oder Berufswahl, so zeigen Studien, vertrauen Jugendliche mehr dem Rat der Eltern als dem der Freunde. Ist also die grundsätzliche Beziehung zum Kind in Ordnung, wird der Einfluss der Eltern auf diesen Gebieten alle Krisen überdauern.

12 Sollten gemeinsame Essenszeiten erzwungen werden?

Familienrituale wie etwa gemeinsame Mahlzeiten sind sehr wichtig. Sie fördern den Zusammenhalt, geben dem Leben Struktur und bieten Anlass, miteinander ins Gespräch zu kommen. Trotz vieler Verpflichtungen aller Beteiligten sollten sie möglichst aufrechterhalten werden. Wollen Sohn oder Tochter lieber allein, vor dem Fernsehgerät oder dem Computer essen, sollte ein Kompromiss gefunden werden. Beispielsweise kann man sich auf eine gemeinsame Mahlzeit täglich einigen oder zumindest am Wochenende zusammen essen.

13 Hilft es einem Kind, wenn Eltern von ihren Pubertätserlebnissen erzählen?

Das ist meist hilfreich, denn die Pubertierenden fühlen sich dann mit ihren Schwierigkeiten ernst genommen. Auch zeigen solche Gespräche, dass Irritationen, schlechte Stimmung oder Probleme mit dem sich verändernden Körper jeden betreffen, also normal sind. Solche Themen sollten jedoch schon frühzeitig angesprochen werden, nicht etwa erst, wenn die Kinder schon 16 Jahre alt sind. Wer bis dahin keine Gesprächsbasis gefunden hat, wird es schwer haben, die Jugendlichen zu erreichen. Zudem verändert sich deren Gefühlswelt bereits lange bevor sich die direkten körperlichen Veränderungen bemerkbar machen.

14 Dürfen sich Eltern in die Sexualität der Jugendlichen einmischen?

Ja und nein. Aufgeklärt werden sollten Kinder schon vor der Pubertät; in der Kindheit kann der natürliche Umgang mit dem Körper und der Sexualität am besten vermittelt werden, durch Gespräche oder auch Bücher. Eine rechtzeitige Aufklärung ist insbesondere wichtig, weil die Pubertät von Person zu Person zu unterschiedlichen Zeitpunkten einsetzt. Für Kinder ist es dann gut zu wissen, dass sowohl eine frühe als auch eine späte Reifung normal ist; das schützt vor den Folgen von Hänseleien. Eine frühe Aufklärung – das zeigen Studien – führt auch nicht dazu, dass Jugendliche eher Sex haben. Eltern sollten jederzeit offen für Fragen und Probleme sein, sich jedoch nicht ungefragt einmischen. Auch in dieser Zeit sind nicht nur Freunde wichtige Informationsquellen zum Thema Sexualität, sondern, wie Umfragen belegen, ebenso Eltern und Lehrer.

15 Gibt es die typischen Pubertätswirren in allen Kulturen?

Darüber ist erstaunlich wenig bekannt, denn die meisten wissenschaftlichen Erkenntnisse zur Pubertät basieren auf Studien aus den USA und Europa. Beobachtungen von Anthropologen zeigen jedoch, dass in Kulturen in Afrika und Ozeanien Pubertierende weniger verhaltensauffällig sind. Das liegt wahrscheinlich weniger an biologischen Unterschieden in Gehirn und Hormonsystem als an den gesellschaftlichen Rahmenbedingungen. Die dort häufiger und intensiver zelebrierten Initiationsriten sind mit einem tatsächlichen Übergang ins Erwachsenenalter und einer Akzeptanz des neuen Status verbunden. Die vergleichbaren Übergänge wie Firmung, Konfirmation oder Jugendweihe bei uns bringen keinen vollständigen Erwachsenenstatus mit sich – das geschieht erst später, etwa mit der Fahrerlaubnis oder dem Wahlrecht. Hinzu kommt, dass sich Jugendliche in Industriegesellschaften vielfach an durch Medien und Werbung transportierten Rollenmodellen orientieren, die aufmüpfiges Verhalten als normal zeigen.

Dr. Karina Weichold forscht und lehrt als Entwicklungspsychologin an der Friedrich-Schiller-Universität Jena. Ihr besonderes Interesse gilt Verhaltensproblemen wie Drogenmissbrauch, Aggressionen und Kriminalität im Jugendalter – und den entsprechenden Präventionsmaßnahmen.

HIRNFORSCHUNG

VORSICHT: UMBAUARBEITEN!

Mitunter erkennen Eltern ihre pubertierenden Kinder nicht wieder – so stark sind die körperlichen und seelischen Veränderungen, die Jungen und Mädchen durchmachen. Seit es Neurologen möglich ist, Jugendlichen in den Kopf zu schauen, lässt sich nach und nach erschließen, weshalb sie oft so seltsam sind

VON HARALD WILLENBROCK (TEXT) UND MARTIN KÜNSTING (INFOGRAFIK/BILDBEARBEITUNG)

Es ist Dienstag und Hirnscan-Tag am „National Institute of Mental Health" (NIMH), ein paar Kilometer nordwestlich von Washington gelegen. In den Fluren des Instituts lümmelt eine Handvoll mit Laptops und MP3-Playern ausgerüsteter Teenager, vertreibt sich die Zeit mit Computerspielen und wartet auf ihren Einsatz. Einer nach dem anderen wird von Dr. Jay Giedd, einem Kinderpsychiater des NIMH, aufgerufen, auf einer Liege platziert und in eine große graue Röhre geschoben.

15 Minuten lang müssen die jugendlichen Freiwilligen im Kernspintomographen ausharren. Währenddessen tasten Radiowellen und Magnetfelder Region für Region ihres Kopfinneren ab, Computerprogramme verwandeln die gewonnenen Daten in 3-D-Grafiken.

So geht es nun schon seit 17 Jahren am NIMH. Woche für Woche, Dienstag für Dienstag. Und je mehr Bilder und Daten die Computer ausspucken, desto stärker gerät die Auffassung über jenes rätselhafte Alter ins Wanken, das „Pubertät" genannt wird.

Schuld daran ist die große graue Röhre. Noch bis Mitte der 1990er Jahre glaubten Fachleute, das Hirn eines Menschen sei mit zwölf Jahren praktisch komplett entwickelt. Die entscheidenden neuronalen Vorgänge, so die damalige wissenschaftliche Lehrmeinung, spielten sich sogar bereits bis zum dritten Lebensjahr ab.

Wenn sich die „süßen Kleinen" scheinbar über Nacht in übelgelaunte, stets provokationsbereite Halbwüchsige verwandeln, wenn also das Gespenst der Pubertät mit viel Getöse bei einer Familie einzieht, dann – so dachte man – liegt es entweder an den Hormonen, an der sich wandelnden jugendlichen Psyche, oder an beidem.

Mit den Hirnscans war es Forschern plötzlich möglich, Einblicke in vormals verschlossene Teenagerhirne zu gewinnen, und zwar regelmäßig und ohne belastende Strahlendosen. Jay Giedd, selbst Vater von vier Kindern, hat dies am längsten und ausführlichsten getan. Seit 1991 brechen er und seine Kollegen immer wieder zu Expeditionen in die Köpfe amerikanischer Teens auf – und kehren mit höchst erstaunlichen Ergebnissen zurück.

Anstelle eines fertig ausgebildeten Organs mit fest etablierten Strukturen entdeckten die Forscher im Schädelinneren eine höchst betriebsame Baustelle, auf der ständig Gerüste errichtet, neue Verbindungen gelegt und alte wieder abgerissen wurden. Viele Bauabschnitte, die man längst abgeschlossen gewähnt hatte, wurden gerade erst neu vermessen, andere befanden sich offensichtlich in einer Phase fortgesetzter Restaurierung.

„Das Gehirn", so Giedd, „entwickelt sich in den Teenagerjahren weitaus dy-

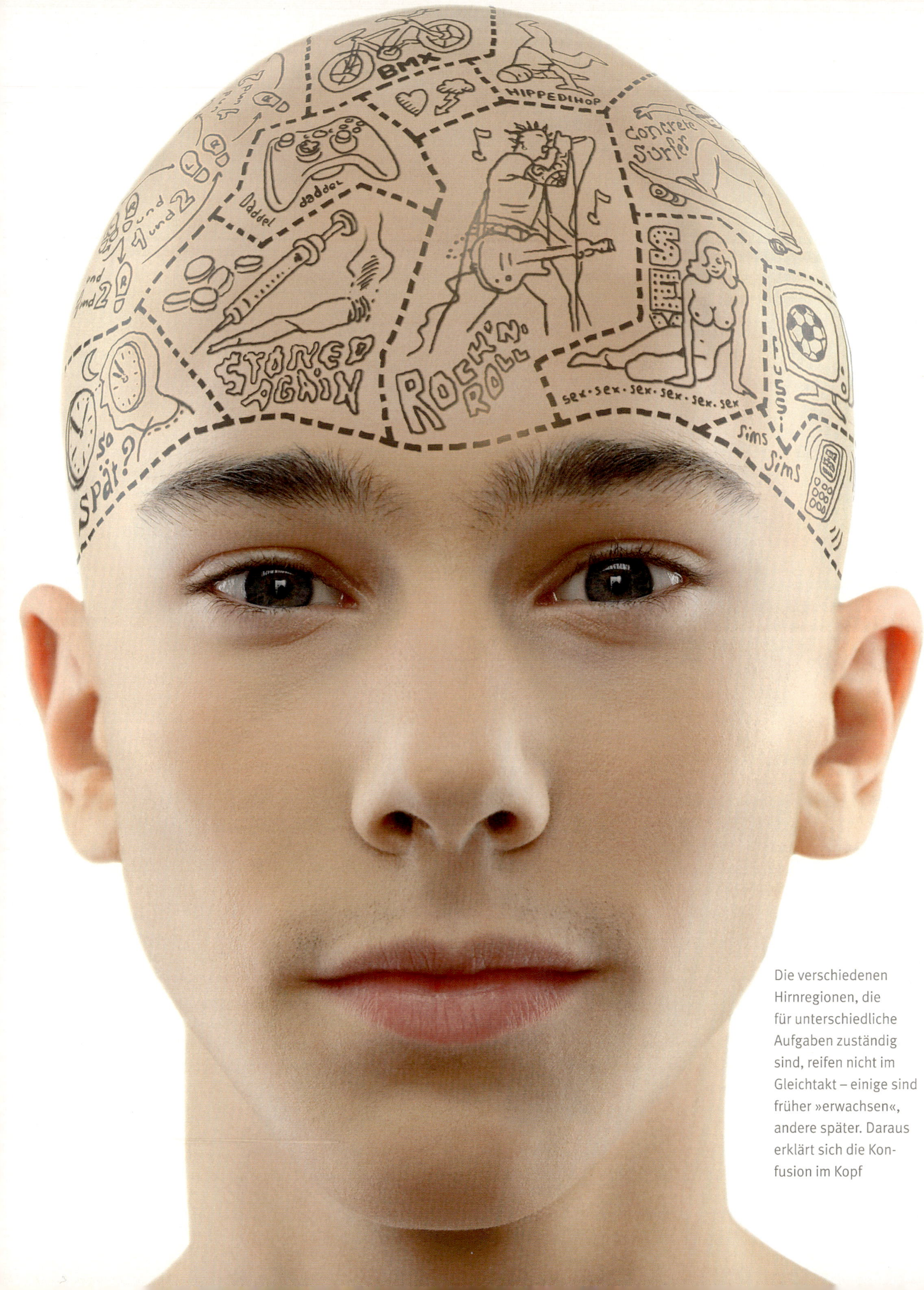

Die verschiedenen Hirnregionen, die für unterschiedliche Aufgaben zuständig sind, reifen nicht im Gleichtakt – einige sind früher »erwachsen«, andere später. Daraus erklärt sich die Konfusion im Kopf namischer, als wir es vermutet hatten.“ Damit verblasste das alte Bild vom Fast-Erwachsenen, der bis auf ein paar überschwappende Hormone „biologisch fertig“ ist. Und genau so, wie Heranwachsende plötzlich alles infrage stellen, was die Elterngeneration ihnen über das Leben weismachen will, bezweifeln Wissenschaftler seither vieles von dem, was sie über Pubertierende zu wissen glaubten.

Wenn Teenager in ihre frühkindliche Trotzphase zurückzufallen scheinen, wenn sie nachts nicht ins Bett und morgens zu spät zur Schule kommen, hat das zweifelsohne auch mit ihren Hormonen und dem Abschied von der Kindheit zu tun. Die entscheidende Erklärung aber könnte in ihren Hirnen liegen.

Auf seinen Scan-Aufnahmen konnte Giedd deutlich erkennen, dass die graue Substanz des Gehirns – aus ihr besteht vor allem die mit höheren kognitiven Aufgaben betraute Großhirnrinde – in den Jahren vor der Pubertät einen Wachstumsschub erlebt; den zweiten nach jenem im Kleinkindalter. Hinter der Volumenzunahme vermuten Forscher das Sprießen frischer Verzweigungen der Nervenzellen und die Entstehung neuer Kontaktstellen zwischen ihnen. Das Gehirn bildet auf diese Weise offenbar Myriaden neuer Verschaltungen, mit deren Hilfe es Informationen verarbeiten und speichern kann.

Anschließend beschneidet es diese Vielfalt wieder. Häufig beanspruchte Verknüpfungen bleiben dabei erhalten, während solche, über die kaum „gefunkt“ wird, verkümmern. „Neuronalen Darwinismus“ nennt der Nobelpreisträger Gerald Edelman diese Selbstorganisation des Denkapparats.

Mit anderen Worten: Während der Adoleszenz werden die Wege, auf denen ein Mensch Informationen und Emotionen transportiert und verarbeitet, neu justiert. Das Hirn reift zu einer effizienten Denk- und Kontrollmaschine mit wenigeren, aber schnelleren Verbindungen. Es wird erwachsen.

Allein das Wissen um diesen Umbau hat weitreichende Auswirkungen auf die Art, wie man heute die Sturm-und-Drang-Zeit betrachtet. Von „massiven Konsequenzen auf unser Verständnis von Pubertät“ spricht Karina Weichold, die an der Universität Jena eine Langzeitstudie über Pubertierende begleitet hat. „Seit wir mehr über die Hirnentwicklung von Jugendlichen wissen, wird Pubertät viel komplexer wahrgenommen und erforscht. Einfache Erklärungen greifen heute nicht mehr.“

Dazu ist die Hirnentwicklung viel zu kompliziert. Während die Baustellen in den Arealen, die an der Bewegungssteuerung und der Wahrnehmung beteiligt sind, relativ bald wieder

DER KREISLAUF DER HORMONE

Damit der Junge zum Mann, das Mädchen zur Frau wird, muss im Gehirn eine Kettenreaktion von Signalübertragungen in Gang kommen

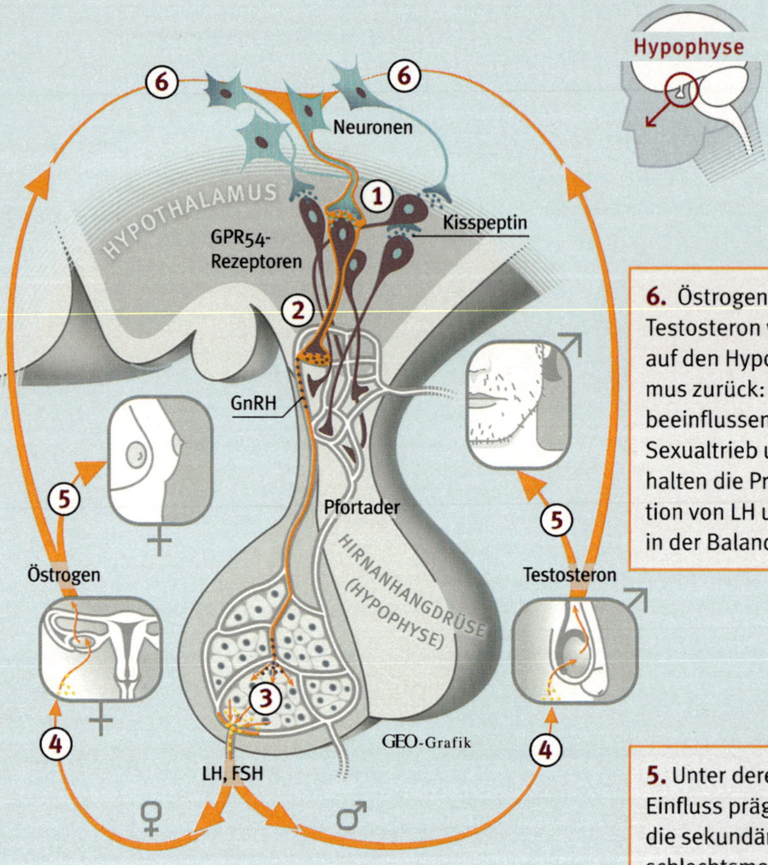

1. Neuronen im Hypothalamus schütten das Protein Kisspeptin aus. Dieses bindet an sogenannte GPR54-Rezeptoren an

2. Die Rezeptoren produzieren schubweise das Gonadotropin-Releasing-Hormon (GnRH)

3. Die Hirnanhangdrüse entlässt bei Jungs und Mädchen luteinisierendes Hormon (LH) sowie follikelstimulierendes Hormon (FSH) ins Blut

4. LH und FSH kurbeln in den Hoden bzw. Eierstöcken die Produktion der Sexualhormone Östrogen und Testosteron an

5. Unter deren Einfluss prägen sich die sekundären Geschlechtsmerkmale aus: der Busen und die Körperbehaarung

6. Östrogen und Testosteron wirken auf den Hypothalamus zurück: Sie beeinflussen den Sexualtrieb und halten die Produktion von LH und FSH in der Balance geschlossen werden, dauern die Umbauten in den Feldern für Sprache und räumliche Orientierung weitaus länger. Selbst das zeitliche Orientierungsvermögen durchläuft eine Phase der Reorganisation.

SO PRODUZIERT die Zirbeldrüse im Hirn das müde machende Hormon Melatonin während der Wachstumsphase mit einer täglichen Verspätung von bis zu zwei Stunden, wie Mary Carskadon von der Brown University in Rhode Island herausgefunden hat. Viele Jugendliche leiden daher unter einer „Phasenverzögerung“ – sie werden später müde als der Rest der Welt. Da sich das Melatonin aber auch mit Verspätung abbaut, kommen sie morgens mühsamer aus dem Bett.

Die letzten Umbauarbeiten machten Giedd und sein Team im Präfrontalhirn aus, das unmittelbar hinter der Stirn liegt. Dieser Teil des Stirnlappens ist exakt jener Abschnitt, der Entscheidungen fällt wie „Jetzt beende ich zunächst meine Hausaufgaben und bringe den Müll weg – und erst dann maile ich meinen Freunden.“

Allerdings ist das Präfrontalhirn wegen der ständigen Renovierungsarbeiten kaum noch zugänglich – Jay Giedd glaubt, dass der präfrontale Kortex erst weit jenseits des 20. Lebensjahres seine letzte Ausbauphase erreicht. Wenn also ein Sprössling auch auf wiederholte Aufforderung hin den Müll nicht wegbringt, könnte es schlicht daran liegen, dass sein Präfrontalhirn die Welt und deren Signale anders bewertet.

Auf die gebrüllte Frage seiner Eltern: „Hast du mich jetzt endlich verstanden?“, müsste ein solcher Teenager ehrlicherweise antworten: „Ja, aber nicht so, wie ihr denkt.“ Lässt er solche Wutausbrüche scheinbar ungerührt an sich abperlen? Auch das könnte mit seiner Hirnentwicklung zusammenhängen. Denn zwischen dem zwölften und 18. Lebensjahr geht die Geschwindigkeit, mit der Heranwachsende Gefühle von Mitmenschen erkennen, um bis zu 20 Prozent zurück – womöglich ebenfalls ein Zeichen für die relativ ineffiziente Verschaltung neuronaler Zentren.

Wie eigenartig Jugendliche selbst vermeintlich unmissverständliche Botschaften verarbeiten, konnten Forscher am McLean-Hospital in Belmont, Massachussetts, in einem einfachen Experiment demonstrieren. Sie legten Pubertierenden und Erwachsenen eine Reihe Porträtfotos vor, auf denen die Menschen Emotionen wie Wut, Trauer, Ärger und Freude zeigten. Gleichzeitig maßen sie mit einem Kernspintomographen die Aktivitäten der Probanden-Gehirne.

Ergebnis: Während die erwachsenen Teilnehmer ihren präfrontalen Kortex für die Deutung vielschichtiger Gefühle beanspruchten, schaltete sich bei Heranwachsenden vor allem die Amygdala ein, der „Mandelkern“, der Instinktreaktionen und „Bauchentscheidungen“ steuert. „Ich glaube, dass der Frontallappen bei Teenagern nicht immer voll funktioniert“, erklärt die Studienleiterin Deborah Yurgelun-Todd. „Deshalb denken Jugendliche nicht über die Konsequenzen ihres Tuns nach und handeln nach unserer Einschätzung impulsiver.“

Für Eltern heißt das: Wer einen 15-Jährigen zum zügigen Erledigen seiner Mathematik-Hausaufgaben bewegen will, sollte weniger die abstrakten, in ferner Zukunft liegenden Nachteile („So kriegst du später nie einen Job!“) als die greifbaren Vorteile („Für eine Zwei in der Mathearbeit spendiere ich dir einen Kinobesuch!“) betonen.

Eine weitere Ursache für den Hang zu unüberlegten Aktionen sehen Forscher im unreifen *Nucleus accumbens*, einer Zellansammlung, die tief im Gehirn hinter den Schläfen ruht. Dieser Nucleus ist an der Steuerung des Strebens nach Belohnung beteiligt, und er arbeitet, wie man heute weiß, bei Jugendlichen träger als bei Erwachsenen – was nichts anderes heißt, als dass Teenager von einer höheren Klippe springen müssen, um einen gleich starken Kick wie Ältere zu spüren.

Gleichzeitig ist ihr Hirn aber noch nicht reif genug, um die damit verbundenen Risiken einschätzen zu können. Neurobiologisch gesehen, ähneln Heranwachsende einem vollbesetzten Düsenjet, der mit vibrierenden Triebwerken über die Startbahn jagt, während oben im Cockpit noch hektisch an Kontrollinstrumenten und Navigationssystem geschraubt wird.

Kein Wunder, dass es zu Unfällen kommt. Nie zuvor und nie mehr später im Leben ist das statistische Risiko von Verletzungen so hoch wie während der Pubertät. In jener Phase, in der Menschen in physischer Hinsicht ihren Höhepunkt erreichen, liegt beispielsweise in Europa die Sterblichkeit zwei- bis dreimal höher als während ihrer Kindheit. Nahezu alle häufigen Todesursachen während dieses Lebensabschnitts lassen sich auf falsches Verhalten durch Fehleinschätzungen oder extreme Emotionen zurückführen.

Teenager müssen gleichsam von einer höheren Klippe springen, um einen gleich starken Kick wie Ältere zu spüren

Alles also eine Sache des Denkapparats? Emotionale Ausbrüche, ausschweifende SMS-Orgien und riskante Spritztouren mit Papas Fahrzeug lediglich eine Frage von Mandelkern, Frontallappen und grauer Masse?

BEILEIBE NICHT. Neurobiologen glauben, dass zum Beispiel die praktischen Lebenserfahrungen eines Jugendlichen enorme Rückwirkungen auf die Strukturbildung seines Gehirns haben können. „Ihr entscheidet selbst über die permanenten Verschaltungen in eurem Gehirn“, ermutigt der Neuroforscher Jay Giedd junge Leute. „Willst du es

ÜBERBLICK: DIE KÖRPERLICHEN VERÄNDE

Vor allem in der Zeit zwischen elf und 16 Jahren machen die Körper von Jungen und Mädchen eine

Wachstumsgeschwindigkeit

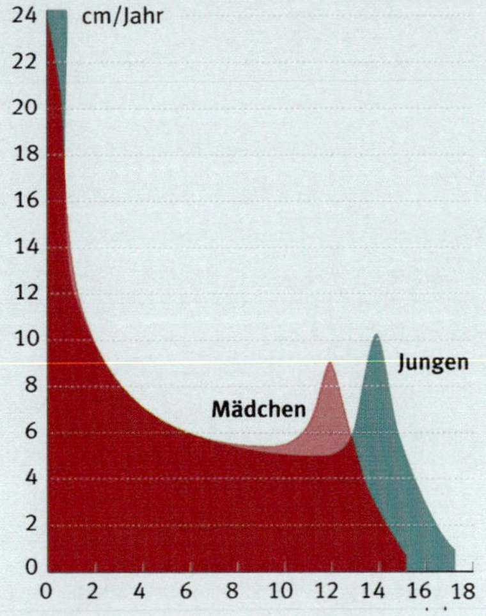

Gewichtszunahme

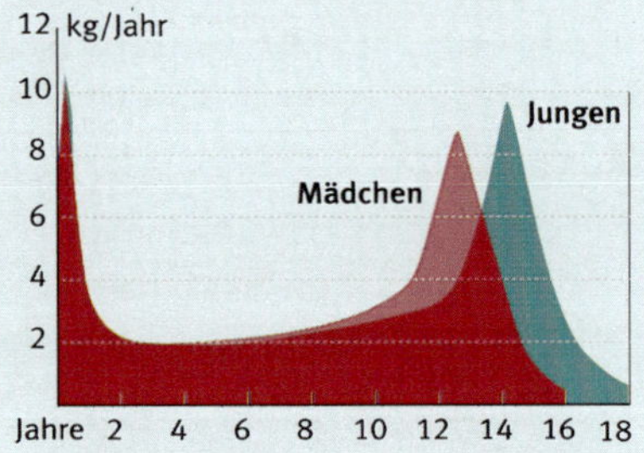

Kraftzunahme

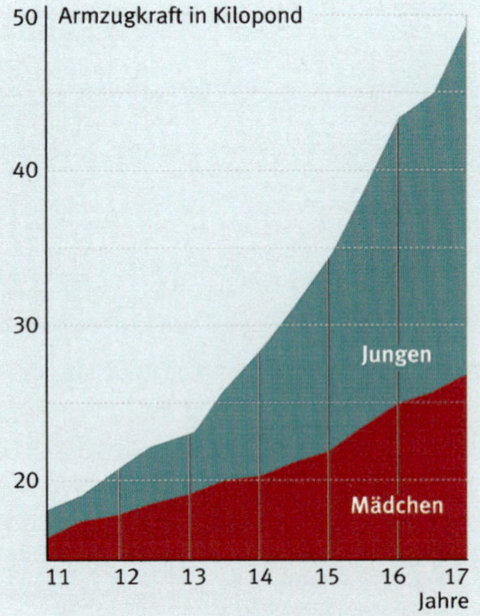

Der Verlauf der Kurven für das Längenwachstum und das Gewicht zeigt, dass die Zunahme bei Säuglingen und Jugendlichen besonders groß ist. Jungen sind am Ende der Pubertät deutlich kräftiger als Mädchen

Quelle: H. Remschmidt: Adoleszenz

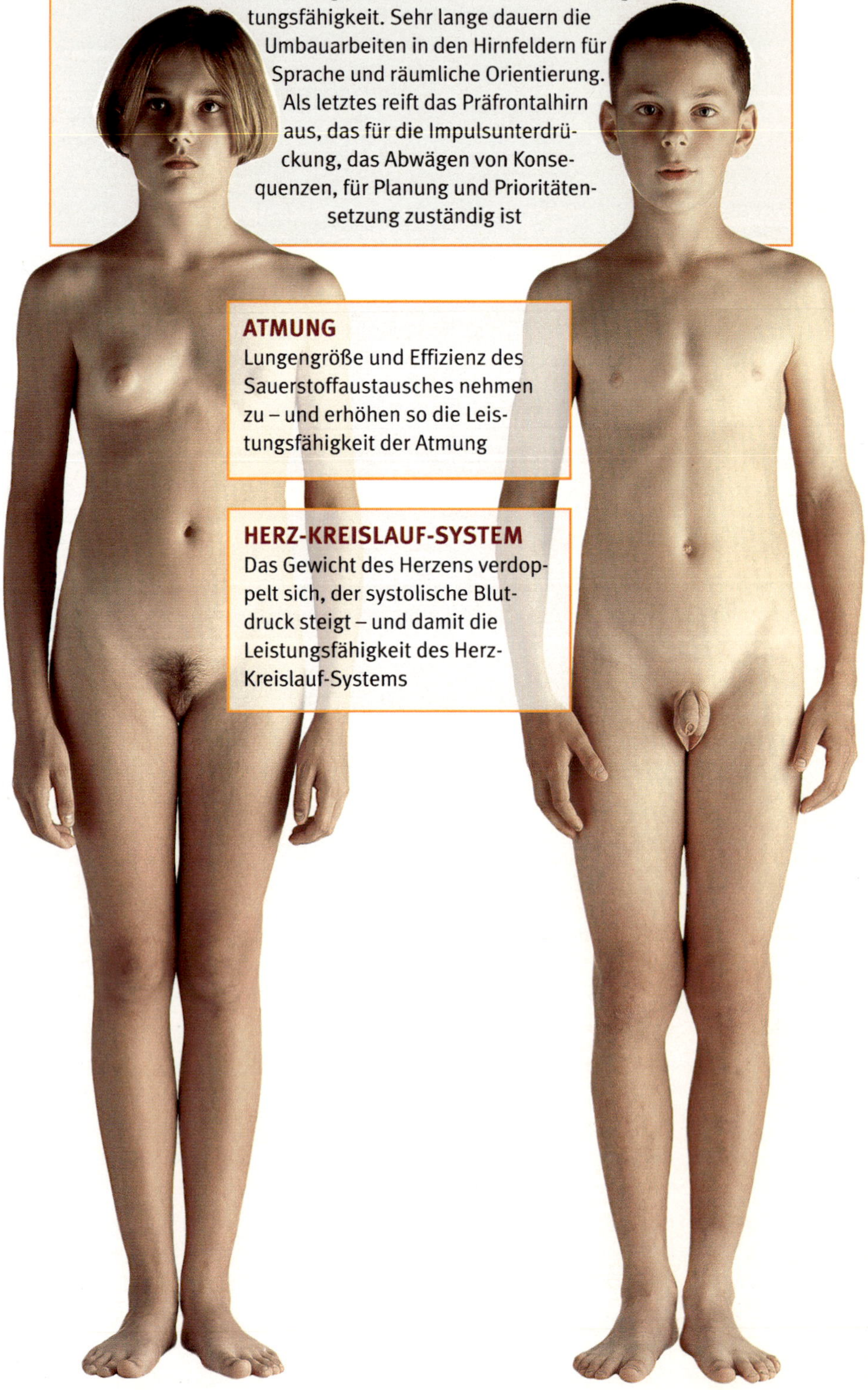

GEHIRN

Bis ins dritte Lebensjahrzehnt kommt es zu erheblichen Umbauarbeiten: Im Neokortex, dem evolutionär jüngsten Teil der Großhirnrinde, vergrößert sich das Zellkörpervolumen. Gleichzeitig sinkt die Neuronendichte, werden pro Sekunde bis zu 30 000 Synapsen abgebaut. Häufig genutzte Nervenbahnen verstärken sich, das Erfahrungswissen nimmt zu, ebenso die geistige Leistungsfähigkeit. Sehr lange dauern die Umbauarbeiten in den Hirnfeldern für Sprache und räumliche Orientierung. Als letztes reift das Präfrontalhirn aus, das für die Impulsunterdrückung, das Abwägen von Konsequenzen, für Planung und Prioritätensetzung zuständig ist

ATMUNG

Lungengröße und Effizienz des Sauerstoffaustausches nehmen zu – und erhöhen so die Leistungsfähigkeit der Atmung

HERZ-KREISLAUF-SYSTEM

Das Gewicht des Herzens verdoppelt sich, der systolische Blutdruck steigt – und damit die Leistungsfähigkeit des Herz-Kreislauf-Systems

CA. 11 JAHRE

RUNGEN IN DER PUBERTÄT

Art Metamorphose durch

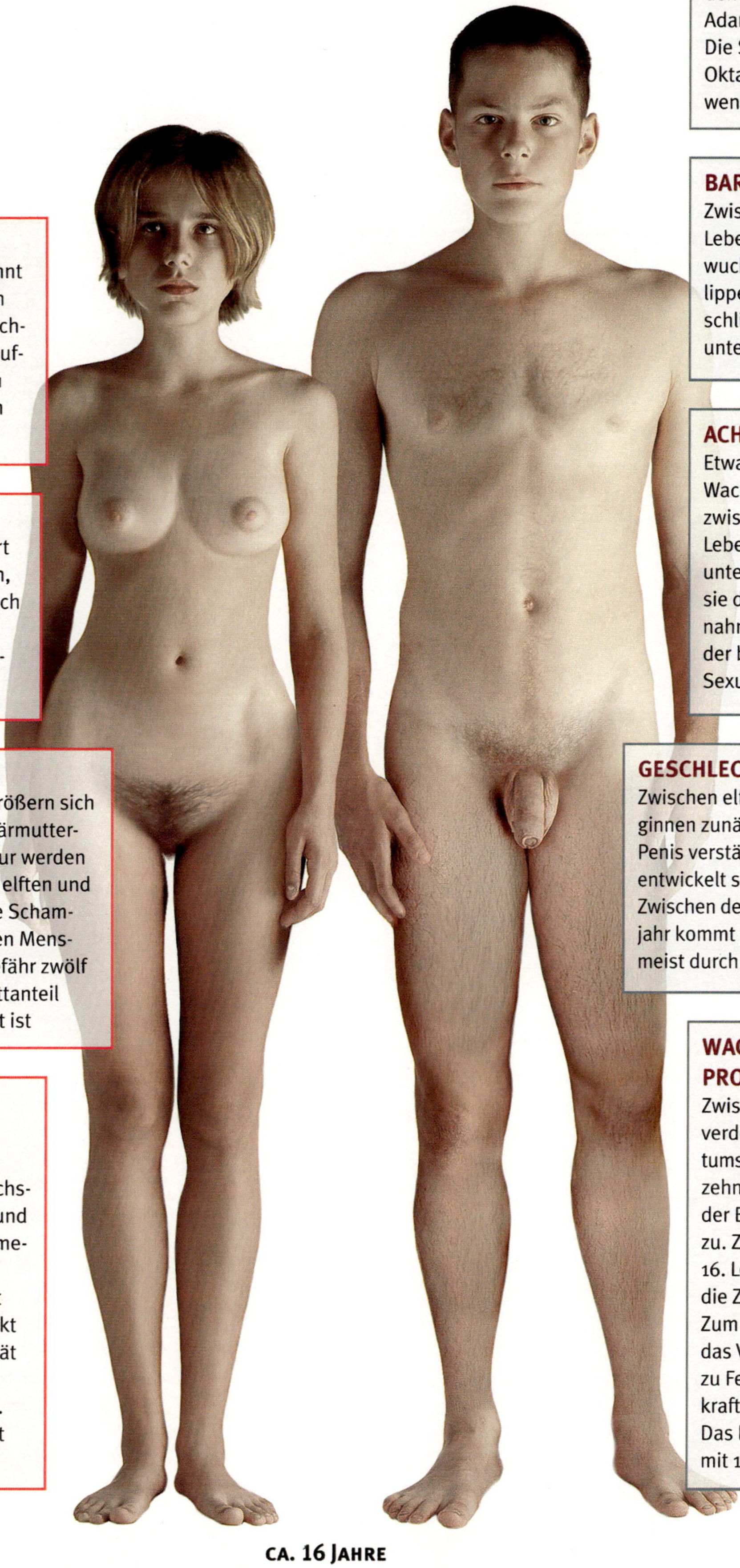

ACHSELHAARE
Mit den Schamhaaren beginnt von elf Jahren an meist auch die Achselbehaarung zu wachsen; sie dient der Schweißaufnahme und vermutlich auch der besseren Verteilung von Sexuallockstoffen

BRUST
Ab ungefähr elf Jahren lagert sich Fett im Brustgewebe an, und die Brustdrüse wölbt sich vor. Mit 14 bis 15 Jahren ist die Entwicklung meist abgeschlossen

GESCHLECHTSORGANE
Mit zwölf bis 13 Jahren vergrößern sich Vagina und Uterus, die Gebärmutterschleimhaut und -muskulatur werden ausgebildet. Zwischen dem elften und 14. Lebensjahr beginnen die Schamhaare zu wachsen. Zur ersten Menstruation kommt es mit ungefähr zwölf Jahren, sobald ein Körperfettanteil von etwa 17 Prozent erreicht ist

WACHSTUM/ PROPORTIONEN
Im Zeitraum zwischen zehn und 14 Jahren steigt die Wachstumsgeschwindigkeit von rund sechs auf bis zu neun Zentimeter pro Jahr. An Hüfte, Oberschenkeln und Bauch lagert sich Fett an, das Becken wirkt breiter. Am Ende der Pubertät beträgt das Verhältnis von Muskeln zu Fettgewebe 5:4. Das Längenwachstum endet mit 16 bis 17 Jahren

STIMME
Mit etwa 15 Jahren erfolgt der Stimmbruch. Testosteron lässt den Kehlkopf wachsen, der Adamsapfel bildet sich aus. Die Stimmlage sinkt um eine Oktave, ist oft heiser und wenig belastbar

BARTWUCHS
Zwischen dem 14. und 15. Lebensjahr beginnt der Bartwuchs. Zunächst an der Oberlippe, es folgen die Koteletten, schließlich Kinn, Hals und die unteren Teile der Wangen

ACHSELHAARE
Etwa zwei Jahre nach dem Wachstum der Schamhaare, zwischen dem 13. und 16. Lebensjahr, beginnen Haare unter den Achseln zu wachsen; sie dienen der Schweißaufnahme und vermutlich auch der besseren Verteilung von Sexuallockstoffen

GESCHLECHTSORGANE
Zwischen elfeinhalb und 15 Jahren beginnen zunächst die Hoden, dann der Penis verstärkt zu wachsen. Zeitgleich entwickelt sich die Schambehaarung. Zwischen dem neunten und 15. Lebensjahr kommt es zur ersten Ejakulation, meist durch Selbstbefriedigung

WACHSTUM/ PROPORTIONEN
Zwischen zwölf und 16 Jahren verdoppelt sich die Wachstumsgeschwindigkeit: auf bis zu zehn Zentimeter pro Jahr. Auch der Brustumfang nimmt stark zu. Zwischen dem elften und 16. Lebensjahr verdoppelt sich die Zahl der Muskelzellen. Zum Ende der Pubertät beträgt das Verhältnis von Muskeln zu Fettgewebe 3:1; die Körperkraft hat stark zugenommen. Das Längenwachstum endet mit 17 bis 19 Jahren

CA. 16 JAHRE

LÄSST SICH PUBERTÄT STEUERN?

Das Protein Kisspeptin startet im Körper eines Jugendlichen die typischen hormonellen Veränderungen. Wissenschaftler diskutieren, ob dieser »Schalter« künstlich umgelegt werden darf

GEBURTEN WERDEN HEUTE in vielen Fällen künstlich eingeleitet. Könnte man nicht auch den Beginn der Adoleszenz steuern? Die Frage ist nicht so abwegig, wie sie erscheinen mag. Immer mehr Kinder starten sehr früh in die Pubertät. Dadurch aber steigt, wenn auch nur geringfügig, das Risiko für spätere Erkrankungen wie Brust- oder Prostatakrebs. Frühreife Mädchen sind zudem anfälliger für Depressionen und Drogen, und sie unternehmen häufiger einen Selbstmordversuch. Bei einer verzögerten Pubertät hätten Kinder mehr Zeit, um mental und psychisch mit den Veränderungen ihres Körpers klarzukommen.

DIE PUBERTÄT von extremen Frühstartern wird in medizinisch begründeten Einzelfällen schon heute künstlich verzögert. Das geschieht mit Medikamenten, die wie das Hormon GnRH wirken und durch kontinuierliche Einnahme per Injektion oder Nasenspray die Hormonausschüttung aus Hoden und Eierstock bremsen; allerdings ist die Dosierung schwierig.

Einige Forscher glauben, dass eine Manipulation des Kisspeptins die bessere Alternative wäre – etwa indem der Rezeptor, an den das Hormon anbindet, durch eine andere Substanz blockiert wird, die per Tablette verabreicht werden kann. Um die Pubertät zu starten, würde man hingegen das Kisspeptin selbst verabreichen. Welch machtvolle Wirkung eine gesteigerte Kisspeptin-Aktivität im Extremfall haben kann, zeigt der Fall eines einjährigen Kleinkindes, dem Schamhaare wuchsen und dessen Genitalien denen eines 13-Jährigen entsprachen.

DAS WICHTIGSTE ARGUMENT gegen einen Eingriff in den Hormonhaushalt betrifft die Hirnreifung. Aus Tierversuchen ist bekannt, dass das Gehirn in bestimmten Entwicklungsphasen besonders anfällig für den Einfluss von Hormonen ist. Niemand vermag aber zu sagen, wie sich eine künstliche Veränderung des Hormoncocktails auf die Reifung des Hirns auswirkt. „Manipulationen der Pubertät bedeuten einen Eingriff in eine fundamentale menschliche Entwicklungsphase, ohne dass wir etwas über eventuelle Langzeitfolgen wüssten", warnt die Kinderärztin Marcia Herman-Giddens von der University of North Carolina.

durch Sport zur Reifung bringen, durch das Spielen eines Musikinstruments oder durch das Lösen mathematischer Aufgaben? Oder indem du vor dem Fernsehapparat sitzt?"

Die phänomenale Plastizität des jugendlichen Hirns sei ein Aspekt, der bislang viel zu wenig berücksichtigt worden sei. „Aber wir zahlen für diese Formbarkeit den Preis der Verletzbarkeit", so Giedd. „Denn wenn ein Hirn zum Guten verändert werden kann, kann man es auch zum Schlechten wandeln." So ist es auch zu erklären, dass Jugendliche trotz ähnlicher Prozesse in ihrem Hirn die Pubertät ganz unterschiedlich hinter sich bringen. Ihre biologische Konstitution ist lediglich ein Motor, der sie vorantreibt – wohin er sie bewegt, hängt ab von den Widerständen, die ihnen Gesellschaft und Kultur, Psyche und Familie entgegensetzen, und von den Wegen, die sie ihnen weisen.

Zusätzlich verkompliziert wird das Ganze durch den Einfluss der Hormone, die – gleich hochwirksamen Drogen – nicht nur das Bewusstsein, sondern auch Körper und Verhalten radikal verändern. Wer aber anders denkt, lebt und sich verhält, macht neue Erfahrungen, was wiederum die Bauarbeiten in seinem Hirn in eine andere Richtung lenkt und die Hormone anregt – was wiederum …

Barbara Strauch, Wissenschaftsredakteurin der „New York Times", beschreibt diesen Regelkreis in ihrem Buch „Warum sie so seltsam sind" an einem Beispiel: „Anfangs lassen die Hormone einen Penis entstehen, aber schon der Besitz eines Penis führt zu anderen Erfahrungen, die sich später ihrerseits auf Hormonspiegel, Gehirnstruktur und Verhalten auswirken."

Letztlich kann man sich die drei Faktoren Gehirnstruktur, Hormone und Psyche wie die Zutaten einer Backmischung vorstellen, die zusammengerührt und in den Ofen geschoben werden – und dort während der Pubertät überhitzt miteinander reagieren.

WAS ABER SETZT DIESE Reaktion in Gang? Stephanie Seminara vom Massachussetts General Hospital in Boston hat im Erbgut einen potenziellen Schalter ausgemacht. Auf die Spur geführt hatte sie ein Phänomen namens „Idiopathic Hypogonadotropic Hypogonadism" (IHH), eine Krankheit, bei der die Pubertät verzögert eintritt oder im Extremfall sogar ausfällt.

Unbehandelt behalten männliche Betroffene eine hohe Stimme und entwickeln keine Schambehaarung; Patientinnen bleiben ohne Busen und erleben nie einen Eisprung. Der Defekt trifft statistisch gesehen nur einen von 50 000 Menschen. In einer saudi-arabischen Familie stieß Seminaras Team aber gleich auf sechs Betroffene.

Untersuchungen ergaben, dass die vier männlichen und zwei weiblichen Patienten eine Veränderung des Gens

Wann sind Jugendliche endlich erwachsen? Wenn sie freiwillig wieder früher ins Bett gehen

GPR54 aufwiesen, die auch bei Mäusen die sexuelle Reifung unmöglich macht. Betätigt wird dieser genetische Schalter von einem erst kürzlich entdeckten Hormon namens Kisspeptin, dessen Ausschüttung an die Fortschritte der körperlichen Entwicklung gekoppelt sein könnte.

Denn bevor das Konzert der Hormone überhaupt einsetzen kann, müssen Mädchen gewisse Fettreserven gebunkert haben – biologisch sinnvoll, schließlich benötigen sie die Vorräte, um Schwangerschaften überstehen zu können. Unterernährte oder magersüchtige Mädchen reifen daher auch deutlich später als ihre gewichtigeren Altersgenossinnen.

Dass zudem wirtschaftliche und körperliche Entwicklung zusammenhängen, lässt sich an Statistiken zur Menarche ablesen: Setzte um 1860 die erste Regelblutung noch mit knapp 17 Jahren ein, beginnt sie heute im Schnitt mit zwölf bis 13 Jahren. 2010, so meinen Sexualforscher, könnten Mädchen die Geschlechtsreife sogar bereits mit durchschnittlich zehn Jahren erreichen.

Bei Jungen ist der Start der Pubertät statistisch schlechter erfasst, da sie die Spermarche, den ersten Samenerguss, meist weniger genau datieren können. Fest steht nur: Bei 90 Prozent kommt es irgendwann zwischen neun und 15 Jahren dazu.

SIND DIE VORAUSSETZUNGEN für den Start des Pubertäts-Programms jedoch erst einmal erfüllt, setzt im kindlichen Körper eine Art Kettenreaktion ein.

Der Hypothalamus, eine Steuerzentrale des Hirns für Körperfunktionen wie Kreislauf, Atmung und Nahrungsaufnahme sendet chemische Signale an die benachbarte Hypophyse (siehe Illustration S. 26). Diese Drüse schüttet Botenstoffe aus – das luteinisierende Hormon (LH) sowie das follikelstimulierende Hormon (FSH). Unter deren Einfluss produzieren Eierstöcke bzw. Hoden Sexualhormone wie Östrogen und Testosteron. Bei Mädchen beginnen diese Vorarbeiten der Pubertät etwa mit acht, bei Jungen mit zehn Jahren.

Parallel dazu steigt auch der Spiegel anderer Botenstoffe, wie der von Hormonen aus der Nebennierenrinde. Sie lassen Pickel auf der Haut und Haare unter den Achseln sowie im Genitalbereich sprießen (das Wort „Pubertät" ist abgeleitet von lateinisch *pubes* = Schamhaar und bezeichnet die Entwicklungsphase bis zur Erlangung der sexuellen Reife). Dank Wachstumshormonen legen Jungen in dieser Zeit bis zu zehn, Mädchen bis zu neun Zentimeter Körperlänge pro Jahr zu.

Spätestens jetzt, wenn die jungen Menschen unübersehbar in der Pubertät stecken, übernimmt die Psyche eine Führungsrolle im Entwicklungsprozess. „Wie reagieren die anderen darauf, dass ich kein Kind mehr bin?" Das wird zu einer entscheidenden Frage. Vor allem aber: „Wie finde ich dies selbst?"

Die meisten Mädchen würden wohl antworten: „Ziemlich doof." Denn innerhalb weniger Jahre schießen sie um ein Viertel in die Höhe, ihr Körpergewicht entfernt sie mitunter weit von jenen Fotomodell-Maßen, deren Diktat sie jetzt bewusster denn je wahrnehmen. Heranwachsende Jungen sind Mädchen gegenüber im Vorteil. Schließlich nähern sie sich durch manche Reifungsphänomene der Pubertät – breitere Schultern, kräftigere Muskeln, tiefere Stimme – automatisch dem männlichen Schönheitsideal. Probleme haben hier nicht die Frühentwickler, sondern jene Spätzünder, die noch schmalschultrig durch die Gegend laufen, während ihre Freunde schon die äußeren Insignien der Männlichkeit zeigen.

Sind diese Freunde nun also erwachsen? Für Soziologen ist die Sache klar. Sie betrachten einen Menschen dann als mündig, wenn er die Schule abgeschlossen hat, eigenes Geld verdient und nicht mehr bei den Eltern wohnt. Einer britischen Studie zufolge erfüllt heute jedoch nicht einmal mehr ein Drittel der 30-Jährigen alle Kriterien.

Der Münchner Psychologie-Professor Till Roenneberg plädiert deshalb für eine neue Definition: Erwachsen ist, wer freiwillig wieder früher ins Bett geht. Denn der Abschied vom Nachteulen-Dasein markiere unmissverständlich den Eintritt ins Erwachsenenalter. Frauen absolvieren diese „Reifeprüfung" im Schnitt mit 19,5 und Männer mit 20,9 Jahren.

Für Hirnforscher wie Jay Giedd hingegen ist ein 20-Jähriger noch lange nicht ausgewachsen. Biologen wie er schätzen, dass sich ein menschliches Gehirn noch bis zum 25. Lebensjahr im Umbau befindet. Vielleicht wäre allen Beteiligten schon ein wenig geholfen, wenn Jugendliche sich ein unsichtbares Warnschild umhängten: „Achtung! Wegen wichtiger Bauarbeiten an Hirn, Hormonen und Herz kommt es vorübergehend zu Unannehmlichkeiten", müsste darauf stehen. Und: „Wir danken für Ihr Verständnis." □

MEHR ZUM THEMA:

Barbara Strauch: **Warum sie so seltsam sind. Gehirnentwicklung bei Teenagern.** Bvt 2004, 335 Seiten

Rainer Silbereisen/Karina Weichold: **Pubertät und psychosoziale Anpassung.** Wiss. Aufsatz, 50 Seiten Download unter: www.geo.de/weichold

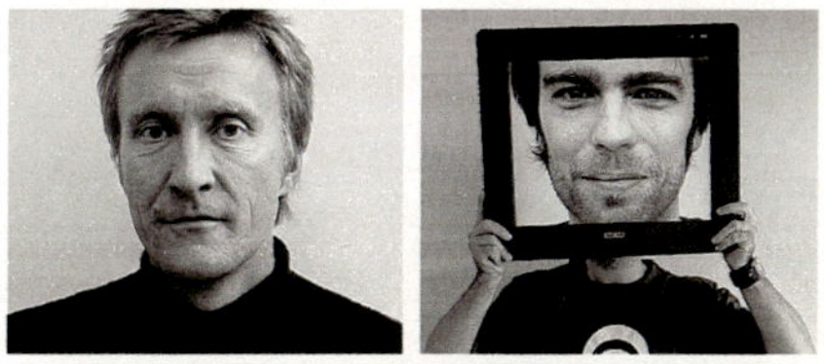

Der Hamburger Autor **Harald Willenbrock** kann sich nur noch schemenhaft an die eigene Pubertät erinnern. Dafür hat seine Mutter die Teenagerjahre des Sohnes umso lebhafter im Gedächtnis: „Du warst einfach unausstehlich!" Der GEO-Illustrator **Martin Künsting** hat die Fotos der Kinder auf den Seiten 28/29 mithilfe eines Computerprogramms in digitaler Handarbeit zu Darstellungen von Jugendlichen reifen lassen.

Das aufkeimende Interesse am anderen Geschlecht – ein Zeichen für den beginnenden Abschied von der Kindheit

DIE DUNKLE VERLOCKUNG

Jeder Junge, jedes Mädchen kann heute alles zum Thema Liebe, Erotik und Sex nachschlagen oder im Internet anklicken. Pubertät aber heißt, die eigene Sexualität zu entdecken – und dabei die Erfahrung zu machen, dass der Trieb das Ich gleichsam fernlenken kann. Diese Metamorphose erleben viele Jugendliche als einen beschämenden Überfall. Ein Essay der Schriftstellerin Barbara Sichtermann

Die neunjährige Marie hat Schwierigkeiten, sich damit abzufinden, dass ihre vier Jahre ältere Schwester Chrissie plötzlich nichts mehr von ihr wissen will. Dass sie ihre Tür abschließt, dahinter wer weiß was treibt und außerdem streng riecht. Was ist bloß los mit ihr?

Meist ist Chrissie mies gelaunt, schreit rum. Und pumpt im nächsten Moment ihre kleine Schwester an – um sich ein Instrument zu kaufen, mit dem man die Wimpern überm Ansatz nach oben biegt, damit sie länger aussehen. Marie hat für solche Extravaganzen nicht das geringste Verständnis, und sie findet Chrissie mit ihren lackierten Nägeln, taillierten Pullis, spitzen Stiefeln und dem ausgestopften Wonderbra total abstoßend – gar nicht zu reden von den drei Pfund Schminke, die das Gesicht zur Maske machen. Zum Davonlaufen.

Und Chrissie? Sie spürt Maries Abneigung, aber es ist ihr so was von egal. Doch dann kommen ihr die Tränen, wenn sie daran denkt, wie schön die Zeit war, als die Schwestern ein gemeinsames Zimmer bewohnten und im Etagenbett schliefen.

Wenn Marie heute zu ihr sagt: „du stinkst“, gibt Chrissie ihr einen Tritt in den Po und beneidet

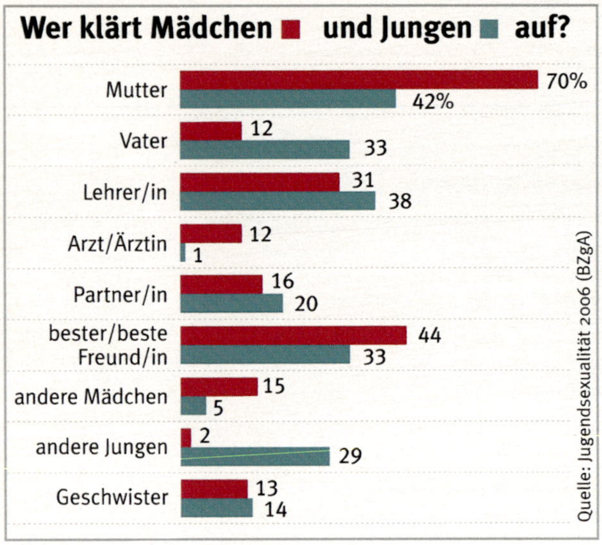

Kinder über Sexualität aufzuklären, ist vor allem Frauensache – das gilt bei Mädchen und Jungen gleichermaßen. Aber auch Lehrer und Freunde tragen Wichtiges zum Thema bei. Ärzte hingegen sind als Aufklärer wenig gefragt

sie dabei um die kindliche Wölbung, die so nett aussieht im Vergleich zu der ausladenden fleischigen Partie, die sie seit Kurzem mit sich herumträgt. Glücklicherweise ist Chrissie hoch gewachsen für ihr Alter, so fällt die Fülle nicht besonders auf.

Außer Jakob von nebenan, der bemerkt sie, und er pfeift anerkennend, wenn Chrissie die Straße kreuzt. Jakob, 14, ist auf seine Weise genauso durcheinander und phasenweise verzweifelt wie seine Nachbarin. Alles an ihm ist außer Proportion geraten, die Arme zu lang, die Füße zu groß, die Gesichtsfarbe zu rot und die Stimme wie eine gesprungene Saite. Froh wäre er, wenn er nur noch zu pfeifen und nie mehr zu reden brauchte.

Auch wenn die Barthaare noch nicht so recht sprießen – man kann ja schon mal üben

DIE AMBIVALENZEN, mit denen Pubertierende auf die Veränderung ihres Körpers reagieren, gehören dazu, die kann ihnen niemand ersparen. Das Wort „Veränderung", das in diesem Zusammenhang stets fällt, ist fast ein Euphemismus. Es verschweigt, dass es sich um eine ganz bestimmte Veränderung handelt: um eine Sexualisierung, darum, dass sich der Kinderkörper jetzt seinem Geschlecht entsprechend umbaut, ausstülpt, zurechtwächst.

Die Metamorphose der Pubertät hat gar keinen anderen Sinn und kein anderes Ziel – sie unterwirft den in puncto Geschlechtlichkeit noch verschlossenen Körper des Mädchens oder Knaben dem Fruchtbarkeitsprogramm der Natur.

Sie tut das zuweilen nicht nur mit Bestimmtheit, sondern mit überwältigender Plötzlichkeit – so rabiat und rapide, dass die Attacke der Hormone von den gestern noch kindlichen Individuen als beschämender Überfall abgewehrt wird. Vergeblich natürlich, aber hartnäckig – durch Magersucht und Depression, durch Selbstverletzung oder Drogengebrauch.

Auf bedrückende Weise wird der von heute auf morgen dem Regiment des kindlichen Ich entgleitende Körper als fremd, ja feindlich erlebt. Zwölf-, 13-, 14-jährige Jugendliche wollen sich nicht fortpflanzen, sie wollen Doppelkopf oder Fußball spielen, Gedichte schreiben oder Rettungsschwimmer werden, sich im Chatroom tummeln oder ein Computerspiel gewinnen. Die Geschlechtsreife, die sie jetzt auf ganz andere Horizonte orientieren will, ist für sie eine Last.

Mädchen werden heutzutage viel eher geschlechtsreif als in früheren Zeiten – im Jahr 2005 jedes zweite schon vor dem 13. Lebensjahr

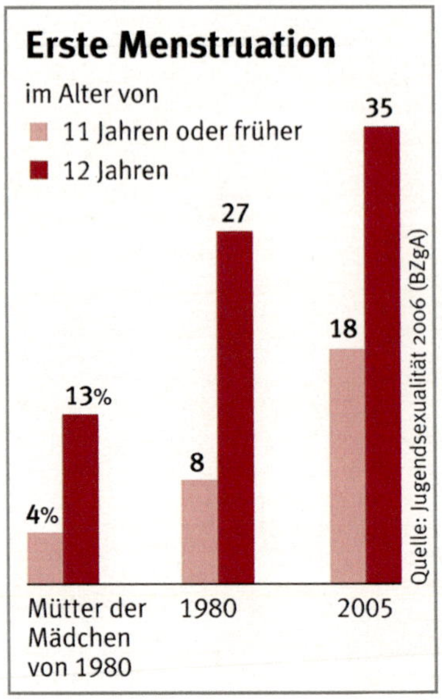

ABER NICHT NUR. Die sexuellen Signale, die pubertierende Jugendliche – erst noch unsicher und uneindeutig, nach und nach klarer, gezielter und schöner – aussenden, sind Machtfaktoren im sozialen Leben.

Und je besser der Einzelne es versteht, das vormals kindliche Ich zum mehr oder weniger geschickten Lenker seines reifenden Körpers umzuorientieren, desto eher wird er, wird sie lernen, mit den erotischen Bedeutungen der Erscheinung aufzutrumpfen und sie zur Festigung des Selbstwertgefühls einzusetzen.

Chrissie wird es gelingen, ihr Hinterteil aus der Hüfte so zu schwenken, das seine volle Kontur sich reizend in den Raum einzeichnet, und Jakob wird dessen Attraktivität durch einen schrillen Pfiff beglaubigen.

Die Pubertät bleibt als Zeit der Entpuppung und Erprobung der sexuellen Persönlichkeit dennoch heikel; das Kind-Ich, auf dem Rückzug, wehrt sich gegen die Funktionalisierung des Körpers im Sinne der Fortpflanzung. Ihm ist, was sich anbahnt, unheimlich, da seiner Willkür entzogen. Marie hat das Gefühl, dass ihre große Schwester eine Verräterin ist, die sie in der einst gemeinsamen Welt zurücklässt und sich davonmacht – in eine dunkle, irritierende und irgendwie tierische Zone. Die Keime des er-

Das »Aufhübschen« und der kritische Blick auf den eigenen Körper – was ihnen als Kind nicht sonderlich wichtig war, wird für viele Teenager zum täglichen Ritual wachsenen Ichs aber wollen bei Chrissie schon erotisch mitspielen; das erschrickt dann mitunter vor der eigenen Courage. Von diesem Dilemma wird Pubertät immer gezeichnet sein, es gibt keinen anderen Weg. Es gibt nur ein mehr oder minder tiefes Verstehen dieses Konflikts.

Die ihn begleitenden Schwierigkeiten nehmen heute eher zu. Weil unsere Epoche glaubt, über Sexualität alles herausgefunden und gesagt zu haben. Unsere Zeit ist die Ära nach der sexuellen Revolution. Die von Religion und Muckertum errichteten Tabus sind gefallen, der Sexus ist erforscht und zur Sprache gebracht. Die Jugend kann alles nachschlagen oder anklicken, statt verbotener Wörter gibt es Sexualkundeunterricht und Pornos im Netz.

Pubertät aber heißt, die jeweils eigene Sexualität erleben – und über die hat noch niemand irgendetwas gesagt. Das Individuum muss die Gattungsgeschichte an sich selbst zugleich wiederholen und neu erfinden. Für jede Zwölfjährige ist die erste Monatsblutung die erste in der Menschheitsgeschichte überhaupt. Für jeden 14-Jährigen sieht es beim ersten Samenerguss nicht anders aus – zu schweigen von ersten sexuellen Kontakten. Das Nachschlagen und Anklicken und die Sexualkunde, sie nützen hier sehr wenig.

Und mit der größten Zumutung der Pubertät werden ja nicht mal die Erwachsenen fertig: der Erfahrung, dass der Trieb nicht etwa vom vernünftigen Ich gesteuert wird, sondern dass umgekehrt der Trieb das Ich fernlenken kann. Dass über ihn nicht zu verfügen ist und er keinen Befehlen gehorcht als denen, die er sich selber gibt. Wie sollen

Mit attraktivem Aussehen suchen Jugendliche nicht unbedingt nach Anschluss – sehr wohl aber nach Anerkennung

Geballte Kraft: Die Muskeln wachsen und die ehemals weichen kindlichen Gesichtszüge werden markant – das Hormon Testosteron leistet ganze Arbeit

»Es gibt noch andere Aktivitäten«

Der Umgang mit der eigenen Sexualität ist für Jugendliche heute schwieriger als früher, sagt die deutsch-amerikanische Sexualtherapeutin Ruth Westheimer

Ruth Westheimer, 79, weltweit bekannt als »Dr. Ruth«, hat Hunderte von Rundfunksendungen zum Thema Sex gestaltet. Die in Frankfurt am Main geborene Sexualtherapeutin ist Gastdozentin an Universitäten wie Yale und Princeton

GEOWISSEN: Frau Westheimer, kommt es heutzutage noch vor, dass Heranwachsende nicht aufgeklärt sind?
Ruth Westheimer: Erstaunlicherweise verschieben viele Menschen das Gespräch mit ihren Kindern nach wie vor gern auf später – auch die Antworten auf deren Fragen. Dabei ist Aufklärung unverändert das beste Mittel etwa gegen unerwünschte Schwangerschaften und Abtreibungen; davon gibt es immer noch zu viele, vor allem in bestimmten Schichten.

Warum ist Aufklärung so schwierig?
Die Eltern oder Vertrauenspersonen müssen oft selbst erst lernen, über solche Dinge zu sprechen. Außerdem gibt es Themen, die besonders problematisch erscheinen. Etwa die Selbstbefriedigung, die noch immer stark tabuisiert ist. Dabei berühren sich alle Kinder selbst, sogar schon als Babys. Deshalb muss man mit Jugendlichen über dieses Thema sprechen, damit sie nicht das Gefühl haben, dass dies etwas Schlechtes ist und mit ihnen etwas nicht stimmt, wenn sie masturbieren.

Was sollten die Erwachsenen den Jugendlichen unbedingt mitgeben?
Das Gefühl dafür, Grenzen zu erkennen und selbst zu setzen. Etwa, dass man niemanden anfassen darf, der das nicht will, und man sich selbst auch von niemandem gegen den eigenen Willen anfassen lassen sollte. Von Altersgenossen nicht und schon gar nicht von Erwachsenen. Vor allem Mädchen machen oft Dinge, die sie selbst nicht wollen. Es ärgert mich unglaublich, wenn ich immer wieder höre, dass Mädchen mit Jungen oralen Sex haben, nur um von ihnen ein wenig Anerkennung zu erhalten. Wenn ein Mädchen keine Lust hat, sich mit einem Jungen einzulassen, muss man ihm die Sicherheit geben, dass das in Ordnung ist.

Werden Jugendliche überfordert, wenn sie in Büchern oder Zeitschriften lesen, dass sie, kaum in der Pubertät, ein befriedigendes Sexualleben und jede Menge Orgasmen haben sollten?
Nehmen wir eine 16-Jährige, die sich mit Verhütung auskennt, die dem Jungen klarmachen kann, dass er ein Kondom benutzen muss, und die weiß, dass sie etwas spüren sollte, wenn der Junge sie berührt: Wenn die beiden sich gern haben und zwischen ihnen alles andere in Ordnung ist, sollen sie doch zum Orgasmus kommen, warum denn nicht? Aber weil ich altmodisch bin, sage ich oft: Wozu die Eile, ihr habt das ganze Leben vor euch. Es gibt noch genug andere Aktivitäten.

Ist der Umgang mit Sexualität für Jugendliche und Eltern heute leichter als noch vor Jahrzehnten?
Im Gegenteil, er ist komplizierter geworden. Allein der gesellschaftliche Druck, eine möglichst perfekte Liebesbeziehung einzugehen, ist unermesslich gestiegen. Hinzu kommen die Illusionen durch Fernsehsendungen wie „Sex and the City“: Viele Jugendliche wissen nicht mehr zwischen Fiktion und Realität zu unterscheiden und sind versucht zu glauben, dass die Welt aus lauter reichen Männern besteht, die ständig schöne Frauen in Stretchlimousinen abholen, um anschließend gemeinsam großartige Orgasmen zu erleben. Und schließlich ist da die Modeindustrie, die schon ganz junge Mädchen zu Verführerinnen stilisiert.

Weshalb funktioniert das so gut?
Da werden vor allem die Mütter angesprochen; diejenigen, die

die Pubertierenden damit fertig werden?

Sexualität als das große Rätsel, umwabert von einer Aura des Gefährlichen? Ist das nicht eine Mystifikation? In der Tat kommt eine neuere Untersuchung des Sexualforschers Gunter Schmidt zu dem Schluss, dass junge Menschen sich von Sex viel weniger versprechen als frühere Generationen – und sie deshalb auch weniger Ängste damit verbinden; dass also Aufklärung im Sinne von Ernüchterung Wirkung gezeigt habe.

Doch wer weiss, ob das so stimmt. Bei Umfragen schwindeln die Interviewten häufig, manchmal ohne dass es ihnen bewusst ist. Beim Thema Sexualität tun sie es (fast) immer. Mir hat eine 30-jährige Bekannte erzählt, dass sie vor zwölf Jahren als Interviewpartnerin in einer repräsentativen Studie über das Sexualverhalten der Deutschen auf die Frage, wann sie ihren ersten Orgasmus gehabt habe, ohne Bedenken „mit 16“ antwortete.

das Geld haben und die ihre eigenen Wünsche auf ihre Töchter projizieren. Gleichzeitig sind die Idealbilder, wie eine junge Frau sein und aussehen muss, durch die Medien allgegenwärtig geworden. Selbst Mädchen, deren Mütter ihnen ganz andere Vorstellungen vermitteln, meinen dem jeweiligen Trend folgen zu müssen. Schon deshalb bin ich für Schuluniformen. Die beenden den Wettbewerb darum, wer schönere Kleider hat, und den Druck, immer sexy aussehen zu müssen.

Worin besteht der Hauptunterschied zwischen erwachsener und jugendlicher Sexualität?
Ein wichtiger Aspekt in der Pubertät ist sicher schlichte Neugier. Etwas zu erleben, was man bis dahin noch nie erfahren hat. Daneben ist der Wunsch nach Geborgenheit wichtig. Und zwar eine Art von Geborgenheit, die anders ist als jene, die Jugendliche in der Familie erfahren: jemanden zu haben, der mich versteht, jemanden, dem ich Dinge anvertrauen kann, die ich meinen Eltern nicht sage. Eine Beziehung auf Augenhöhe.

Interview: Gabriele Riedle

Zwischen Scham und Offenheit – Nacktbaden bei Nacht

Was sie heute erst weiß: Sie hatte damals überhaupt keinen Orgasmus erlebt, sondern eine schöne Empfindung dafür gehalten und so guten Glaubens geantwortet. Und was die „Einstellung" zur Sexualität betrifft, so dürfte es noch schwieriger sein, hier neutral zu fragen und wahrheitsgemäß zu antworten.

Selbst wenn junge Leute ganz ohne romantische Illusionen in ihr Liebesleben aufbrechen, bleibt es doch dabei, dass so gut wie alle mit den Irritationen ringen, die das Erwachen des Triebes ihnen zumutet. Dass sie mit dem Kontrollverlust fertig werden müssen, der bei den „Veränderungen" des Körpers beginnt und bei unerwünschten Erregungszuständen noch lange nicht endet. Dass ihnen unsere Alltagskultur, die Sex als zweitschönste Sache gleich nach dem Fußball ausgemacht hat und alles, was damit zu tun hat, sportlich nimmt, kein Stück weiterhilft.

Vor 100 Jahren war Sexualität total tabuisiert, heute ist sie total tabulos. Aber es ist – sicher nicht zufällig – ein vor einem Jahrhundert erschienenes Buch, das die Nöte der Pubertät wie kaum ein anderes auf den Punkt gebracht hat: Robert Musils „Die Verwirrungen des Zöglings Törless". Die Erzählung schildert ein übles Gruppen-Abenteuer, in das der brave Törless hineingerät.

IM INTERNAT lässt er sich auf eine Art Verschwörung gegen einen Mitschüler ein, der gestohlen hat. Die Jungen beschließen, den Dieb zu bestrafen – indem sie ihn missbrauchen.

Törless macht bei den Vergewaltigungen nicht mit, schaut aber zu. Er ist abgestoßen und zugleich fasziniert. „Zu seinem Befremden erkannte Törless, dass er sich in einem Zustand geschlechtlicher Erregung befand. Er schämte sich dessen, aber …"

Die Art, in der Pubertierende sich selber fremd werden, betrifft nicht nur das sprießende Achsel- und Schamhaar, den in die Breite wachsenden Hintern bei den Mädchen und den vortretenden Adamsapfel bei den Jungen. Sie

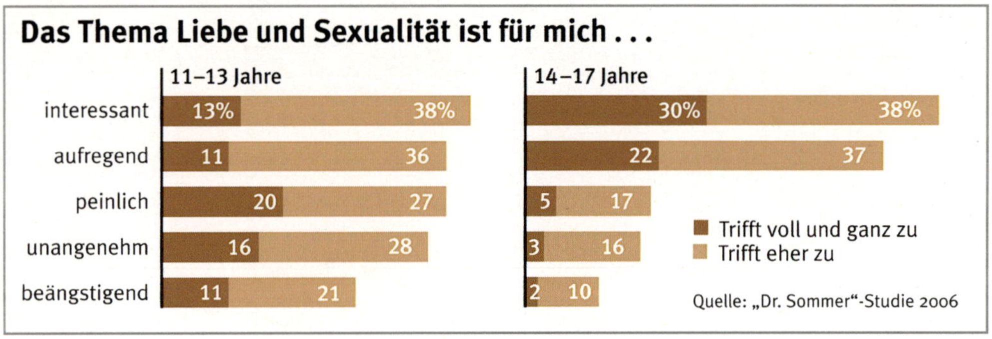

Was zu Beginn der Pubertät für viele Kinder noch eher peinlich, unangenehm oder gar beängstigend ist, wird mit zunehmendem Alter interessanter und aufregender

betrifft vor allem ihr tiefstes moralisches Selbst, ihre Wertvorstellungen und Ziele, die Integrität ihrer jungen Persönlichkeit.

Nahezu alle Formen von Fehlverhalten in der Pubertät, sei es Drogensucht, Schulversagen, Flucht von zu Hause oder Kriminalität, haben ihre letzte Ursache in diesem „Törless-Konflikt", der Nicht-Verfügbarkeit des Triebs.

UNSERE ALLTAGSKULTUR hilft den Jugendlichen kaum. In den Medien und in der Werbung werden sexuelle Reize flächendeckend eingesetzt. Und wenn eine TV-Serie oder ein Artikel in einer Jugendzeitschrift eingehender ausfällt, dann wird Sexualität als Spaßbad beschrieben, für das sich Jungs und Mädels möglichst früh eine Dauerkarte sichern sollten. In diese verlogene Welt lädt man nicht nur Jugendliche, sondern auch Kinder ein.

Diese werden durch den Heißhunger der Konsumgüterindustrien auf ihr Taschengeld zu einem „sexy" Styling gedrängt, das sie von ihrer Persönlichkeit her nicht zu füllen vermögen, dem sie sich aber nur schwer entziehen können. Die Lockungen des erotischen Theaters, die, wenn sie nur laut, grell und oft genug propagiert werden, auch bei Neunjährigen schon verfangen, schmeicheln den Kleinen und verwirren sie zugleich.

Lippenstift und Zungenpiercing – Signale, die kaum zu übersehen sind

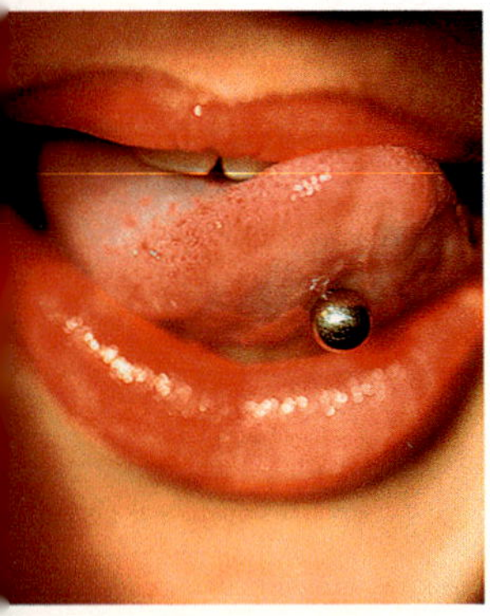

Ein Mädchen von acht Jahren, das im Bikini am Strand herumtollt, ein gleichaltriger Junge, der in futuristischen Turnschuhen Mackergehabe erprobt, mögen diesen Vorgriff auf die Geschlechtsrolle als Spiel verstehen und einfach Spaß dran haben – im günstigen Fall.

Im ungünstigen müht sich ihre grüne Libido schon um Ausfüllung der Rolle und wehrt sich gegen jede andere Form von Sinnsuche. Ist die Sexualität aber erst das Leitprogramm im Oberstübchen, sinkt jedes andere Interesse zur Nebensache ab.

Es sind gar nicht die Kinder selbst, die „immer früher" in die Erwachsenenwelt drängen. Es sind die Erwachsenen, die den Kids mit unmoralischen Angeboten zusetzen, von sexy Klamotten für Zehnjährige bis zu Manga-Comics und PC-Spielen, in denen Geschlechtsidentitäten nichts mehr im Ungefähren lassen, sondern die Selbstdarstellungslust mit Nachdruck ins Erotische lenken.

Dass dann eine andere Fraktion der Erwachsenenwelt, vorzugsweise Eltern und Lehrer, sich aufregt, wenn zwölfjährige Mädchen bauchfrei in die Schule kommen und gleichaltrige Jungen Coolnessposen mit der Zigarette ausprobieren – das macht auf die Kinder sehr viel weniger Eindruck.

Die moralische Debatte nimmt gerade bei den Äußerlichkeiten leidenschaftliche Obertöne an, hat aber schwache Argumente. Chrissie sagt dazu: „Noch bevor die Leute wissen, ob ich klug bin oder einen guten Charakter habe, fällen sie ein Urteil über mein Aussehen. Der erste Eindruck entscheidet; da ist es doch nur natürlich, wenn ich mich herausputze, dass ich so schön und sexy sein will, wie ich irgend kann." Damit erweist sie sich ganz als Tochter unseres visuellen Zeitalters.

Es scheint fast so, als werde die Kindheit bloß für eine lästige Zwischenstufe gehalten, die so schnell wie möglich durch Adaption erotischer Attribute überwunden werden müsste. Dabei sind die Jahre vor der Pubertät – Sigmund Freud nannte sie die Latenz – so wertvoll, weil in ihnen Fähigkeiten wie Lerneifer, Neugier auf Fremdes sowie Sachorientierung und Ausdauer ohne Störung durch den Trieb heranreifen.

Das sind Fähigkeiten, die in ihrer naiven Gestalt während der Pubertät untergehen, als Potenzial aber den Grundstock bilden für die kognitive Entwicklung der Persönlichkeit. Eine verkürzte Latenz kann die Turbulenzen der Pubertät nicht abmildern, ganz im Gegenteil: eine ruhige, erfüllte späte Kindheit bietet ein stabiles Fundament für die Umbauarbeiten in der Pubertät.

Diese geschehen höchst geschlechtsspezifisch – im biologischen wie soziokulturellen Sinn. Während wir gegen die Biologie machtlos sind, könnten wir auf dem soziokulturellen Feld eine Menge tun, und es ist erstaunlich, wie wenig uns einfällt. Wie sehr dabei die Fantasie von Schulen, Clubs, Künsten, Sport und Medien zu wünschen übrig lässt. Wir schauen einfach zu, wie Kin-

»Knutschen und Kuscheln« stehen für ein Drittel aller 11- bis 17-Jährigen laut einer Umfrage an erster Stelle, wenn es um die Frage geht, was einen gelungenen Abend auszeichnet

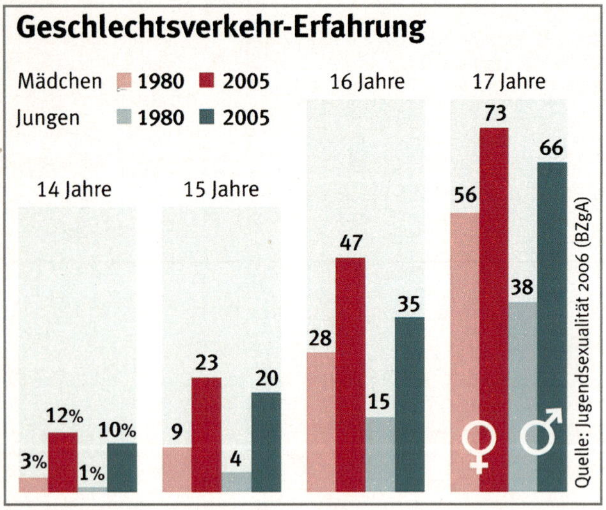

Nicht zuletzt die schnellere Reifung führt dazu, das Teenager heute früher Geschlechtsverkehr haben als noch im Jahr 1980 – wobei die Mädchen den Jungen unverändert weit voraus sind

der in diese Jahre hineinstolpern, als hätte es so etwas wie Koedukation nie gegeben.

Wenn sich die Heranwachsenden erstmals als Geschlechtswesen bewegen, bemühen sie sich nicht um Nähe zum anderen Geschlecht, sondern im Gegenteil um verschwörerischen Zusammenhalt mit dem eigenen. Dabei bereiten sich die Jungen auf die Begegnung mit der Welt vor, die Mädchen auf die Begegnung mit der Liebe.

ES MAG 14-JÄHRIGE Jungen geben, die um ein Mädchen werben, die Liebesglück oder Liebeskummer durchleben. Aber sie sind die Ausnahme – bei den meisten spielen Mädchen allenfalls eine Nebenrolle. Über die Männlichkeit eines Jugendlichen befinden erst einmal die anderen Jungs und andere Männer: Väter, Onkel, Lehrer, Trainer. Der Junge gehört ihnen, und er hat, bevor er lieben darf, etwas ganz anderes zu lernen: zu kämpfen und sich zu behaupten. Nur dann wird er in unserer Kultur zu einem Mann.

Die Entdeckung der Sexualität endet zwangsläufig auch in Enttäuschungen

Und wie sieht es bei den Mädchen aus? Deren Entwicklung zur jungen Frau kennt im Grunde nur einen Code: die Liebe. All das, was im Leben der Jungen an erster Stelle steht, das Programm der Selbstbehauptung, rutscht bei den Mädchen weit nach hinten; allenfalls wird Selbstbehauptung mittels erotischer Reize definiert.

Die Reifungsperiode der Mädchen ist, was die Angebote der Konsumkultur betrifft, ganz auf das andere Geschlecht bezogen. Man nehme eine speziell für Mädchen gemachte Jugendzeitschrift wie „Bravo Girl" und schaue sie durch: Beiträge zu Politik und Kultur kommen da nur in Nischen vor.

Was dominiert, ist die Mode, jenes Zaubermittel der Selbstdarstellung, das die bewundernden Blicke der Jungen auf die Erscheinung der Mädchen lenken soll. Groß aufgemachte Geschichten mit Titeln wie „Dein erstes Mal" oder „Wie erkenne ich, ob er es ernst meint?" bereiten immer wieder auf das eine vor: das erste Rendezvous, die erste Verliebtheit, den ersten Sex.

Die Fantasie der pubertierenden Mädchen wird mit erotischem Stoff systematisch überernährt. Die gleichaltrigen Jungen ziehen derweil mit geschulterten Trainingstaschen an den aufgetakelten Mädchen vorbei zum Sportplatz.

Das Gesamtbild ist klar: Pubertierende Jungen werden auf die Durchsetzung in der Welt jenseits der Familie vorbereitet, in der sie ja vor allem anderen Männern begegnen. Pubertierende Mädchen werden auf die Männer hin orientiert, auf die Rolle, die sie später in deren Leben zu spielen haben. So konservativ geht es bei unseren Pubertätsinszenierungen zu.

Jungen setzen sich probehalber durch, Mädchen posieren erotisch und lieben probehalber. Allein in bildungsnahen Schichten sieht es mitunter anders aus. Da können Jungen zugeben, dass sie keine Lust zum Raufen haben und lieber kochen. Und Mädchen profilieren sich bei „Jugend forscht".

DIE ROLLE DER ELTERN bei alldem ist widersprüchlich. Die bittere Botschaft heißt: Es geht zu Ende. Die Elternrolle ist ausgespielt. Die Kinder brechen auf und aus, auch wenn sie noch weit davon entfernt sind, ihr Leben selbst meistern zu können. Soll man, als Mutter, als Vater, die Kinder ziehen lassen und nichts unternehmen, selbst wenn man ahnt, dass sie in Gefahr geraten? Wo man doch andererseits weiter für sie zahlt und ihnen rät, hilft, beispringt und sie vor so mancher Dummheit bewahrt? Wie geht das zusammen – die Kinder loslassen und doch für sie da sein?

Es geht, wenn auch nicht ganz einfach. Dem medialen Dauerbeschuss mit sexuellen Motiven und Signalen zum Trotz (oder just deshalb) errichten Pubertierende eine Geheimniszone um ihre erotische Persönlichkeit – ihre Träume ebenso wie ihre Erfahrungen. Sie schützen dadurch den für sie so wichtigen Bereich vor „Fremden". Und dazu zählen auch die Eltern.

Wo immer Eltern spüren, dass die Geheimnistuerei ihrer Kinder sich auf die Sexualität bezieht, sollten sie Zurückhaltung üben. Selbst wenn sie fürchten, dass der Umgang, den ihr Kind pflegt, der falsche ist. Sie haben hier nichts zu melden, und ihr Urteil über „falsch" und „richtig" zählt nicht mehr. Diese Zurückhaltung kann schwerfallen, man hat als Mutter oder Vater ja immer eine gute

Rühr mich nicht an – wohl kaum etwas gibt im Jugendalter die jeweilige Stimmung eindeutiger zu erkennen als die Körpersprache

Ermüdet.
Ermattet.
Erschöpft.
Erfrischt.
Endlich eintauchen
in meinen Garten.
GARDENA®
Erlebe Deinen Garten

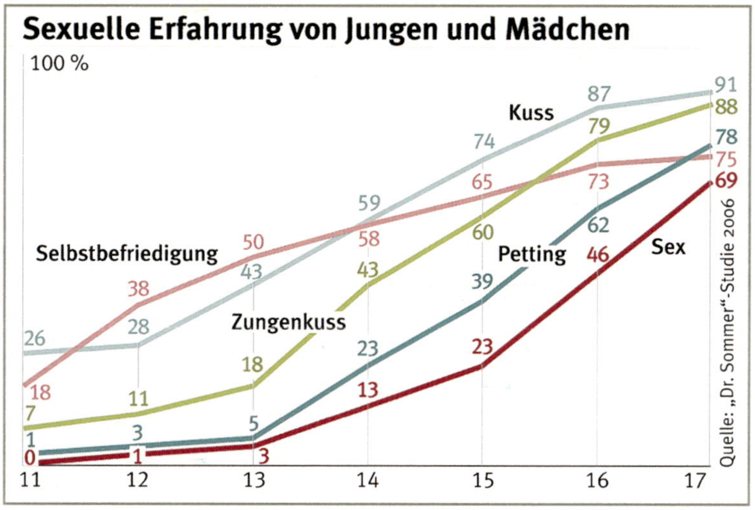

Mit Küssen und Selbstbefriedigung machen Teenager die ersten sexuellen Erfahrungen, Petting und Geschlechtsverkehr folgen meist etwas später

Ausrede für jede Art Einmischung: die Sorge um das Kind.

Die Sorge aber muss nun ihre Gestalt ändern. Sie wird lockerer, materieller. Sie hat im Zusammenhang mit Sex die Aufgabe zu schweigen. Nichts zeigt so deutlich, dass das Kind kein Kind mehr ist und dass es von zu Hause fortgehen wird, wie der Beginn seines Geschlechtslebens.

Weshalb ist gerade dieser Punkt für Eltern oft so schmerzlich? Und Ursache für so manches Zerwürfnis? Es gibt einen Verdacht: dass die Eltern eifersüchtig seien auf die blühenden Reize ihres Nachwuchses und auf dessen anstehende Erfahrungen im Garten der Lüste. Ich glaube nicht, dass das zutrifft.

Der Schmerz, den Eltern spüren, wenn die Tochter mit einem fast immer irgendwie unpassenden Jüngling loszieht oder der Sohn auf eine niedliche Verführerin hereinfällt, ist ein ganz normaler Trennungsschmerz, den Eltern sich zugestehen und mit sich selbst ausmachen sollten.

Die ersten Flirts der Kinder sind es ja, die die Töchter und Söhne von zu Hause weglocken. Sie dem Einfluss der Eltern entziehen, die immerhin 15 oder mehr Jahre ein Liebesverhältnis mit ihnen gelebt haben.

Wie sollen sie da nicht einen Affekt gegen die Entführer, wie nicht einen Stich im Herzen verspüren, wenn die ersten harten Worte fallen, mit denen die Kinder ihre Eroberungen gegen die abschätzigen Bemerkungen ihrer Erzeuger in Schutz nehmen?

Es gibt jedoch einen Trost: Jeder Mensch braucht belastbare, nichtsexuelle Bindungen im Leben; dafür stehen, neben Freundschaften, die Eltern ein. Auch wenn Kinder ihr Elternhaus unter Verwünschungen verlassen haben – sie kehren in aller Regel zurück.

Spätestens wenn sie selbst Eltern geworden sind. □

MEHR ZUM THEMA:

Jugendsexualität 2006 – eine Studie der Bundeszentrale für gesundheitliche Aufklärung, unter: **www.bzga.de**

Projektgruppe Herzenssache: **Schmetterlinge im Bauch. Wenn Jugendliche sich verlieben,** Archiv der Jugendkulturen Verlag 2007, 176 Seiten

Barbara Sichtermann lebt als Schriftstellerin in Berlin und hat drei Kinder (davon zwei adoptierte) im Alter zwischen 19 und 29 Jahren. Die Jean-Améry-Preisträgerin ist Autorin des 2007 erschienenen Buchs „Pubertät. Not und Versprechen", Beltz, 268 Seiten.

»WAS GUCKST DU, BIN ISCH KINO?«

Viele Eltern und Pädagogen reagieren geradezu allergisch auf den Jargon ihrer Kinder. Wissenschaftler sehen die neuen Sprachschöpfungen gelassener – als kreative Abgrenzung von den Erwachsenen und als Chance für eine Belebung der Umgangssprache

VON FENJA MENS

Heike Wiese ist auf Hilfe angewiesen, wenn sie sich dem Objekt ihres Forschungsinteresses nähern möchte: auf die Hilfe von Jüngeren. „Mit mir spricht keiner mehr in Jugendsprache. Dafür bin ich zu alt", sagt die Potsdamer Linguistin.

Für Feldforschungen schickt die 41-Jährige ihre Studierenden los, lässt sie in Linienbussen Gesprächsfetzen notieren oder Schülergruppen in Jugendtreffs interviewen. Dafür sei Fingerspitzengefühl wichtig: „Wenn die Studenten sagen: ‚Hallo, wir kommen von der Uni und jetzt reden wir mal über eure Sprache', machen die Jugendlichen sofort dicht. Die Interviewer müssen interessante Themen finden, zum Beispiel Musik."

Mitunter gibt Wiese den Teenagern auch Aufnahmegeräte mit, damit sie ihre Gespräche aufzeichnen, gegen ein kleines Honorar.

Germanisten wie Heike Wiese sind fasziniert vom Witz und von der Kreativität, mit der Jugendliche Sprache gebrauchen. Ihre Schöpfungen gelten inzwischen als wichtige Quelle der Erneuerung des Standarddeutschen. Das wissenschaftliche Interesse am Jugendjargon ist allerdings recht neu.

Noch in den 1970er Jahren haben Forscher ihn kaum beachtet – und wenn doch, dann nur als Beispiel für beklagenswerten Sprachverfall. Das änderte sich in den 1980er Jahren. Zumindest in Westdeutschland – in der DDR war Forschung zu diesem Thema unerwünscht, weil sie das Bild von der sozialistischen Einheitsgesellschaft infrage stellte.

GRUSCHELN? DIGGA? LOLLIG? Manchmal verstehen Erwachsene nur Bahnhof. Aus gutem Grund, sagt die Wuppertaler Soziolinguistin Eva Neuland: „Jugendliche grenzen sich mit ihrem Sprachstil von Älteren ab, durchaus aber auch von Jüngeren und Gleichaltrigen." Dies ist eines der Ergebnisse einer Studie, die Neuland kürzlich abgeschlossen hat.

Von der Deutschen Forschungsgemeinschaft gefördert, befragten die Wissenschaftlerin und ihr Team 1200 Kinder, Jugendliche und junge Erwachsene zwischen zehn und 24 Jahren zu ihrem Sprachgebrauch.

Zehn- bis Zwölfjährige kennen demnach bereits jugendsprachliche Begriffe, setzen sie aber nur gelegentlich ein, etwa um anzugeben. Erst 14- bis 17-Jährige bauen Ausdrücke wie „tight" oder „mörder" (für super) situationsabhängig in ihre Sätze ein. „Typischerweise wenn sie in einer Gruppe mit Gleichaltrigen zusammenstehen und kommentieren, was drumherum passiert", sagt Neuland.

Dass der Anteil von Anglizismen zunimmt, konnte die Forscherin widerlegen. Fachbegriffe wie „Skateboard" nicht mitgerechnet, tauchte nur etwa alle zwölf Minuten ein aus dem Englischen entlehnter Ausdruck in einem Gespräch auf. Außerdem werden diese regelgerecht ins deutsche Wortbildungssystem integriert, etwa bei den Verb-Endungen: „Lass uns shoppen gehen" heißt es dann, oder „Hat er das gecheckt?".

In jeder Region, Stadt, Schule, ja sogar Clique kursieren andere Wörter, denn „die Jugendsprache" existiert so wenig wie „die Jugend". Die meisten Begriffe lassen sich jedoch kategorisieren: Es gibt sogenannte Verstärkungspartikel wie „echt", typologisierende Begriffe für andere Leute wie „Emo" (emotionaler Mensch), Wertungsausdrücke wie „fett" (für großartig) und bildhaft-ironische Neukreationen wie „Friedhofsgemüse" (für Senioren). Und natürlich jede Menge Ausdrücke für Angehörige des anderen Geschlechts und das, was man mit ihnen anstellen möchte.

All dies, so Neuland, diene dazu, sich der Gruppen- und Geschlechtsidentität zu versichern: „Die Jugendlichen gleichen in ihrer Freundesgruppe regelmäßig sprachlich ab, ob die anderen ihre Werte und Einstellungen teilen."

INHALTLICH GEHT ES meist um die unmittelbaren Lebensumstände. Das zeigt bereits die Studentensprache des 18. und 19. Jahrhunderts, in der die Universität, das Fechten auf den Paukböden der Verbindungshäuser, Geldsorgen und Frauen im Mittelpunkt stehen. Sie gilt Linguisten als erste deutsche Jugendsprache überhaupt.

Jugendsprache dient auch dazu, sich zu vergewissern, dass die Freunde die eigenen Werte und Einstellungen teilen

„Der Student (…) hat auch eine Anzahl eigenthümlicher Ausdrücke und Phrasen. (…) Manche sind so ziemlich sinnlos, manche hingegen sehr naiv und ihrer Bedeutung angemessen. Kürze und Derbheit sind das Gepräge der meisten", schrieb zum Beispiel Ludwig Wallis 1813 in seinem Büchlein „Der Göttinger Student".

Etliche der Begriffe, die Wallis festhielt, wie „mogeln" oder „anschleppen", sind auch heute noch in Gebrauch. Schon damals bediente sich der Nachwuchs gern bei anderen Spra-

VON KNORKE BIS GAGA: DER WANDEL DER JUGENDSPRACHE

	vor 1900	1900–1930	1960–1970	1970–1980	1980–1990	1990–2000	nach 2000
BEWUNDERUNG	famos, delicat, splendid	fabelhaft, knorke, fein, tadellos	dufte, wonnig, flott	bombastisch, toff, hip	astrein, galaktisch, oberaffengeil	ultrakrass, verschärft, elefantös	fett, endgeil, verludert
MISSACHTUNG	impertinent, stokmiserabel	gemein, mies, scheußlich	abgelaufen, bescheuert, vergammelt	undufte, urinös, krank	fies, finster, ätzend	abgefuckt, beknackt, ungeil	assig, gaga, pissig
UMWERBEN	backfischen, poussieren	anschwirren, balzen, schwärmen	aufreißen, anbohren	Süßholz raspeln, miezeln, aufreißen	angraben, anmachen, auf Hasenjagd gehen	anbaggern, anlabern, sich ranschmeißen	gruscheln, smirten, scannen
FRAU	flotter Besen, Grazie, Nymphe	Flamme, Schnalle, Maus	Biene, Mieze, steiler Zahn	Puppe, Schnecke, Torte	Braut, Sahneschnitte, Schnalle	Feger, Tussi, Perle	Chica, Chick, Keule
MANN	Camuff, Laffe	Armleuchter, Dusel	Heini, Trottel, Macker	Knalltüte, Obertrottel, Hammertyp	Scheich, Hirni, Spasti	Nullchecker, Spacko, Lover	Loser, Honk, Opfer

Recherche: Claudia Janetzko/Marc Krones vom Germanistik-Lehrstuhl Professor Eva Neuland/Universität Wuppertal (basierend auf 15 Sprachlexika)

chen und Jargons, um sich abzugrenzen: „Kneipe" und „Moneten" etwa stammten aus der Gaunersprache – die Bildungsbürger grauste es.

Heute gruseln sich Sprachbewahrer, wenn ihnen das sogenannte Kiezdeutsch zu Ohren kommt, die derzeit wohl ungewöhnlichste Art von Jugendsprache. Sie ist in Migrantenvierteln wie Berlin-Kreuzberg und Hamburg-Mümmelmannsberg entstanden.

„Das Besondere ist, dass diese Form sich im Kontakt verschiedener Sprachen entwickelt hat", erklärt Heike Wiese. Die Linguistin lebt in Kreuzberg und hat einen Lehrstuhl an der Universität Potsdam. Vielleicht werden ihre Töchter eines Tages auch „krass sprechen", wie die Jugendlichen ihren Slang nennen. Wiese würde das nicht wundern: „Kiezdeutsch wird in ethnisch gemischten Gruppen auch von Jugendlichen deutscher Herkunft benutzt."

TYPISCH FÜR DIESE neuen Sprachstile sind Entlehnungen wie das türkische „lan" (für Kumpel) oder das arabische „wallah" (leitet sich von *wa allah* ab, wörtlich „und Gott", und dient zur Bekräftigung). Daneben gibt es Neukreationen wie „musstu", bei denen Wörter zu einem neuen Ausdruck verschmolzen sind. „Musstu wird gegenüber Einzelpersonen und gegenüber Gruppen verwandt", sagt Wiese. „Das zeigt, dass es sich von der ursprünglichen Bedeutung entfernt hat." Charakteristisch sei es auch, Verben mit Nomen zu kombinieren („Hast du U-Bahn?" – „Nein, ich habe Fahrrad" / Fährst du mit der U-Bahn? – Nein, mit dem Fahrrad) und Ortsangaben durch bloße Nomen auszudrücken („Ich geh Schule").

Während viele Deutschlehrer solche Sätze als Sprachverfall brandmarken, findet die Germanistik-Professorin Wiese sie wissenschaftlich hochinteressant: „Was für die Information nicht zentral ist, wird weggelassen, das ist sehr ökonomisch." Verschmelzungen gebe es im Übrigen auch in der Umgangssprache. „Viele sagen ‚hamwa‘ statt ‚haben wir‘ und ‚gehste‘ statt ‚gehst du‘.“

Der Sprachmix höre sich zwar chaotisch an, habe aber Regeln und Strukturen. „Für die berufliche Zukunft der Jugendlichen ist es jedoch wichtig, dass dies nicht die einzige Varietät des Deutschen ist, die sie beherrschen“, sagt Wiese. Sie empfiehlt daher Lehrern, Kiezdeutsch zum Unterrichtsthema zu machen. „Wenn ihr Sprachgebrauch ernst genommen wird, sind Jugendliche eher bereit, sich mit dem Standarddeutschen zu beschäftigen.“

AUCH UNTER TEENAGERN ohne Kontakt zur Migrantenszene hatten sich vor einigen Jahren Ausdrücke wie „Ultrakorregd“ und Sprüche wie „Was guckst du, bin isch Kino?“ verbreitet.

Bekannt geworden ist die Kiezdeutsch-Karikatur „Kanak Sprak“ durch Ethno-Comedy-Shows wie „Stefan und Erkan“. Die medial verbreiteten Begriffe wurden vielfach übernommen. Ohnehin finden sich in Jugendsprache oft Anspielungen auf Werbesprüche, Filme oder Lieder.

Mitunter wird auch der Sinn eines Wortes erweitert: „Der Begriff ‚geil‘“, sagt Neuland, „hatte bis in die 1980er Jahre eine rein sexuelle Bedeutung. Dann wurde es populär, ihn für alles zu benutzen, was Jugendliche gut fanden. Zugleich provozierte ‚geil‘ die Erwachsenen, weil das Wort in ihren Ohren anstößig klang.“

Zu den aktuell gewandelten Wörtern zählen „Opfer“ (im Sinn von „Idiot“ gebraucht) und „ficken“. Der für Erwachsene obszön klingende Satz: „Gestern wurde ich ohne Fahrschein gefickt“, heißt übersetzt ganz schlicht: „Gestern wurde ich ohne Fahrschein erwischt.“

Wie ganz neue Begriffe, etwa „Vollhorst“ oder „Festnetztelefonierer“ für vermeintlich geistig Minderbemittelte, genau entstanden sind, lässt sich meist nicht aufklären. Manches beruht auf Zufällen, vermutet Neuland: „Da unterläuft einem in der Clique ein Versprecher, und alle lachen. Mitunter fließen solche Wörter dann in den Sprachschatz der Gruppe ein und dienen als Erkennungssignal.“ Einzelnes ziehe dann weitere Kreise und gehe irgendwann vielleicht in die Standardsprache ein. Doch das brauche Zeit. Einiges, was in den 1970er und 1980er Jahren als Jugendsprache galt – zum Beispiel „Typ“ oder „cool“ – benutzen heute Politiker in ihren Reden.

Ob ein Wort von der Allgemeinheit akzeptiert wird, erkennen Sprachwissenschaftler auch daran, wie Journalisten mit ihm umgehen: Verwenden sie es mit Anführungszeichen oder einschränkenden Kommentaren („wie Jugendliche sagen“), hat es noch keinen Eingang in die Umgangssprache gefunden. Andernfalls ist es bald reif für den Eintrag in den Duden.

Spätestens mit dem Eintritt in das Berufsleben verliert sich der Jargon jedoch bei den meisten Jugendlichen. Aus „fett“ wird dann womöglich „fabelhaft“. „In der Gruppe herumhängen und über andere lästern, der Zeit quasi enthoben, das hat dann nicht mehr die Bedeutung wie im Jugendalter“, sagt Eva Neuland. „Provokation ist nicht mehr wichtig.“

Das war vor rund 200 Jahren nicht anders: „Sobald man der Burschenschaft entrückt ist“, schrieb der Göttinger Korpsstudent Ludwig Wallis, „fallen nach und nach die fremdartigen Wörter weg, so wie sich allmählich die Studenten-Manieren abschleifen.“ □

MEHR ZUM THEMA:

www.kiezdeutsch.de: Informationen für Eltern und Lehrer

Wörterbuch der Jugendsprache 2008, Klett 2008, 143 Seiten

„Hä??“ – Jugendsprache unplugged, Langenscheidt 2007, 144 Seiten

Besonderheit beider Bücher: Die Wörter wurden im Frühsommer 2007 im Rahmen von Schülerwettbewerben eingesandt.

Die in Berlin lebende Autorin **Fenja Mens** dachte im Zuge ihrer Recherche darüber nach, welche jugendsprachlichen Ausdrücke sie als Teenager wohl benutzte. Eingefallen ist der gebürtigen Hamburgerin nur noch der Begriff „Spacken“ (für „Idiot“). Den benutzt sie auch heute noch gern, wenn sie sich ärgert.

Höher, schneller, weiter: FT Emerging Arabia

Die Wirtschaft in der Golfregion boomt – und bietet auch in Zukunft hervorragende Perspektiven. Der FT Emerging Arabia legt in die attraktivsten Aktien aus den Golfländern an. Und sichert Währungsrisiken weitgehend ab. So können Sie einfach und bequem von den Chancen der arabischen Börsen profitieren. Weitere Infos und den aktuellen Verkaufsprospekt erhalten Sie von Ihrem Berater oder direkt bei uns: Telefon 069/9 20 50 200, „www.frankfurt-trust.de“.

FRANKFURT-TRUST ASSET MANAGEMENT

Jetzt im Handel

Wer weiß, wann Sie mal Telefonjoker spielen müssen?

www.geokompakt.de

Man kann nie genug wissen. GEOkompakt

Stefanie Stappenbeck

Feridun Zaimoglu

Christiane Nüsslein-Volhard

Daniel Cohn-Bendit

Margarete Mitscherlich

LEBENSLÄUFE

DAS WAR UNSERE JUGEND

Wie blicken Erwachsene auf ihre Pubertät zurück? Welche Erfahrungen haben sie vor 20, 50 oder mehr als 70 Jahren gemacht, welche Nöte und Hoffnungen bewegten sie? Und vor allem: Zeichneten sich schon damals Konturen ihres heutigen Lebens ab? Die GEO-WISSEN-Autorin Marion Rollin und der Fotograf Serge Cohen begaben sich auf Spurensuche und besuchten fünf bekannte Deutsche

Margarete Mitscherlich

DAS DRAMA DER ABNABELUNG

Ihre Pubertät beginnt mit 13 und mit einer Lüge. Bisher hat sie ihrer Mutter, die eine „übertriebene Angst vor Sexualität" hat, immer beichten müssen, wenn sie onanierte. „Plötzlich log ich sie an. Ein herrliches Gefühl von Befreiung war das! Und von Stolz!"

Andererseits ist auch das Gefühl ihrer engen Bindung zu ihrer Mutter noch da. „Bitte, lass mich nie erwachsen werden!", betet die 13-Jährige zu Gott. Nichts fürchtet sie mehr, als die „Glückshaube" ihrer Kindheit verlassen zu müssen.

1917 wird Margarete im nordschleswigschen Graasten geboren. Ihre Mutter stammt aus Lübeck, ihr Vater, ein Landarzt, aus dänischer Familie. Margarete wird ein Mutter-, kein Vaterkind. Schon mit fünf Jahren will sie wissen, was ihre Mutter denkt, was sie fühlt. Wenn sie meint, die Mutter sei traurig, leidet sie entsetzlich. „Mein Lebenssinn war es", sagt sie, „meine Mutter glücklich zu machen." Keine zu schwere Last für ein kleines Mädchen? „Nein, denn im Unterschied zu den meisten meiner Patientinnen habe ich es geschafft!"

Margarete Mitscherlich ist heute 90 und die First Lady der Psychoanalyse. Sie geht noch immer zweimal in der Woche ins Frankfurter Sigmund-Freud-Institut, um mit Patienten zu arbeiten. Dass sie schon als Kind damit beschäftigt war herauszubekommen, was in den Menschen vorgeht, hat zu ihrer späteren Berufswahl geführt: „Meine erste Analysandin war meine Mutter."

Ohne deren Initiative hätte Margarete es schwer gehabt, sich aus der engen Symbiose mit ihr zu lösen: Die Mutter schickt ihre 14-jährige Tochter auf das Oberlyzeum nach Flensburg. „Du willst doch später mal studieren!", versucht sie die Tochter zu überzeugen.

Ein Jahr lang leidet Margarete unter großem Heimweh. Fleht die Mutter immer wieder an, sie doch zurückzunehmen. „Ich bin dann tränenüberströmt, nachdem ich ein Wochenende zu Hause war, wieder in mein deutsches Gefängnis gegangen. So habe ich es wirklich empfunden."

Doch schon ein Jahr später ist sie der Mutter dankbar. „Sie wollte, dass ich erwachsen werde." Nach der Heimweh-Phase folgt die „Phase mit den Fähnrichen". Mit ihnen ist das Mädchen jetzt so „heftig involviert", dass die Sehnsucht nach dem Zuhause schwindet – selbst als Margarete von ihrer ersten Liebe verlassen wird und todunglücklich ist.

Die dritte Phase ihrer Pubertät beginnt, „das wichtigste Erlebnis ihrer Teenagerzeit": Sie verliebt sich erneut. Annie Meetz heißt sie, ihre Deutschlehrerin. Margarete ist ihr „hörig", fühlt sich ihr „verfallen". Jungs sind ihr plötzlich völlig egal. Was jetzt zählt, ist nur noch die geistige Welt. Mit Sexualität hat ihre Liebe nichts zu tun. „Es war Erotik, die mich mit ihr verband." Die Hingabe an geistige Werte erlebt der Teenager wie einen Rausch. Mitscherlich erinnert sich, dass sie ihr „vor Begeisterung fast die Füße geküsst habe".

Mit Annie Meetz lesen Margarete und ihre Freundinnen Mallarmé, Hölderlin, Verlaine, Kleist, vor allem aber Stefan George. „Glanz und ruhm. so erwacht unsre welt …", sagt die 90-Jährige mühelos eines seiner Gedichte auf. Mit dem Ende der Schulzeit geht auch diese Phase zu Ende, und Mitscherlich beginnt sich wieder für Männer zu interessieren.

Unterschied sich ihre eigene von der Pubertät ihrer vier Enkel? „Ich habe damals die bürgerlichen Sitten, die konventionellen Vorstellungen von Moral durchbrochen", sagt Margarete Mitscherlich. „Meine Enkel suchten wieder Konventionen. Dennoch waren ihre Kämpfe mit den Eltern viel heftiger."

Margarete Mitscherlich, 90, schrieb mit ihrem Mann Alexander das Buch „Die Unfähigkeit zu trauern". Die Psychoanalytikerin lebt in Frankfurt und hat einen Sohn.

Feridun Zaimoglu

DEN WILDEN HERZSCHLAG SPÜREN

Er sieht in den Spiegel und stellt erschrocken fest, dass seine Nase viel zu groß ist. Außerdem entdeckt er, dass sein Gesicht „wie ein Tomatenfeld" aussieht – eine schwere Akne. Feridun ist zehn, als er die Veränderungen wahrnimmt. „Bei uns im Orient ist ein zehnjähriger Junge kein Kind mehr. Auch kein Erwachsener, aber der Kindheit entwachsen", erklärt der in der Türkei geborene Autor, der oft Monate in der Heimat seiner Eltern verbracht hat.

Im Inneren des Zehnjährigen gerät gleichfalls alles aus dem Lot. Er fühlt sich überschwemmt von einem Überschuss an Gefühlen. Verliebt sich in fast jedes weibliche Wesen, dem er begegnet. Ein Rock kann ihn tagelang in Erregung versetzen. Wenn er nur das zarte Geräusch einer Seidenstrumpfhose hört, wird er knallrot. Der Anblick von Frauenhänden bringt ihn aus der Fassung. Auch nachts findet er keine Ruhe vor den Fantasien, die sich um größte Gefühle drehen: um Romantik, Sex und Herzblut. Seine Mutter nimmt ihn nun nicht mehr mit ins türkische Dampfbad. „Da wären mir ja die Augen aus den Höhlen gequollen, und ich wäre an Atemlähmung eingegangen", sagt Zaimoglu.

Voller Verzweiflung stellt er fest, dass die Frauen ihn ignorieren. Verletzt realisiert er, dass sie sich anderen in die Arme werfen. Noch heute schwingt tiefe Verachtung für seine Konkurrenten in der Stimme mit: Verachtung für die „Möchtegern-Rocker", für die „süßen Zuckerjungs, die zu dumm sind, um einen ganzen Satz aufzusagen". Warum nur, fragte sich Feridun damals, fallen die Mädchen fast in Ohnmacht, wenn sie diese Typen sehen, und bei mir nicht? Der Blick in den Spiegel gibt die Antwort.

In der Schule provoziert er den Misserfolg. Jahrelang ist er der schlechteste Schüler. Ist davon überzeugt, dass alles, was sie ihm dort beibringen, nur auf eines hinauslaufen soll: seinen Körper zu betäuben. „Benimm dich! Halt dich zurück!" Stattdessen will er sein „Blut rauschen hören", seinen „wilden Herzschlag spüren". Radikal lehnt er es ab, so zu werden wie die Menschen um ihn herum: „Betäubte Untote" nennt er sie. „Dies Gefühl, mich von ihnen fernhalten zu wollen, war sehr existenziell."

Zu Hause zeigt sich Feridun dagegen anpassungsfähig, stellt keine der Regeln in Frage. Er siezt seine „heiß geliebten" Eltern, steht auf, wenn seine Mutter den Raum betritt, schlägt seine Beine nicht übereinander, unterbricht seine Eltern nicht. Verachtet die deutschstämmigen Jungs und Mädchen, die „so flegelhaft mit ihren Eltern umgehen".

Die Auseinandersetzung sucht Feridun auf der Straße, ist ständig in Schlägereien verwickelt. „Ich musste mein Fleisch spüren", sagt er. Einmal läuft er mit dem Gesicht in ein offenes Messer. Statt ins Krankenhaus zu fahren, prügelt er weiter, bricht dem Gegner die Nase. Der hatte seine Mutter „Hure" genannt.

Nein sagen, das liegt Feridun. Doch er hat Eltern, die ihm vorleben, wie man auch Ja sagt. Die Mutter ist als Putzfrau beschäftigt, der Vater als Metallarbeiter, beide sind zupackende Menschen. „Die Sprache ist fremd. Die hast du zu lernen, dann wird was aus dir!", fordern sie von ihrem Sohn. Tatsächlich beginnt der sich in der Schule anzustrengen; der Versager wird Klassenbester.

Zwar findet er während der Pubertät keine Erfüllung in der Liebe, hat keinen Sex, keine Freundin. Aber er wird ein „Sprachverrückter", wie er sagt. Zwar brodelt es noch in seinem Inneren. Doch lässt er nun auch die Worte brodeln. „Der Stöpsel flog raus", sagt er. Feridun Zaimoglu kann endlich innen und außen in Einklang bringen: „Danach ging die Post ab!"

Feridun Zaimoglu, 43, ist Schriftsteller („Kanak Sprak") und Theaterdichter in Kiel. Im Februar ist sein Roman „Liebesbrand" erschienen.

mit bescheuerten Vorschlägen
Süßholz raspeln, nicht Schwer
Schieflagen des Haussegens,
meine Umgebung und samm
gende Mehrzeiler. Die Reflex
Wassers auf dem Meeresboden,
pubertierenden Nymphen von
goflaum im Gesicht von hyperag
nene Knabenspiele von heut auf
sie sich nicht mit der eingebildet
Der Wind erfasst Handtuch
gehängte Bikinioberteile,
stücke auf, macht aus Frans
die kleine Dellen in den Sand
himmlische kleine Freuden ver
Dekolletees habe ich gelinst,
weißen, ungebräunten Hautste
bist ja einer, der das Wort von
insofern bin ich mir nicht sicher
worauf ich hinauswill, ob du, Ho
Vorstadtkanake in Personalunion
und Konsorten sind Geschichte,
in Zukunft ihre gottbegnadeten
zen, leider. Ich konnte nicht da
zu befummeln oder sogar währe
ihre Airbags zu starren. Ich hab
wie man hierzulande zu sagen
Magnetismus betreibt, denn
ein schlichtes Top, ein
en Vater, ein knapper
er männlichen Bedien
gegenüber einmal
me mir immer die
Sinn: the tyre that never
drangsalierte. Ich muss nicht
starbeit leisten wider etwaige
nichts davon. Ich beobachte
le Material für lippenspren-
e des gekräuselten seichten
das Geflüster der beiden arg
nebenan, der Theatergrin-
ilen Jungs, die lieb gewon-
morgen fallen lassen, weil
n Manneskraft vertragen.
l und zum Trocknen auf-
cht abgelegte Kleidungs-
nd Bändern Kinderfinger.
opfen. Schön, wunderbar.
indend. Aber: In wie viele
eil ich einen Blick auf die
len erhaschen wollte. Du
einer Hinterseite versteht,
ob du wirklich begreifst,
rmonzombie und elender
mir folgen kannst. Anke
und mir bleibt es versagt
Milchdrüsen zu besch
on lassen, ihre Oberwe
ad des heftigsten Streits auf
sie im Verdacht, dass sie –
pflegt – mit ihren Brü
über diese Knospen
grauer Pullover von ih
Fetzen, dergestalt, dass
ung die Augen übergi
sagte, bei dem Anblic
alte Truck-Reifenwe
ires! fuhr sie mir

CINE 2000
sachtler

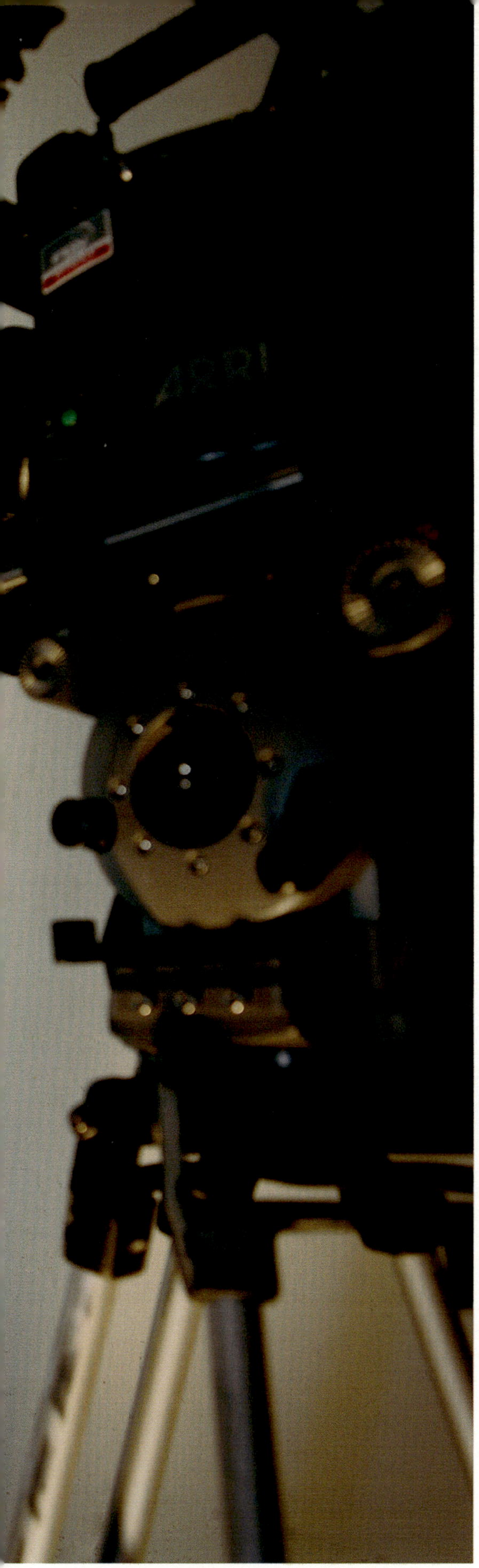

Stefanie Stappenbeck

ANGST, DIE DÄMONEN ZU WECKEN

Der Beginn ihrer Pubertät fiel mit dem Beginn ihrer Karriere zusammen. „Ich musste schon als 13-Jährige funktionieren wie eine Erwachsene“, sagt die Schauspielerin.

1974 wird Stefanie Stappenbeck als älteste von drei Töchtern in Potsdam geboren. Mit zehn wird sie von Talentsuchern des DDR-Fernsehens entdeckt. Mit elf dreht sie einen Film – er wird ein großer Erfolg. Mit 13 spielt sie eine Hauptrolle in „Die Weihnachtsgans Auguste“ – und wird bei den Dreharbeiten vom Regisseur hart kritisiert. Für erwachsene Schauspieler gehört das zum Berufsalltag. Doch auf den Teenager wirkt der Tadel vernichtend: „Ich hatte nicht das geringste Selbstwertgefühl.“ Der Schock führt zu Haarausfall.

Mit 15 bekommt sie ihren ersten Zungenkuss. Vor laufender Kamera. Verunsichert fragt sie sich, ob sie verliebt sei. Kann zwischen Rolle und Realität nicht unterscheiden. Berufskollegen, die dreimal so alt sind wie sie, gestehen ihr die große Liebe. Einerseits genießt sie es, von ihnen ernst genommen zu werden. Andererseits empfindet sie Abscheu. „Ein Teil von mir dachte: Ich bin erwachsen und eine Frau“, sagt sie. „Aber das kleine Mädchen in mir, das beschützt werden musste, das hatte den Schutz nicht.“

Viel später realisiert sie, dass das eine Form von Missbrauch ihr gegenüber war. Sie sagt nichts Näheres darüber. Nur dies: dass ihr „Erwachen in Liebesdingen sehr kompliziert geworden“ sei.

Auch der Mauerfall bringt Verunsicherung. Viele ihrer Mitschüler gehen gleich am Tag nach der Grenzöffnung in der ersten großen Pause in den Westteil. Doch Stefanie hat große Angst: „Vielleicht werden die Grenzen wieder dicht gemacht, dachte ich, und die kommen nie mehr zurück.“

Die 15-Jährige engagiert sich in einer Gruppe von Jugendlichen, die das kapitalistische System nicht wollen. Doch schnell wird ihr klar: „Die Westmark kommt, wir werden BRD.“ Hat sie das bedauert? Die DDR habe ihr ein Gefühl von Geborgenheit gegeben, die Sicherheit, dass für jeden gesorgt werde. Und die Schikanen der Diktatur, die Kontrollen, die Bespitzelungen? Das alles habe sie gar nicht so gemerkt, sagt sie. Und fügt nach einer langen Pause hinzu, dass ihr Bild von der DDR wohl geschönt sei.

Mit 16 dreht sie ihren ersten Film im Westen. Und erlebt eine Art Kulturschock. Unter den straffen Produktionsbedingungen bleibt kaum Zeit, über Rollen und Drehbuch zu diskutieren. Auch das tägliche Arbeitspensum ist viel größer. Immer schwerer fällt ihr nun auch der Rollenwechsel zwischen Kind und junger Frau: „Von den Lehrern wurde ich behandelt wie ein kleines Mädchen, beim Film arbeitete ich partnerschaftlich mit Erwachsenen.“

Die Beziehung zu Eltern und Schwestern nennt sie „vertrauensvoll“. Dennoch fühlt sie sich oft einsam und verzweifelt. Einmal sitzt sie am Fenster ihres Kinderzimmers und denkt darüber nach, welche Möglichkeiten sie habe, ihr Leben zu beenden.

Das Gefühl des Unglücklichseins verlässt Stefanie Stappenbeck während der gesamten Pubertät nicht. Solange sie jedoch mit anderen zusammen ist, gibt sie sich fröhlich; sie ist erfolgreich im Beruf, zugleich eine sehr gute Schülerin. Nur zu Hause in ihrem Zimmer legt sie die Frohsinns-Rolle ab, hört Balladen von Tom Waits, die Requiems von Brahms und Mozart. „Trotz meiner Schwierigkeiten“, sagt sie, „gab mir diese Zeit die Möglichkeit, mich auszuprobieren, mich zu entdecken. Darüber bin ich froh.“

Viele Pubertätsschmerzen, glaubt Stefanie Stappenbeck, seien noch „weggepackt“. Da müsse sie „irgendwann nochmal ran. Obwohl ich Angst habe, dass ich dann Dämonen wecke“.

Stefanie Stappenbeck, 34, ist Theater- und Filmschauspielerin („Die Manns – Ein Jahrhundertroman“, „Polizeiruf 110“). Sie lebt in Berlin.

STEINWAY & SONS

Christiane Nüsslein-Volhard

IN DER KLUGHEITS-NISCHE

Sie ist zwölf, als die Eltern ihr die blonden Zöpfe abschneiden lassen. Für Christiane Volhard markiert dieses Ereignis das Ende ihrer Kindheit am Stadtrand von Frankfurt am Main

Noch etwas anderes erlebt sie wie eine Zäsur: Arglos geht sie, die Pferdenärrin, in den Reitstall. Da fasst ihr ein Reitbursche an den gerade erst wachsenden Busen. Die Mutter untersagt ihr nun, zu den Pferden zu gehen. Auch der Stadtwald, in dem sie stundenlang herumgestromert war, immer mit dem Blick zum Boden, damit ihr ja kein Frosch, keine Ameise, kein Käfer entgehe, wird ihr jetzt verboten. „Das war für mich eine Katastrophe."

Ihre Unbefangenheit ist dahin. Plötzlich findet sie sich zu pausbäckig, mag ihre kurzen Haare nicht. Christiane beginnt sich mit zwei ihrer Schwestern zu vergleichen, besonders mit der jüngeren, deren „edles und ebenmäßiges Gesicht" sie noch heute bewundert. Die Mädchen buhlen um die Gunst des Vaters, eines angesehenen Architekten. Christiane besetzt die Rolle der Klugen. „Ich wurde ziemlich streng", erinnert sie sich. Die 13-Jährige lässt sich von den Eltern nicht mehr streicheln oder küssen. Klug sein und zugleich zärtlich, das passt nicht länger zusammen.

Jungen gegenüber ist sie schüchtern, sie sind ihr fremd. In ihrer Familie dominieren die Frauen. Außerdem geht sie zur Mädchenschule. Die hat allerdings auch Vorteile – weil die Lehrer ihr Interesse für naturwissenschaftliche Fächer ernst nehmen. „Ich konnte meinen Ehrgeiz entwickeln", sagt sie, „ohne mit Buben konkurrieren zu müssen."

In der Tanzstunde bleibt Christiane Mauerblümchen. „Eine grässliche Erinnerung." Jahrelang wird Sexualität bei ihr ausgeklammert. „Ich hab damals halt andere Sachen gemacht." Immer findet sie „Projekte", in die sie sich mit Eifer stürzt. In das „Kreuzstich-Projekt", das fast ein Jahr dauert: Sie näht, stickt, webt oft die Nächte durch. Oder in das „Lampen-Projekt": Sie fertigt komplizierte Schirme aus Pergament.

Was sie auszeichnet, ist ihre Begeisterungsfähigkeit für alles, was sie anpackt. Ihre Eltern lassen ihr dabei viel Freiheit. „Du wirst schon wissen, was du tust", ist deren Prinzip. Die Tochter drückt es heute anders aus: „Ich hab mich immer allein durchgewurschtelt."

Schnell wird Christiane Erwachsenen gegenüber überheblich, sobald sie deren Schwächen zu erkennen glaubt. Sie erinnert sich daran, wie sie einmal neben der Mutter stand und dachte: „Von ihr kann ich jetzt eigentlich nichts mehr lernen." Dabei sei es gerade die Mutter gewesen, eine Kindergärtnerin, die ihr so wichtige Bücher wie die von Konrad Lorenz geschenkt habe.

Stundenlang sitzt sie im Garten. Untersucht die Knospen an den Bäumen, will entdecken, wie das Leben funktioniert. „Ich hatte meine eigene Welt und das Gefühl, dass alle anderen mich nicht verstehen."

Als sie 18 ist, steht Darwins Evolutionstheorie auf dem Unterrichtsplan. Christiane baut sie mit eigenen Überlegungen aus. Als sie ihr Werk einem Freund der Familie zeigt, sagt der: „Mensch, du kriegst mal einen Nobelpreis!" Sie denkt: „Ja. Warum nicht?"

In der Sache, sagt die Wissenschaftlerin, sei sie oft schlafwandlerisch sicher, in persönlichen Beziehungen hingegen schüchtern. Das sei genetisch bedingt, ihr Forscherdrang liege ebenso in ihrer Familie begründet wie ihre Veranlagung zur Schüchternheit.

Am Tag ihres mündlichen Abiturs stirbt der Vater. Für die Tochter ein zweifacher Schock: „Durch seinen Tod wurde ich plötzlich hinauskatapultiert ins Erwachsenenleben."

Christiane Nüsslein-Volhard, 65, ist Biologin und erhielt 1995 den Medizin-Nobelpreis für ihre Arbeit über die genetische Steuerung der frühen Embryonalentwicklung.

Daniel Cohn-Bendit

REVOLUTION MIT RÜCKENDECKUNG

Wo es keinen Grund zur Auseinandersetzung gibt, erzwingt er sie. In der Deutschstunde geht es um Wilhelm Tell. Daniel findet, dass Schillers Freiheitsheld ein mieser Vater sei: „Diese Selbstüberschätzung, dass er auf jeden Fall den Apfel trifft ..." Er habe, sagt er, die Lehrer oft zur Weißglut gebracht. Habe immer wieder getestet, wie weit er gehen kann. Dennoch haben sie ihm signalisiert: Wir finden dich spannend. Und wir werden dich beschützen. „Das", sagt Daniel Cohn-Bendit, „hat mich sehr gestärkt."

Früh übernimmt er Verantwortung, geht in die Schülermitverwaltung. Für seine Reden erhält der 16-Jährige viel Beifall. „Das sind die Dinge, die mich in der Pubertät geprägt haben." Auch das Schultheater beeinflusst ihn. Rumpelstilzchen ist seine Lieblingsrolle, jenes rätselhafte Männlein, von dem niemand weiß, woher es kommt und wie es heißt.

Daniel Cohn-Bendit – der französische Deutsche, der religionslose Jude. Den Teenager stärkt zwar der Erfolg bei seinen Mitschülern, er will überall beliebt sein, doch niemals um den Preis der Gefälligkeit. „Ich wollte mich nicht integrieren. Ich wollte mehr: als Außenseiter anerkannt sein."

Diese Erfahrungen bestimmen sein Leben: Schon ein paar Jahre später, 1968, führt er den Pariser Mai-Aufstand an, wird von de Gaulle aus dem Land geworfen, schiebt in Deutschland die antiautoritäre Kinderladen-Bewegung an, gründet in Frankfurt die linke Szenezeitung „Pflasterstrand". Als „Dany le Rouge" lernt man ihn kennen, als lustvollen Rebellen, als lachenden Revolutionär, als grinsenden Provokateur.

„Normalerweise müssen die Eltern den Kindern einen Rahmen geben, der zwischen ihnen und der Welt steht. Ich hatte meine Eltern schon früh verloren. Da hab ich mich gleich mit der Welt auseinandergesetzt", sagt er. Im Verlauf des Gesprächs weicht er immer wieder auf theoretische Erklärungen zur Pubertät aus. „Das Persönliche", gesteht er, „fällt mir schwer."

Cohn-Bendit wird im April 1945 in Frankreich geboren. Seine Eltern sind jüdische Emigranten. Er sei „ein Kind der Befreiung, entstanden mit dem ersten Eisprung nach der Landung der Alliierten in der Normandie". 1952 geht sein Vater zurück nach Deutschland. Einige Jahre später, Daniel ist 13, eröffnet ihm seine Mutter, sie beide würden nun auch nach Deutschland ziehen, um den kranken Vater zu pflegen. Daniel wehrt sich heftig gegen die Entscheidung. Erfolglos.

All seine Freunde bleiben in Paris zurück. Im Liegewagen nach Frankfurt weint der 13-Jährige die ganze Nacht. Die Deutschen sind ihm fremd und zuwider. Bei der Wahl der Schule, sagt er, habe er sich dann aber durchgesetzt. Eine Schule mit „Nazi-Lehrern" kommt für ihn nicht infrage. Er entscheidet sich für die Odenwaldschule, ein Internat, in dem das jüdische Ehepaar Jablonsky unterrichtet, Kommunisten, deren Bekanntschaft die Cohn-Bendits im Exil gemacht hatten. Nach dem Tod des Vaters ein Jahr später kehrt seine Mutter nach Paris zurück. Doch der 14-Jährige bleibt – „nicht in Deutschland, sondern in der Odenwaldschule". Drei Jahre darauf stirbt seine Mutter.

„Nun war ich wirklich allein", sagt Cohn-Bendit. „Zwischen mir und der Welt gab es keine Eltern mehr." Kurz hält er inne, schiebt dann einen verallgemeinernden Satz zwischen sich und seine Erinnerung: „Letztendlich müssen das alle Jugendlichen durchmachen: selbst mit ihrem Leben fertig werden."

Sein Mobiltelefon unterbricht das Gespräch. Als Signal ertönt die Stimme von Edith Piaf: „Non, je ne regrette rien ..." Cohn-Bendits Erkennungsmelodie. Bedauert er nichts in seinem Leben? Lachend und bestimmt antwortet er: „Nein. Absolut nichts."

Daniel Cohn-Bendit, 63, Fraktionsvorsitzender der Grünen im Europaparlament, ist verheiratet und hat einen 17-jährigen Sohn. □

AGGRESSIONSFORSCHUNG

»ES IST DOCH NUR EIN SPIEL!«

Eben nicht. Nach vielen Jahren wissenschaftlicher Debatte sind die wichtigsten Fragen zu Gewalt in Computerspielen geklärt. Eltern dürften die Antworten ebenso wenig gefallen wie den Herstellern

VON JOCHEN PAULUS

Einen Monat lang zog die junge Kommunikationswissenschaftlerin Marije Nije Bijvank jeden Tag ein schwarzes Hemd und dunkle Jeans an, trug stets dieselben silbernen Ohrringe und kämmte ihr langes braunes Haar zur gleichen Frisur nach hinten. Keine äußerlichen Veränderungen sollten das Experiment beeinflussen, zu dem sie jeden Tag mehrere halbwüchsige Jungen zum Computerspielen in eine niederländische Schule bat.

Die eine Hälfte der Jugendlichen widmete sich 20 Minuten lang einem Spiel mit realistischer Gewaltdarstellung wie „Killzone", die andere Hälfte einem mit friedlichem Inhalt, beispielsweise einer Fußballsimulation.

Dann kam die entscheidende Phase des Experiments: Jeder Schüler sollte möglichst schnell auf dem Bildschirm ein Quadrat anklicken, sobald dessen Farbe von rot zu grün wechselte. In einer anderen Schule, so erzählte die Forscherin der Freien Universität Amsterdam den Probanden, würde ein Schüler gleichzeitig versuchen, der Schnellste zu sein. Der Verlierer solle über Kopfhörer mit einem lauten Ton bestraft werden, und der schnellere Spieler dürfe die Lautstärke bestimmen.

Es gab keinen zweiten Spieler. Marije Nije Bijvank kam es nur darauf an herauszufinden, wie viel Lärm ein Schüler seinem fiktiven Kontrahenten zumuten wollte. Auf diese Weise messen Psychologen ebenso subtil wie realitätsnah die Aggressionsneigung. Probehalber bekamen die Schüler selbst kurz Töne unterschiedlicher Lautstärke vorgespielt. Bei Stufe 8 schrien viele auf. Die Psychologin erläuterte, ab dieser Stufe könne der Lärm bleibende Hörschäden hinterlassen. Sie war sich

Szene aus »Counter-Strike«, einem der umstrittenen »Shooter«-Spiele. In Team-Kämpfen per Internet oder auf LAN-Partys geht es allein darum, Gegner mit der Waffe auszuschalten

Das Online-Rollenspiel »World of Warcraft« hat über neun Millionen Fans in aller Welt. Die hocken oft viele Stunden täglich vor dem Bildschirm, um ihre virtuellen Charaktere immer mächtiger werden zu lassen – meist durch Kämpfe gegen allerlei Monster

sicher, dass die Versuchsteilnehmer nicht so weit gehen würden.

Sie irrte. Viele der Jungen, die zuvor ein Gewaltspiel absolviert und sich mit dessen Helden identifiziert hatten, wollten ihre Gegner sogar mit Stufe 10 quälen, der höchsten. Im Durchschnitt entschieden sich diese Spieler für Lärm der Stufe 9, während jene, die rein zufällig für das friedliche Spiel eingeteilt worden waren, Werte um 6 wählten. „Ich weiß, dass er einen bleibenden Hörschaden bekommen kann, aber er verdient es", lautete ein typischer Kommentar aus der ersten Gruppe. Marije Nije Bijvank war sprachlos.

ES GIBT INZWISCHEN viele Experimente mit ähnlichen Ergebnissen. Doch die Öffentlichkeit wird weiterhin mit verwirrenden Botschaften versorgt: „Computerspiele machen aggressiv" titelt die eine Zeitung, „Ballern macht nicht brutal" drei Tage später die andere. Ähnlich umstritten scheint zu sein, ob Computerspiele die Noten verderben und die Nutzer süchtig machen können. Man könnte meinen, nach einem Vierteljahrhundert Forschung seien die wichtigsten Fragen zu den Folgen von Computerspielen noch immer ungeklärt. Doch das ist falsch.

Zu den profiliertesten Warnern zählt Christian Pfeiffer, der Direktor des Kriminologischen Forschungsinstituts Niedersachsen. Der hagere Professor verkörpert den Mahner perfekt. Wieder einmal hat er mit Schülern über Computerspiele diskutiert. Jetzt fährt er mit dem ICE heim nach Hannover – und präsentiert am Tisch im Speisewagen Forschungsergebnisse auf dem Bildschirm seines Notebooks.

Pfeiffers Grafiken zeigen, weshalb die Frage nach den Gefahren der Computerspiele so wichtig ist. Zwei Stunden täglich spielen Neuntklässler durchschnittlich am Rechner. Jüngere verbringen zwar noch nicht so viel Zeit mit den virtuellen Familien der „Sims" oder dem Autorennen „Need for

Das sogenannte »Ego-Shooter«-Spiel »F.E.A.R.« setzt auf Action und Schockeffekte. Der Spieler sieht das Geschehen mit den Augen …

Die wichtigsten Spielarten

Anhand der Inhalte und Ablaufprinzipien lässt sich erkennen, in welches Genre ein Computerspiel gehört. Die Verkaufspackungen geben darüber keine Auskunft

ABENTEUER: erleben die virtuellen Helden in oft märchenhaften, manchmal aber auch realistisch gestalteten Welten. In einigen Spielen müssen dabei vorrangig Rätsel gelöst werden, in anderen – wie „Tomb Raider" – wird viel gekämpft.

RENNEN: finden als Wettfahrten mit Formel-1-Fahrzeugen oder allerlei exotischen Vehikeln statt. Sie verlangen Geschick, zelebrieren aber vor allem die Verwandlung von fahrbarem Metall in Schrott.

SIMULATIONEN: versuchen beispielsweise das Cockpit eines Flugzeugs möglichst realistisch nachzubilden. Simuliert werden als Aktionswelten aber auch Wirtschaftsunternehmen – etwa in „Bundesliga-Manager" –, Städte oder ganze Kriege.

SCHIESSSPIELE: halten genau das, was ihr Name verspricht. Es geht um das möglichst schnelle Erschießen von feindlichen Personen. Bei einem Ego-Shooter blickt der Schütze über den Lauf einer Waffe in eine meist düstere Welt – er verschmilzt gewissermaßen mit der Spielfigur. Viel kritisierte Klassiker des Genres sind „Doom" und „Quake".

KAMPF: bietet virtuelle Boxkämpfe und weniger sportliche Prügeleien. Beliebt sind fernöstliche Kampfkünste, wie etwa bei „Mortal Kombat".

SPORT: bringt unter anderem Fußball oder die Olympischen Spiele zum Nachspielen auf den Rechner. Im Mittelpunkt stehen dabei häufig real existierende Mannschaften oder einzelne Athleten.

ROLLENSPIELE: überlassen es dem Spieler, sich eine Figur, einen „Avatar" zu erschaffen. Außerdem muss kein festgelegtes Ziel erreicht werden, sodass der Akteur sich seine Herausforderungen selbst suchen kann. Rollenspiele dauern daher oft sehr lange, inbesondere solche, die online stattfinden und bei denen zahllose von verschiedenen Spielern gesteuerte Figuren aufeinandertreffen.

STRATEGIE: ist eng mit Simulationen verwandt. Gefragt ist langfristige Planung. Mal müssen, wie bei „Age of Empires", Nahrungsmittel und Baumaterial angehäuft werden, um Städte zu errichten, mal gilt es, Armeen strategisch günstig aufzustellen.

AB WELCHEM ALTER ein Spiel geeignet ist, prüft in Deutschland die Unterhaltungssoftware Selbstkontrolle (USK), deren Einstufung auf der Verpackung jedes Spiels für Jugendliche prangt. Die Urteile der USK sind jedoch umstritten. Das Gremium hält Gewalt für umso jugendgeeigneter, je weniger realistisch sie dargestellt wird.

... seines elektronischen Protagonisten – und muss als Mitglied einer Spezialeinheit möglichst viele gegnerische Kämpfer umbringen

Speed“. Doch vor allem Kinder aus armen und ausländischen Familien sitzen schon sehr früh sehr lange vor dem Bildschirm – türkischstämmige Viertklässler in Dortmund rund 90 Minuten täglich. Zusammen mit dem TV-Konsum kommen sie pro Tag auf gut vier Stunden vor einer Mattscheibe. „Die Gruppen, die uns die schlechten Pisa-Ergebnisse bescheren, sind durch das Halbtagsschulsystem benachteiligt, weil sie zu Hause in die Falle der Medienverwahrlosung rutschen“, kommentiert Pfeiffer sein Schaubild.

Der Professor spitze seine Daten gern zu, werfen ihm andere Forscher vor und verweisen auf die Henne-oder-Ei-Diskussion: Computer-Kids würden nicht automatisch Problemkinder, es könne ja auch sein, dass Problemkinder einfach mehr am Computer spielen. Aber Pfeiffers Team analysierte auch gezielt die Noten von Jungen aus Vorzeigefamilien. Diese Kinder schaffen zwar selbst dann überdurchschnittliche Noten, wenn sie viel spielen. Aber noch bessere, wenn sie es nicht tun.

Mit seinen Befürchtungen steht Pfeiffer nicht allein. Auch amerikanische Schüler kassieren umso schlechtere Noten, je länger sie spielen und fernsehen. Da vor allem Jungen ihre Nachmittage am Rechner verbringen, sind vornehmlich ihre Noten gefährdet. Jungen sind es auch, die in der Schule immer weiter zurückfallen.

Wer viel Zeit für Computerspiele aufwendet, hat oft schlechte Noten. Doch was genau ist der Grund dafür?

Wieso Computerspiele die Noten verderben, weiß niemand genau. Möglicherweise wühlen sie das Gehirn so auf, dass es kaum Neues speichern kann. Darauf deuten erste Studien hin. Vielleicht bleibt aber auch einfach zu wenig Zeit für die Hausaufgaben.

Es ist leicht, zum Vielspieler zu werden. Der 13-jährige Felix aus Wuppertal sieht sich selbst an der Grenze. Der pfiffige Junge ist keineswegs ein Risikokind. Felix lebt mit seinen Eltern in einem Haus am Waldrand, bringt ordentliche Noten heim, liest gern und lernt Geige. Und er spielt etwa 20 Stunden in der Woche „World of Warcraft“. Es ist eines der erfolgreichsten Computerspiele aller Zeiten. Über neun Millionen Menschen in aller Welt bezahlen regelmäßig dafür, dass sie bei dem Online-Rollenspiel mitmachen dürfen.

Und tatsächlich erzeugt es einen faszinierenden Sog. Felix wirft seinen Rechner an, und eine Welt voller Gnome, Orks, Trolle, Untoter und anderer Kreaturen entfaltet sich. Felix' Figur ist ein „Blutelf“. Dieser an einen Ritter erinnernde Held schwingt sich auf einen Tiger, und los geht die Reise durch die dunkle „Kluft der Schatten“.

Man kann sich in World of Warcraft mit anderen Spielern unterhalten, wertvolle Gegenstände aufsammeln und Handel treiben. Man kann auch kämpfen. Jede Figur gehört entweder zur „Allianz“ oder zur gegnerischen „Horde“. Felix und einige Verbündete

Bei »Need for Speed X: Carbon« lässt sich durch eine aggressive Fahrweise die Vorherrschaft in bestimmten Stadtbezirken erringen. Die …

marschieren geradewegs in ein Lager der Feinde, und schon bricht ein Schlachtgetümmel los, bei dem nur geübte Spieler die Übersicht behalten. Bogenschützen greifen an, Schamanen zaubern Kugelblitze herbei.

Wer tapfer kämpft und auch friedliche Aufgaben treu erledigt, steigt auf. Seine Figur wird stärker, und sie kann es mit mächtigeren Gegnern aufnehmen. Manche Monster können nur besiegt werden, wenn Dutzende von Spielern sie nach einem ausgeklügelten Schlachtplan gemeinsam angreifen. Felix zeigt ein Video vom Kampf gegen einen riesigen Gegner: „Wir haben 40 Versuche gebraucht, um den zu besiegen."

FANTASY-SPIELE spinnen uralte Mythen neu, häufig jene vom Jüngling, der eines Tages zu Höherem berufen wird und sich bewähren muss. Ein Sujet, das gerade Jungen in der Pubertät stark anspricht. Mädchen sind dagegen meist immun. Sie suchen in Spielen eher die Gelegenheit, sich mit anderen auszutauschen, oder päppeln bei den Sims eine virtuelle Familie.

Die eigentliche Faszination vieler Spiele besteht darin, dass sie dem Spieler Aufgaben stellen und ihn belohnen, wenn er sie gelöst hat. Ist die Belohnung zu schwer zu erringen, gibt er auf. Erhält er sie zu schnell, wird es ihm langweilig. Die Schöpfer von World of Warcraft haben viel Zeit darauf verwendet, das Belohnungssystem perfekt auszutarieren. Trotz Waffengeklirrs und martialischer Namen gilt „WoW" nicht als Gewaltspiel. Es ist ab zwölf Jahren freigegeben.

Viele der Spiele arbeiten mit einem ausgeklügelten Belohnungssystem. Das hält die Kinder vor dem PC fest

Gelegentlich widmet sich Felix aber auch dem ebenso umstrittenen wie populären Schießspiel „Counter-Strike". Dazu schleppen er und seine Freunde ihre Computer in den Keller eines Freundes, verbinden sie durch ein Netzwerk und kämpfen die ganze Nacht lang als Terroristen und Polizisten gegeneinander.

Felix dürfte Counter-Strike eigentlich nicht spielen, da es erst ab 16 Jahren freigegeben ist. Aber er befindet sich in großer Gesellschaft: 79 Prozent der Jungen in seinem Alter haben damit schon Jagd aufeinander gemacht. Dass Counter-Strike ihn aggressiv stimmt, glaubt Felix nicht. „Ist ja nur ein Spiel", sagt er.

So sehen es auch die Hersteller. In „Der Pate", nach dem gleichnamigen Roman benannt, verrät eine „Druckanzeige" dem aufstrebenden Mafioso, wie stark der seine Opfer foltern muss, damit sie am schnellsten bezahlen.

Martin Lorber, der PR-Chef der Entwicklerfirma Electronic Arts in Deutschland, erachtet die Gewaltorgie als nahezu pädagogisch wertvoll. Ein Mitglied der Familie Corleone müsse eben „lernen, wann es sinnvoll ist zu verhandeln, und wann Gewalt ans Ziel führt". Im Übrigen empfiehlt er, zu der

... Spieler können zwischen verschiedenen Autotypen wählen; deren Fahrweise stellt auch technische Besonderheiten wie ABS dar

leidigen Gewaltdiskussion doch einmal Peter Vorderer von der Universität Amsterdam zu befragen.

ALS KRONZEUGE *für* die Computerspiele taugt der Medienforscher jedoch nicht; er ist lediglich kein Freund schriller Warnungen. Im Frühsommer 2007 hat er bei einer Konferenz in Potsdam zusammen mit führenden Wissenschaftlern die Abschlusserklärung unterzeichnet. Darin heißt es: „Empirische Forschungsergebnisse zeigen, dass der Konsum von Mediengewalt die Wahrscheinlichkeit aggressiven Verhaltens bei Kindern und Jugendlichen sowohl kurzfristig als auch langfristig erhöht." Computerspiele wirkten womöglich noch stärker als Filme oder Fernsehen.

Peter Vorderer zweifelt an der offiziellen Einschätzung von Gewaltspielen, wie sie etwa die zuständigen Jugendschützer der „Unterhaltungssoftware Selbstkontrolle" (USK) vertreten: Entscheidend sei, heißt es dort, dass der Einzelne Spiel und Wirklichkeit auseinander halten kann. Nach dieser Logik gibt die USK sogar Spiele mit „militärischen Konfrontationen" schon für Zwölfjährige frei, solange jene „immer deutlich als Spiel erkennbar" bleiben.

Verteidiger dieser Definition, wie der in Zeitungen viel zitierte Professor Jürgen Fritz von der Fachhochschule Köln, treiben den Gedanken auf die Spitze: „Das Niederschießen einer anderen Spielfigur bedeutet nur das Vorankommen im Spiel – nicht Tötung, Schmerz und Leid." Die Hersteller sind mit dem Professor für Spielpädagogik so einverstanden, dass die Branchenriesen Nintendo und Electronic Arts seine Initiative „Spielraum" im Jahr 2007 mit mehr als einer Viertelmillion Euro unterstützt haben.

Doch für Jugendliche sind ihre virtuellen Kämpfe nicht bloß ein Spaß. „Dann hätten sie nicht die Faszination", sagt Vorderer. Die Spieler identifizieren sich mit ihren Helden, leiden mit ihnen, und wenn sie töten, wollen sie das rechtfertigen können. Andernfalls kann es mit der Freude am Fantasiekrieg schnell vorbei sein, wie Vorderer zusammen mit Kollegen herausfand. Ein Junge berichtete, wie er in einem Spiel von einem unbewaffneten kleinen Mädchen attackiert wurde. Er erschoss es und fühlte sich schlecht dabei: „Wenn so etwas häufiger vorkäme, würde ich es aufgeben."

Die Spieler nehmen aber nicht nur die Maßstäbe der Wirklichkeit mit in die digitalen Welten. Sie übertragen umgekehrt auch deren Gewaltmoral teilweise auf die Realität. Und genau das ist das Problem. Je häufiger sich jemand in virtuellen Kampfzonen herumtreibt, desto selbstverständlicher erscheinen seinem Gehirn sogar brutale Gewaltszenen, wie amerikanische Forscher herausfanden.

DIE WISSENSCHAFTLER zeigten Studenten Fotos, auf denen beispielsweise ein Mann einer Frau ein Messer an die Kehle hält. Normalerweise reagiert das Gehirn alarmiert, was sich auch deutlich an den Hirnströmen erkennen lässt. Bei Freunden von Gewaltspielen fällt diese Reaktion deutlich schwächer aus. „Das Gehirn scheint Gewaltbilder nicht mehr als Gewalt einzustufen", kommentiert der Forscher Bruce Bartholow von der University of Missouri.

Offenbar sagt sich das Gehirn: nichts Besonderes, nur eine Frau mit einem Messer am Hals.

Wie sich auch Überzeugungen ändern, zeigt ein Experiment mit dem bei Minderjährigen sehr beliebten Spiel „Grand Theft Auto". Darin schlägt der Spieler eine Verbrecherlaufbahn ein. Eine frühere Version war in Deutschland für unter 18-Jährige verboten, unter anderem, weil der Freizeitgangster von Passanten, die er überfahren hatte, Geld rauben konnte. Das darf er jetzt nicht mehr. Überfahren kann er die Passanten allerdings nach wie vor. Die Polizei ist in diesem Spiel ein lästiger Störfaktor. In der Realität sehen Spieler die Ordnungshüter dann negativer als zuvor, wie sich in einer deutschen Studie zeigte.

Dass Gewaltspiele schleichend die Sichtweise der Nutzer und letztlich auch ihre Gewaltbereitschaft verändern, belegt ebenfalls eine seit vier Jahren laufende Langzeituntersuchung der Psychologin Ingrid Möller von der Universität Potsdam. Sie lässt gut 200 Berliner Schülerinnen und Schüler in Abständen Fragebogen ausfüllen: Wie oft spielen die Kinder welche Spiele? Welche Reaktion hält ein Kind für angemessen, etwa wenn ihm ein anderes versehentlich Cola über den neuen Pullover schüttet?

Je häufiger sich ein Schüler mit Gewaltspielen beschäftigt, desto eher greift er im Konfliktfall zum Messer

DAS ERGEBNIS: Je häufiger sich ein Schüler mit Gewaltspielen beschäftigt, für desto akzeptabler hält er es, den Ungeschickten mit einem Messer anzugreifen oder ihn zusammen mit anderen zu verprügeln. Und weiter: Je akzeptabler ein Schüler Gewalt findet, desto eher übt er sie auch aus: Wie sie selbst einräumen, prügeln sich solche Kinder öfter mit anderen oder zerstören deren Sachen.

Langzeituntersuchungen bieten einen großen Vorteil: Sie verraten, was Ursache ist und was Wirkung. Wie sich zeigt, greifen zwar vor allem ohnehin aggressive Schüler zu Gewaltspielen.

Vorsicht: Suchtgefahr

Insbesondere Online-Rollenspiele fesseln manchen Jugendlichen täglich für Stunden vor dem Bildschirm. Wenn darüber andere Interessen verloren gehen, ist das ein Alarmsignal

Vor allem männliche Jugendliche haben häufig Probleme, ihre Spielleidenschaft in vernünftigen Grenzen zu halten. Viele Experten sprechen bereits von Computerspielsucht, auch wenn dies noch keine offizielle Diagnose ist. Etwa zehn Prozent der Kinder und Jugendlichen gelten als gefährdet, so das Ergebnis von Studien an deutschen Schulen.

Entziehungskur für Computersüchtige in Südkorea: In der »Jump Up Internet Rescue School« in einem Waldgebiet südlich von Seoul sollen Sport sowie gemeinsames Putzen und Wäschewaschen die Patienten auf andere Gedanken bringen

Suchtexperten wie die kürzlich verstorbene Sabine Grüsser-Sinopoli von der Universität Mainz halten Online-Rollenspiele wie „World of Warcraft" für die gefährlichsten Spiele. Sie erfordern viel Zeit, weil die Teilnehmer zahllose Herausforderungen nur gemeinsam bewältigen können und deshalb ungern ihre Mitstreiter im Stich lassen. Als der Psychologieprofessor Joshua Smyth und seine Kollegen von der Syracuse University im Staat New York für eine im Jahr 2007 veröffentlichte Studie 100 Studenten mit je einem Spiel versorgten, verbrachten die mit einem Online-Rollenspiel Beschenkten dreimal so viel Zeit vor dem Bildschirm wie die anderen. Sie schliefen schlechter und vernachlässigten häufiger ihre Freunde, ihr Studium und ihre Gesundheit. Es ist jedoch nicht ganz einfach festzustellen, ob ein Jugendlicher suchtgefährdet ist. Dass er nach Meinung der Eltern zu viel spielt, reicht jedenfalls für eine Diagnose nicht aus. Ein Alarmzeichen ist es aber, wenn das Kind keine anderen Interessen mehr hat.

Dann können Therapiegruppen helfen, wie jene an der Drogenambulanz des Universitätsklinikums Hamburg-Eppendorf. Unter dem Motto „Lebenslust statt Online-Flucht" lernen Jugendliche neue

Volle Konzentration: Den Blick fest auf den Bildschirm geheftet, ist dieser Neunjährige in ein Killerspiel vertieft, das offiziell erst ab 18 Jahren freigegeben ist

Interessen zu entdecken und neue soziale Kontakte aufzubauen. Völlige Computerabstinenz ist bei solchen Therapien nicht unbedingt das Ziel, sie wäre heutzutage auch kaum durchzusetzen.

Es sei denn, man isoliert die Betroffenen – so wie in Südkorea, wo einige Jugendliche nach tagelangem Spielen vor Erschöpfung zusammengebrochen sind. Dort hat die Regierung die »Jump Up Internet Rescue School« eingerichtet, ein Entziehungslager für Internet-Süchtige. Der zwölftägige Drill soll Ablenkung durch verschiedene Sportarten und andere Gruppenaktivitäten bieten. Kontakt zur Außenwelt darf aufgenommen werden – aber nur eine Stunde pro Tag und nur per Mobiltelefon.

Mehr Informationen: **www.onlinesucht.de**

Das mindert deren Effekt jedoch keineswegs. Denn im nächsten Schritt machen sie die Kinder noch aggressiver. Ingrid Möller nennt dies eine „Abwärtsspirale".

Die Potsdamer Psychologin steht mit ihren Ergebnissen nicht allein. Eine US-amerikanische Studie sowie eine vergleichbare Untersuchung des Münchener Schulpsychologen Werner Hopf kommen zu ähnlichen Resultaten. In Hopfs Untersuchung erwiesen sich Gewaltspiele als „der stärkste Risikofaktor für Gewaltkriminalität".

Nach einer Aufstellung des Aggressionsforschers Craig Anderson von der Iowa State University tragen sie zur Gewaltkriminalität deutlich stärker bei, als es fast jede andere Ursache tut – etwa schlechte Eltern-Kind-Beziehung, Armut oder Drogenmissbrauch. Nur ein Faktor ist noch gefährlicher: die Mitgliedschaft in einer Gang.

Zwar liegt in Andersons Bewertung der Anteil der Computerspiele – wegen der vielen Einflüsse, die bei der Entstehung von Gewalttätigkeit zusammenwirken – nur im oberen einstelligen Prozentbereich. Ein Argument gegen strengere Verkaufsbeschränkungen ist das jedoch nicht. Ein Vergleich: Rauchen in öffentlichen Räumen wird nach und nach verboten, um das Passivrauchen zu verhindern – obwohl Lungenkrebs noch gewichtigere Ursachen hat.

Wie sich die Erhöhung des Gewaltrisikos durch Computerspiele letztlich auswirkt, hängt stark vom schon vorhandenen Aggressionsniveau des Spielers ab. Wer bisher immer höflich war, könnte nun manchmal rüde reagieren. Doch wer schon vorher gelegentlich zugeschlagen hat, der greift nun vielleicht zur Waffe.

DAHER LÄSST SICH zwar nicht behaupten, Killerspiele seien schuld an Verbrechen. Aber womöglich liefern sie genau das Quäntchen Aggressivität, das einen schwierigen Jungen zum Delinquenten werden lässt. Und tragen so dazu bei, dass für ihn die Grenzen zwischen Spiel und Wirklichkeit verschwimmen.

Als die niederländische Wissenschaftlerin Marije Nije Bijvank sich nach dem Experiment mit Schülern unterhielt, lobten nicht wenige an Spielen wie etwa Grand Theft Auto, dass „man da Dinge tun kann, die man auch im richtigen Leben tun kann". Einem fiel dazu ein: schwimmen, Autos bauen, Leute umbringen.

MEHR ZUM THEMA:

Craig Anderson u.a.: **Violent Video Game Effects on Children and Adolescents,** Oxford University Press 2006, 200 Seiten

S. Grüsser/R. Thalemann: **Computerspielsüchtig?** Rat und Hilfe für Eltern, Huber 2006, 118 Seiten

www.bpb.de/themen/HWHGY2,0,0,Wie_gefaehrlich_sind_Spiele.html Debatte um verbotene Spiele bei der Bundeszentrale für politische Bildung

Ein etwa 14-jähriger Junge fand es besonders faszinierend, im Spiel einen Laden zu überfallen und mit dem Geld durchzubrennen. Später erfuhr Marije Nije Bijvank von seinem Lehrer: Der Proband hatte vor Kurzem im Gefängnis gesessen, weil er zusammen mit einem Freund einen Laden ausgeraubt hatte. Die Psychologin konnte es kaum glauben: „Er war ein ganz süßer Junge." □

Der Autor **Jochen Paulus**, von Haus aus Psychologe, war davon ausgegangen, sich für diesen Report durch viele widersprüchliche Studien zur Wirkung von Computerspielen kämpfen zu müssen. Am Ende war er erstaunt, wie eindeutig das Bild ist, das die Forschungen ergeben.

Den Kopf voller Reise-Erinner
auf GEO-Reisecommunity.de
JETZT KOSTENLOS ANMELDEN!

ungen? Erzählen Sie sie allen:
GEO-Reisecommunity.de
MITMACHEN. ENTDECKEN. PLANEN.

AKNE

PICKELGESICHT, VERDAMMTES!

Vier von fünf Jugendlichen müssen mit Beginn der Pubertät erleben, dass ihre Haut im Gesicht und auf dem Rücken zu einem Schlachtfeld wird. Obwohl die Erkrankung gut therapierbar ist, wird sie in vielen Fällen falsch behandelt

VON MAGNUS HEIER

So will ich echt nicht mehr weiterleben. Jeden Morgen aufwachen und mich nicht trauen, in den Spiegel zu schauen, weil ich nicht weiß, was jetzt wieder in meinem Gesicht gewachsen ist über Nacht." Ein Blick in das Internet-Diskussionsforum „aknetherapie.de" offenbart vielfache Verzweiflung.

Auch über den körperlichen Preis, der für starke Medikamente mitunter zu zahlen ist: „Scheiße, das nervt so tierisch, manchmal frag ich mich, ob es das wirklich wert war. Natürlich ist die Haut superrein, aber ihr könnt euch nicht vorstellen, wie das mit der Röte und dem Hitzegefühl ist. Furchtbar", schreibt ein Betroffener unter dem Namen „esnervt".

Schon die Pseudonyme, hinter denen sich die Jugendlichen verbergen, spiegeln das reine Elend: „*seufz*" nennt sich einer, unter „Lebenslaenglich", „Pickelfee" oder „streusel" klagen andere. „Einmal kündigte sogar einer seinen Selbstmord an – aber dazu kam es dann zum Glück nicht", sagt Richard Joos.

Als Betroffener hat er 1997 „aknetherapie.de" gegründet, weil er etwas über Nebenwirkungen eines Medikaments wissen wollte. „Zwischen 1000 und 2000 Personen täglich klicken die Website an", sagt Joos.

DAS PROBLEM manifestiert sich meist mit dem Beginn der Pubertät: Der Körper von Jungen schüttet vermehrt männliche Sexualhormone aus; ebenso der von Mädchen, wenn auch in geringerer Menge. Diese Androgene regen die Talgdrüsen zu stärkerer Produktion an. Wahrscheinlich ebenfalls durch den Hormonschub verursacht, kommt es in den Drüsengängen zu einer sogenannten Verhornungsstörung: Mikroskopisch kleine Hautzellen, die normalerweise einfach abfallen, verklumpen zu einem Pfropf, vergrößern sich, Mitesser entstehen.

Die Kanäle werden zu einer Brutstätte für *Propionibacterium acnes* – ein Bakterium, das überall auf der Haut lebt, unter normalen Umständen aber keinen Ärger macht. Angesichts des großen Nahrungsangebots an Talg beginnen die Keime jedoch, sich explosionsartig zu vermehren, und eine *Acne comedonica* entsteht, die harmloseste Form dieser Hauterkrankung.

In der geschützten Umgebung vermehren sich die Propionibakterien noch schneller. Die körpereigenen Abwehrzellen nehmen den Kampf auf, und die entzündliche Phase der Akne beginnt, die *Acne papulopustulosa*. Ausgerechnet an Stellen, die man nicht verbergen kann, im Ge-

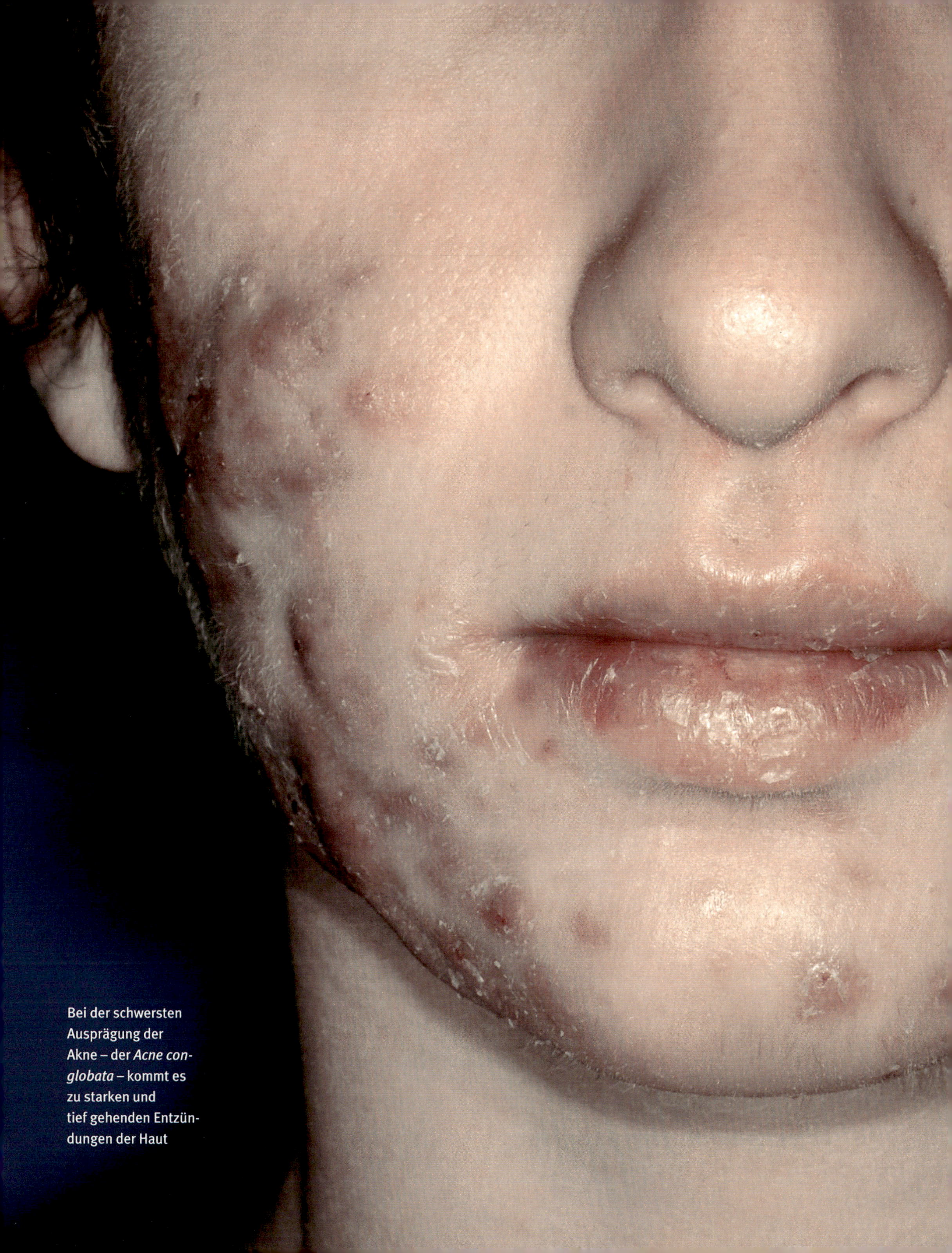

Bei der schwersten Ausprägung der Akne – der *Acne conglobata* – kommt es zu starken und tief gehenden Entzündungen der Haut die Gefahr, dass sich auch eine anfangs eher harmlose Form zur *Acne conglobata,* zur schlimmsten Ausprägung entwickelt."

Die Entstehung der Pustel

Durch die in der Pubertät vermehrt ausgeschütteten Sexualhormone verklumpen abgestorbene Hautzellen an den Ausgängen der Talgdrüsen. Zudem nimmt deren Talgproduktion zu; bestimmte Bakterien finden nun reichlich Nahrung. Die Poren entzünden sich, und es entstehen erste Mitesser

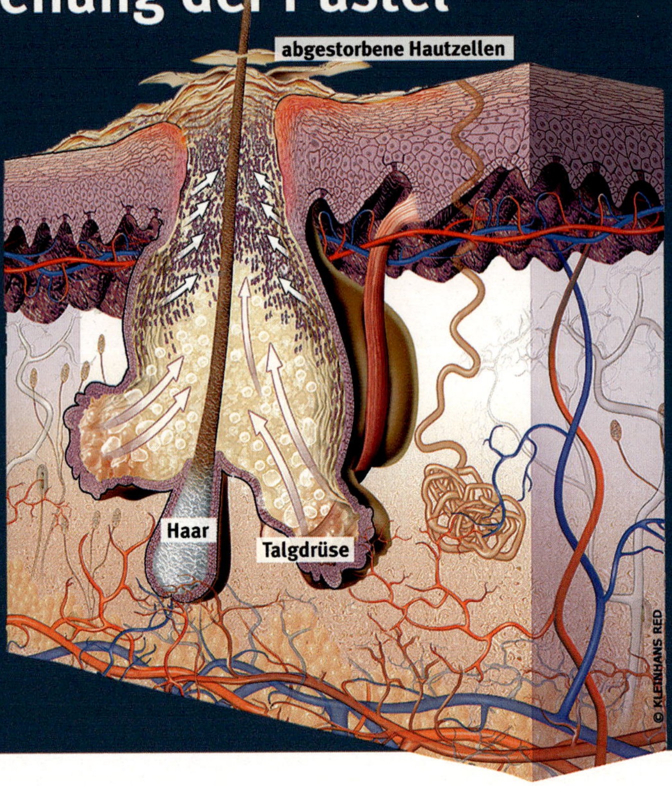

WER DAGEGEN ERNSTHAFT angehen will, fühlt sich oft allein gelassen. Die frei verkäuflichen Anti-Pickel-Mittel können bei Akne nicht helfen. Hausärzte häufig auch nicht.

In Büchern, Zeitschriften und Fernsehsendungen werden oft Diäten empfohlen, bei denen Betroffene auf Schokolade verzichten sollen oder auf Zucker, auf tierische Fette oder Fleisch, auf Alkohol oder am besten gleich auf alles.

Es gibt jedoch bisher nur eine einzige Studie, die einen Zusammenhang zwischen einem Nahrungsmittel und der Akne nachweisen konnte – und zwar bei Mädchen, die Milch trinken. Möglicherweise fördern darin enthaltene Hormone die Erkrankung.

sicht, aber auch an Schultern und Brust. Dort hat der Mensch Talgdrüsenfollikel, und nur diese Poren in der Haut entzünden sich.

Tiere haben diese Follikel nicht – weshalb nur Menschen unter Akne leiden. Und zwar weltweit: Im Durchschnitt entwickeln 80 Prozent aller Jugendlichen die typische Symptomatik, fast unabhängig davon, ob sie eine helle, dunkle oder gelbe Haut haben.

Vergleichsweise leichter verläuft Akne nur für jene, die sich intensiver Sonnenbestrahlung aussetzen; dafür steigt für sie das Hautkrebsrisiko.

Die Geschlechter sind allerdings unterschiedlich betroffen. Aufgrund der höheren Androgen-Ausschüttung ist die Akne bei Jungen meist stärker ausgeprägt als bei Mädchen. Dafür haben diese häufiger psychische Probleme, weil sie stärker dem Einfluss von Schönheitsidealen unterliegen.

„Mädchen sind über Akne meist besser informiert und handeln auch konsequenter", sagt Susanne Boneberger, Leiterin der Akne-Sprechstunde der Ludwig-Maximilians-Universität in München. „Jungen ignorieren die Veränderungen oft, und dann besteht

Die Mehrheit der Experten hält Aknediäten nicht für hilfreich – die Betroffenen seien schon genug geplagt

Deshalb hält die Mehrheit der Experten Aknediäten für nicht hilfreich. Die Betroffenen seien schon genug geplagt, meint Gerd Plewig, früherer Direktor der Klinik für Dermatologie der Ludwig-Maximilians-Universität München. Man sollte sie nicht noch mit Diäten bestrafen.

Während die Ursache für die zerklüfteten Gesichter bekannt ist, können die Forscher bis heute nicht erklären, wie eine Akne endet: Weshalb sie trotz eines bis ins hohe Alter gleichbleibenden Hormonspiegels bei Männern und Frauen meist nach einigen Jahren verschwindet. Würden Mediziner den Grund dafür kennen, hielten sie womöglich einen Schlüssel zur Vorbeugung in den Händen.

Wirkungsvoll bekämpfen lässt sich Akne aber schon heute. „Bei

Die Behandlung

Akne tritt in drei Schweregraden auf. Eine Therapie kann in genau aufeinander abgestimmten Schritten erfolgen

ACNE COMEDONICA

SYMPTOME: Mitesser, Papeln, Pusteln, kleine Knötchen. Keine Entzündung der Haut

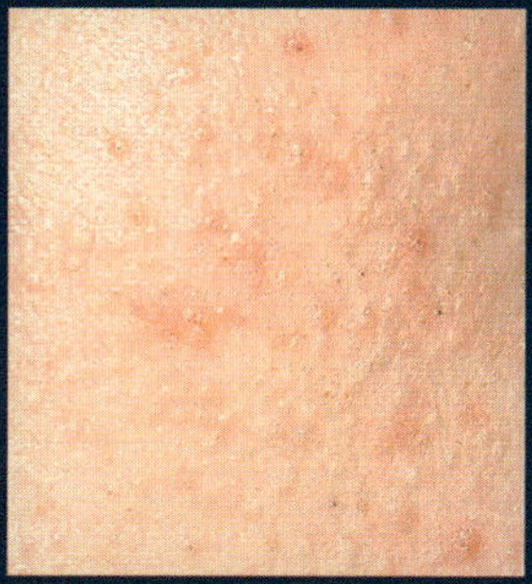

BEHANDLUNG:

1. Untersuchung der Körperoberfläche und eventuell zusätzlich des Hormonstatus
2. Hautpflege mit alkalifreier Seife
3. Entfernung von Hauttalg und Follikel (kosmetische Behandlung)
4. Nur bei Bedarf: zusätzlich Adapalen, Isotretinoin oder Azelainsäure äußerlich auf die Haut
5. Zusätzlich Benzoylperoxid (Creme/Gel)

ACNE PAPULOPUSTULOSA

SYMPTOME: Mitesser, Papeln, Pusteln, größere Knötchen. Mäßige bis starke Entzündung der Haut

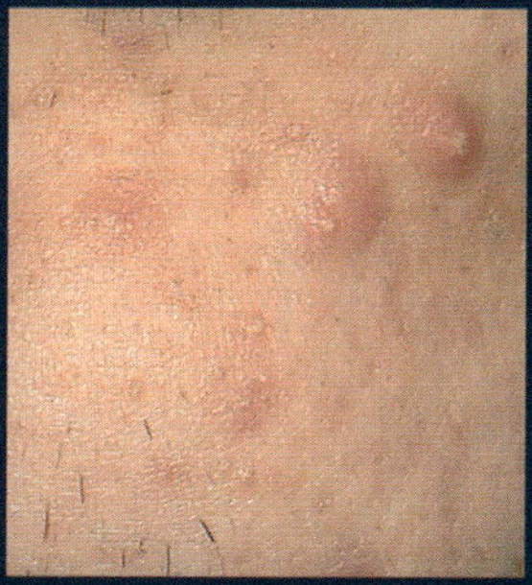

BEHANDLUNG: 1, 2, 3, 5; zusätzlich

6. Abstriche von Pusteln und Papeln
7. Nur bei Bedarf: zusätzlich Salbe mit Antibiotikum
8. Bei Erfolglosigkeit: zusätzlich ein Antibiotikum als Tablette
9. Bei Tabletteneinnahme regelmäßige Blutkontrolle
10. Bei Verhütungswunsch zusätzlich eine antiandrogene Antibabypille

ACNE CONGLOBATA

SYMPTOME: Mitesser, Papeln, Pusteln, Knoten, Zysten, Fistelgänge. Sehr starke und tief gehende Entzündungen

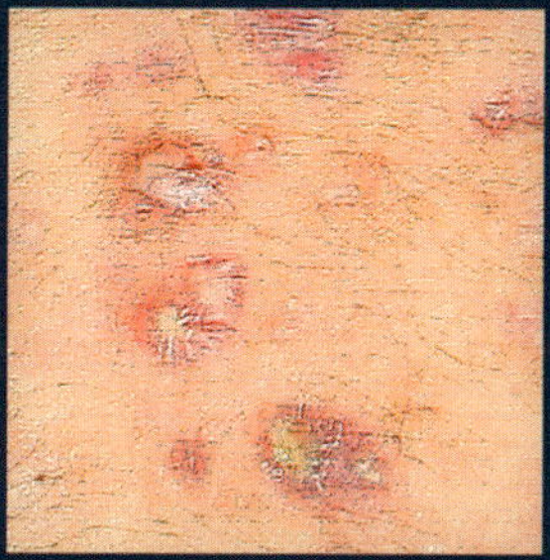

BEHANDLUNG: 1, 2, 3, 4, 6, 9;

11. Isotretinoin als Tablette (bei Frauen nur in Kombination mit konsequenter Empfängnisverhütung und regelmäßigen Schwangerschaftstests)
12. Bei Bedarf zusätzlich ein Antibiotikum als Tablette (keine Tetrazykline!)

FACHLICHE BERATUNG:
Dr. Susanne Boneberger, Akneambulanz der Klinik für Dermatologie, Ludwig-Maximilians-Universität München

den allermeisten Jugendlichen bekommen wir die Hautveränderungen ganz weg", sagt Professor Gerd Plewig, „bei den restlichen werden sie zumindest deutlich besser."

Dass es trotzdem Millionen Heranwachsende mit katastrophal entzündeter Gesichtshaut gibt, liege oft an Ärzten, die ohne erkennbares Konzept behandeln. „Bei Akne gilt aber: Wenn diese trotz Behandlung durch den Hausarzt nicht nach drei bis vier Monaten deutlich besser wird, sollte man umgehend den Facharzt aufsuchen", sagt Plewig. „Und wenn der keinen Erfolg hat, sollte man auch ihn wechseln."

Damit es nicht zu Fällen kommt, von denen Ursula Piela, dermatologische Kosmetikerin an der Universitätsklinik in Münster, berichtet: „Wir haben hier häufig Patienten, die jahrelang Antibiotika verschrieben bekommen haben."

DERMATOLOGEN unterscheiden heute zwischen mehreren Behandlungsstufen der Akne: Bei der leichten Form reicht meist eine spezielle Hautpflege. „Jugendliche sollten die Haut mit einer alkalifreien Seife waschen und dann mit einer in der Apotheke erhältlichen Lösung aus Alkohol und Salicylsäure desinfizieren", sagt Ursula Piela. „Trocknet die Haut aus und droht gereizt zu werden, sollte man die Seife verdünnt anwenden."

Außerdem empfiehlt die Kosmetikerin eine Behandlung, bei der Hauttalg entfernt wird und Follikel freigemacht werden – verbunden mit einer Beratung des Patienten. So bekomme man die Akne meist gut in den Griff.

Kommt es trotzdem zur entzündlichen Form, kann – unter

ärztlicher Aufsicht – eine Schälkur mit Benzoylperoxid in geringer Konzentration helfen. Dieses Medikament reizt und rötet jedoch häufig die Haut. „Daher sollten hochkonzentrierte Schälcremes niemals flächig, sondern nur punktuell eingesetzt werden", sagt Piela.

Tritt immer noch keine Besserung ein, empfehlen Dermatologen eine Kombination aus innerer und äußerlicher Behandlung: Äußerlich werden Schälcremes und solche mit Retinoiden (mit dem Vitamin A verwandte chemische Substanzen) im Wechsel auf die Haut aufgetragen.

Wenn ein sehr muskulöser junger Mann plötzlich mit Pickeln übersät ist, kann eine Doping-Akne die Ursache sein

Zusätzlich kann ein Antibiotikum verwendet werden – entweder als Creme oder Tablette. Bei Mädchen, die ohnehin verhüten wollen, hilft oft auch eine bestimmte Art der Antibabypille weiter, die die Akne auslösenden Androgene unterdrückt.

BEI DER SCHLIMMSTEN Form der Akne, der *Acne conglobata*, kann ein Retinoid auch als Tablette gegeben werden. Dessen Wirkstoff Isotretinoin – auch als „Iso" bekannt – ist ebenso wirksam wie gefährlich: Schon eine einmalige Anwendung kann bei Schwangeren zu schwersten Schäden am Fötus führen.

Die Hersteller raten daher vor einer Anwendung bei Frauen im gebärfähigen Alter generell ab, es sei denn, es gibt eine hundertprozentige Empfängnisverhütung. Dennoch kommt es immer wieder zu Unglücksfällen, etwa wenn eine junge Frau dieses Mittel, das bei ihrem Freund so gut geholfen hat, einfach nimmt, ohne zu wissen, was es anrichten kann.

Hoffnung macht eine noch nicht etablierte Form der Aknebehandlung: die Photodynamische Therapie, kurz PDT. Dabei wird den Patienten ein Medikament verabreicht, das von den Talgzellen und den Bakterien auf der Haut zu einem Vorläufer des roten Blutfarbstoffes umgewandelt wird. Der macht Drüsen und Bakterien lichtempfindlich. „Die Bestrahlung mit ganz normalem Licht minimiert dann die Größe der Talgdrüsen und tötet die Bakterien ab", sagt Professor Rolf-Markus Szeimies von der dermatologischen Universitätsklinik Regensburg. „Die Erfolge bei schwersten Akneformen sind sehr gut – trotz sonnenbrandähnlicher Nebenwirkungen."

Schlägt keine der Behandlungen an, sollte man sich spätestens jetzt Zeit für eine Akne-Sprechstunde nehmen, die es an einigen Universitätskliniken gibt: Denn womöglich ist die Erkrankung die Nebenwirkung einer seltenen genetischen Störung oder eines anderen Leidens. Dann ist die Akne nur zu lindern, wenn die Grunderkrankung behandelt wird.

Häufiger ist Akne allerdings selbst verschuldet: „Wenn ein 17-jähriger muskulöser junger Mann mit neu aufgetretener Symptomatik in die Sprechstunde kommt, ist die Diagnose fast schon gestellt", sagt der Münchener Dermatologe Gerd Plewig. Es handelt sich vermutlich um eine Doping-Akne. Denn muskelaufbauende Medikamente, die Androgene enthalten, können schon in niedriger Menge die typischen Symptome auslösen.

EGAL, WAS DIE URSACHE war: Wenn die Akne irgendwann verschwunden ist, bleiben in den meisten Fällen tiefe Spuren auf und in der Haut zurück. Aber auch diese lassen sich behandeln. Die Fachleute arbeiten oft mit Lasern, mit denen sie die oberste Hautschicht entfernen und gleichsam eine neue Oberfläche modellieren.

Als schonender könnte sich eine neue Methode erweisen, für die es allerdings noch nicht viele Studien gibt: die sogenannte fraktionierte Photothermolyse. Dabei werden mit einem Laser knapp 2000 winzige Vertiefungen pro Quadratzentimeter in die Haut geschossen.

Die einzelne Verletzung hat dabei nur bis zu einem Fünftelmillimeter Durchmesser. „Die oberste, verhornte Hautschicht bleibt intakt, sodass keine Infektionen auftreten", sagt Hans-Joachim Laubach von der Ästhetischen Dermatologie an der Universitätsklinik Münster. „Und in den tieferen Schichten führt der Reiz zu einer Wundheilungsreaktion, durch die sich die vernarbte Haut glättet – wie ein zerknautschtes Papier, das man glatt zieht."

Auf diese Weise schwinden dann die Spuren der Schlacht im Gesicht. □

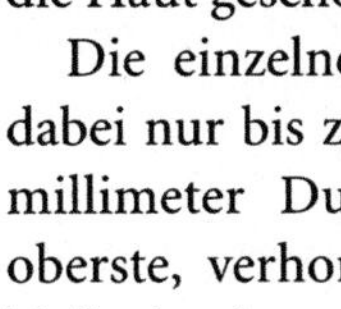

Dr. Magnus Heier, Facharzt für Neurologie und Medizinjournalist, hat die eigene Akne acht lange Jahre mit Diäten, hochprozentigen Schälsalben und Antibiotika bekämpft – gebetsmühlenartig getröstet von seinem Hautarzt: „In spätestens zwei Jahren haben Sie das hinter sich." Was nicht stimmte.

Auch der siebte Himmel hat ein Basislager: Südtirol.

Kolle Rebbe

In dieser Ausgabe

Essen
Von einem Genuss-Gipfel zum nächsten.

Übernachten
Top-Adressen von zünftig bis stylish.

Entspannen
Wellnesskur mit Kräutern, Heu und Latschenöl.

www.geo-saison.de

Lust auf Reisen. Mit GEO

SÜDAFRIKA Die Beschneidung ist beim Volk der Xhosa der Abschluss eines wochenlangen Rituals. Der qualvolle Eingriff kann Amputationen zur Folge haben, manchmal sogar zum Tode führen

INITIATIONSRITEN

SCHMERZHAFTER

Die Schwelle zum Erwachsensein zu überschreiten, ist ein mitunter tiefer Einschnitt im Leben eines Jugendlichen. In westlichen Kulturen haben die damit verbundenen Rituale allerdings an Bedeutung verloren

ÜBERGANG

VON ALEXANDRA RIGOS

Damit ein Junge vom äthiopischen Volk der Hamar zum Mann werden kann, müssen Frauen seiner Familie viele Schläge über sich ergehen lassen. Am Tag der Initiation fordern die Schwestern und Cousinen junge Männer dazu auf, sie mit Zweigen auszupeitschen. Schon bald fließt Blut, aber die Frauen fordern noch mehr Schläge; und am Ende zeigen sie stolz ihre Narben vor. Ihr Schmerz ist für die Hamar der Beweis dafür, wie viel ihnen an ihrem Verwandten liegt. Dafür wird er sie später in Notlagen unterstützen.

Bei Sonnenuntergang ist dann der Junge selbst an der Reihe, Mut und Geschicklichkeit zu demonstrieren. In den Tagen zuvor hat er all seinen Besitz weggegeben; sein Vorderkopf wurde geschoren, man hat ihm mit Sand „alles was böse war in der Kindheit" abgewaschen und mit Kuhdung die Brust überstrichen. Mit dem sind auch die Rücken der mehr als ein Dutzend Rinder beschmiert, die nun vor dem Jungen aufgereiht stehen. Viermal muss er über die Tiere balancieren – und darf dabei nicht stürzen. Erst dann ist er in die Gemeinschaft der Erwachsenen aufgenommen.

TAUSENDE KILOMETER entfernt, im Süden von Berlin, in einem holzgetäfelten Saal. Etwa 40 Jugendliche und Andreas Rütenik, Pfarrer der evangelischen Kirchengemeinde Mariendorf-Süd, haben sich zum Konfirmationsunterricht getroffen. Zuerst wird ein Lied gesungen, dann verteilt der Pfarrer Aufgaben: Einige Jungen und Mädchen sollen ein Meditationsbild malen, andere Kerzen gießen oder ein Kreuz aus Ton töpfern.

Die Werke werden später Elemente eines Gottesdienstes sein, den die Jugendlichen größtenteils selbst gestalten. Auch den Verlauf des eigentlichen Konfirmationsgottesdienstes werden sie mitbestimmen, jener Zeremonie, bei der sie sich vor der Gemeinde zu ihrem Glauben bekennen. Nach diesem Ritual gelten sie als gleichberechtigte Mitglieder der kirchlichen Gemeinschaft.

Die beschauliche Bastelstunde in der deutschen Großstadt hat auf den ers-

BALI Festlich gekleidet und gehalten von Verwandten, unterzieht sich ein 15-Jähriger dem Zufeilen von sechs Vorderzähnen. Das soll ihm helfen, sechs Laster – darunter Lust und Neid – zu kontrollieren

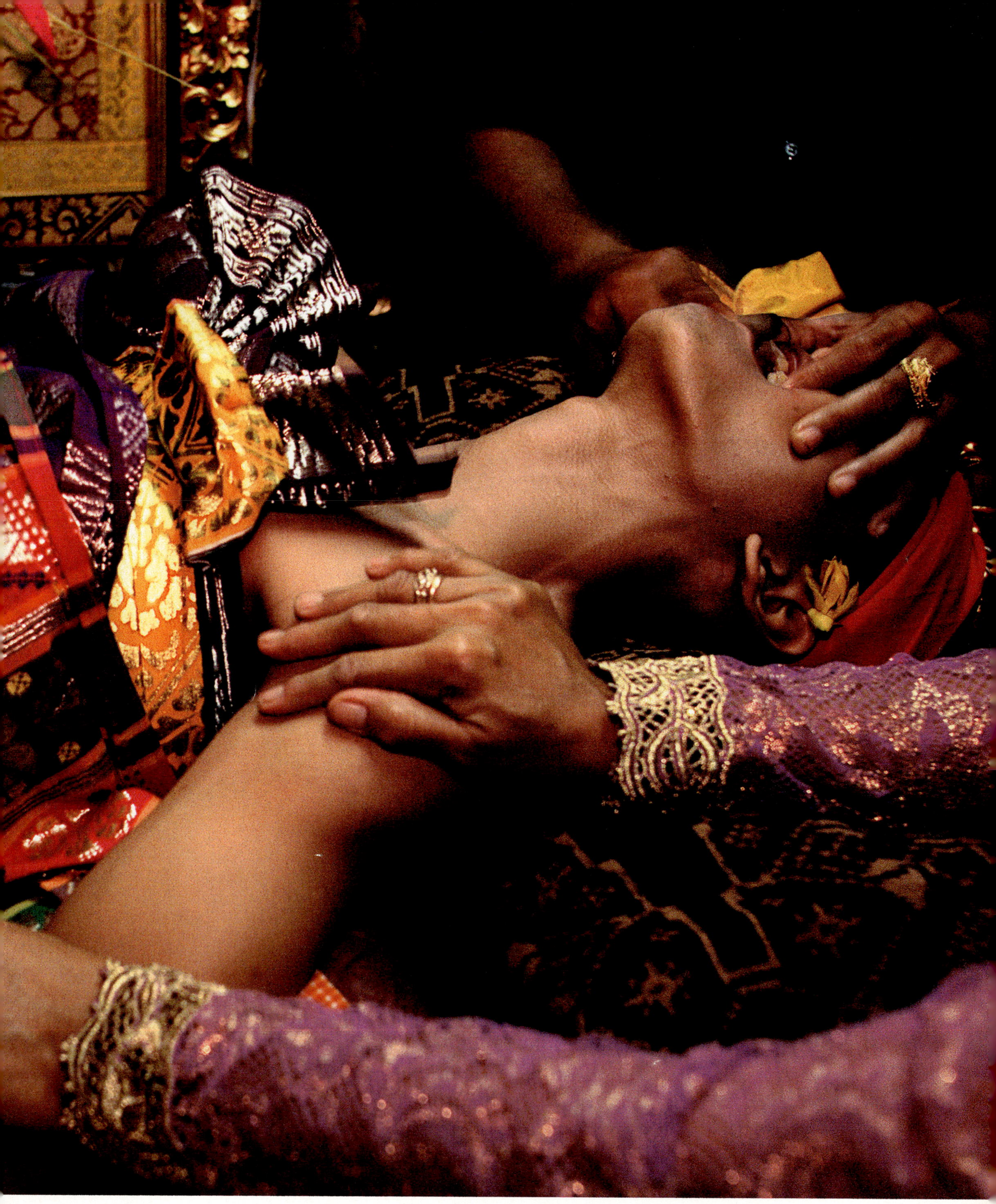

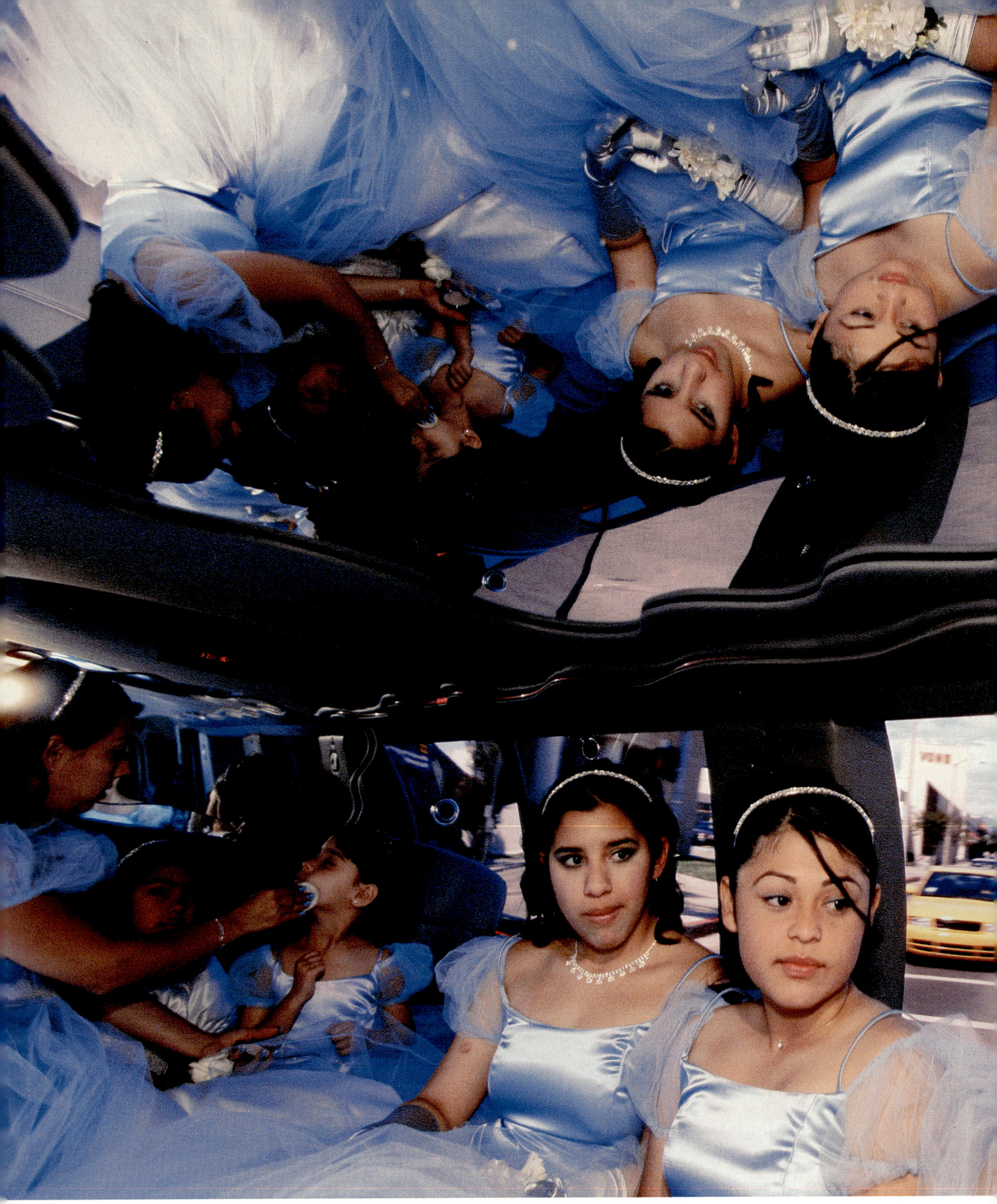

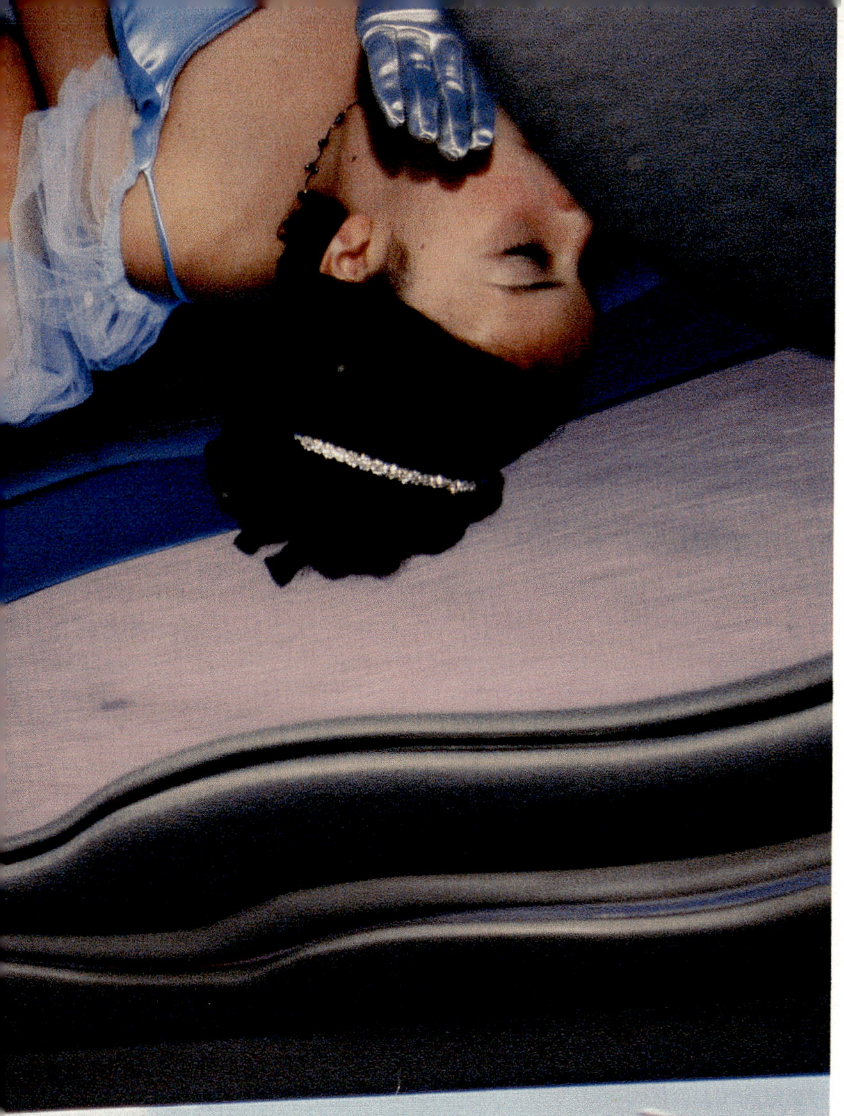

KALIFORNIEN In gespannter Erwartung lassen sich die Latino-Mädchen zu einer »Quinceañera« fahren – einer Feier zum 15. Geburtstag, die auf einen aztekischen Initiationsritus zurückgeht

ten Blick wenig gemein mit dem archaischen „Lauf über die Rinder" bei den Hamar. Und doch geht es in beiden Fällen um den stufenweisen Übergang zum Erwachsenendasein. Beides sind Initiationsriten.

So nennen Wissenschaftler Bräuche, die traditionell die Aufnahme eines Anwärters in eine Gemeinschaft begleiten. Das Spektrum der Riten reicht vom traditionellen Bungee-Springen – ursprünglich eine Mutprobe junger Männer auf dem Südseearchipel Vanuatu – bis zur jüdischen Bar-Mizwa; von der Sonnenaufgangszeremonie der Apachenmädchen bis zum Debüt auf dem Wiener Opernball.

Bei vielen Stammesvölkern in Südamerika, Afrika und Ozeanien haben sich bis heute komplexe Initiationsriten erhalten. Doch auch in modernen westlichen Gesellschaften finden sich vergleichbare Bräuche an der Schwelle zum Erwachsensein.

IN DER REGEL BEGINNT die Initiation mit einem Akt der Trennung. Der Jugendliche wird aus seiner Existenz als Kind geführt, oft auf rüde Weise. So hetzen bei den Orokaiva in Papua-Neuguinea als Vogelwesen maskierte Zeremonienmeister die Jungen aus dem Dorf. Sie werden gejagt und zusammengetrieben; dann sperrt man sie in Hütten im Wald. Sie dürfen nicht miteinander reden, nicht hinausschauen, und bekommen ihnen bislang unbekannte Dinge zu essen. All das symbolisiert das Ausscheiden aus dem früheren Leben.

In weniger brachialer Form erleben auch Konfirmanden eine solche Trennung von ihrer Familie: Auf mehrtägigen „Konfi-Camps" sind Jugendliche von morgens bis abends ohne elterliche Aufsicht mit Gleichaltrigen zusammen. „Das ist das Beste an der Konfirmationszeit", findet die zwölfjährige Danita aus der Gruppe von Pfarrer Rütenik.

Dem Abschied vom bisherigen Leben folgt eine Art Schwebezustand: Der Initiand ist nun kein Kind mehr, aber noch nicht erwachsen. In manchen Kulturen wird er als tot angesehen – und harrt seiner Wiedergeburt in einer neuen gesellschaftlichen Rolle. Diese Phase kann Stunden dauern, aber auch ein bis zwei Jahre, wie bei den Xingu-Indianern im Amazonas-Gebiet. Die jungen Orokaiva auf Neuguinea werden in dieser Phase von den Erwachsenen in spirituelle Geheimnisse eingewiesen. Die Mädchen müssen sich einem Reinigungsritual unterziehen, und die Jungen kommen am Ende selbst als Vogelmenschen ins Dorf zurück.

Die triumphale Wiedereingliederung in die Gruppe beendet die Initiation. In fast allen Kulturen mündet sie in ein rauschendes Fest – oder zumindest, wie bei der Konfirmation, in ein feierliches Familientreffen.

ÄUSSERLICHE VERÄNDERUNGEN wie neue Kleidung und eine neue Frisur, Tätowierungen oder Schmucknarben sollen aller Welt zeigen, dass der Initiierte ein anderer Mensch geworden ist. Mitunter wird der neue Status unter größten Qualen errungen: Das extremste Beispiel ist die Beschneidung von Mädchen, wie sie in vielen Gegenden Afrikas praktiziert wird. Obwohl die Genitalverstümmelung lebenslange Schmerzen oder gar den Tod zur Folge haben kann, hält sich hartnäckig der Aberglaube, erst durch die Entfernung der Klitoris werde ein Mädchen zur Frau.

Auch andere Initiationsriten wirken aus westlicher Perspektive grausam: Angeblich zur Abhärtung müssen sich neun- bis zwölfjährige Jungen aus dem Pygmäenvolk der Mbuti täglich auspeitschen lassen; blutig geschlagen werden auch junge Pueblo-Indianer in New Mexico. Und bei vielen afrikanischen und pazifischen Völkern gibt es schmerzhafte Beschneidungs- und Deformationszeremonien am männlichen Geschlechtsteil.

Doch selbst in elitären Zirkeln der westlichen Zivilisation findet sich ein Nachhall solch brutaler Riten: Wen die Queen in den Adelsstand erhebt, den schlägt sie symbolisch mit einem Schwert zum Ritter – eine Ehre, die heute zwar nur verdienten, meist älteren Bürgerlichen widerfährt, einst jedoch Teil des Initiationsritus junger Edelleute war. Richtig zugeschlagen wird hingegen bei manchen Studentenverbindungen – die sogenannte Mensur, eine Art stilisiertes Duell, soll sichtbare Schmisse hinterlassen, als Zeichen für die Mitgliedschaft in einer Burschenschaft.

Warum aber wird das Erwachsenwerden so oft mit beängstigenden und schmerzhaften Riten verbunden? Dadurch beweise der Jugendliche, dass er die Gemeinschaft, der er künftig angehören soll, mit all ihren Regeln und Gesetzen akzeptiere und sich ihr unterordne, erklärt die Frankfurter

Erziehungswissenschaftlerin Barbara Friebertshäuser, Expertin für Geschlechterforschung und Rituale. „Menschen hängen einer Institution um so intensiver an, je schwieriger und schmerzlicher die Initiationsriten waren.“ Darüber hinaus, so die Forscherin, eröffneten harte Prüfungen dem Initianden einen „Zugang zum Transzendenten“. Bei einigen Indianerstämmen zum Beispiel versetzen sich junge Menschen durch Fasten, Drogen oder Schlafentzug in einen Zustand, in dem sie übernatürliche Erfahrungen zu machen glauben.

Entscheidend sei, sagt Barbara Friebertshäuser, „die Erfahrung bloßer Existenz“. Ähnlich wie ein lebensbedrohlich Erkrankter, der die Welt auf einmal mit anderen Augen sieht, werde der Initiand auf sich selbst zurückgeworfen – und erfahre dabei, was im Leben wesentlich ist und über wie viel innere Kraft er verfügt.

Zugleich stiften die mit Gleichaltrigen durchlittenen Zeremonien ein Gemeinschaftsgefühl. Wie bedeutend das selbst im Fall des schmerzfreien Konfirmationsrituals ist, bestätigen die Berliner Jugendlichen: „Ich bin eigentlich nicht so religiös“, sagt Danita, „ich wollte im Konfirmandenunterricht vor allem neue Leute kennenlernen.“ Und der 17-jährige Sören erinnert sich: „Das wichtigste war nicht der Unterricht, sondern die große Gruppe. Mit vielen habe ich heute noch Kontakt.“

OFT EBENSO WICHTIG ist den Teenagern das Konfirmationsfest, jener Tag, an dem sie ganz im Mittelpunkt stehen. In Anbetracht der „Entstrukturierung der Jugendzeit“, so der Titel einer Broschüre der evangelischen Kirche, brauche es biografische Markierungen, die „Gewissheit und Orientierung vermitteln können“.

Tatsächlich steigen die Konfirmandenzahlen beispielsweise der evangelischen Kirche Berlin-Brandenburg seit Jahren an. Und auch die Jugendweihe, die nach dem Zusammenbruch der DDR von freigeistigen, humanistisch ausgerichteten Trägern angeboten wird, verzeichnete vor allem um die Jahrtausendwende großes Interesse. In den neuen Bundesländern nahmen, je nach Region, bis zu 40 Prozent der Jugend-

AUSTRALIEN Der Abschied von der Kindheit beginnt für manche Aborigine-Jungen oft schon im Alter von neun Jahren – mit einer festlichen Zeremonie und einer Beschneidung

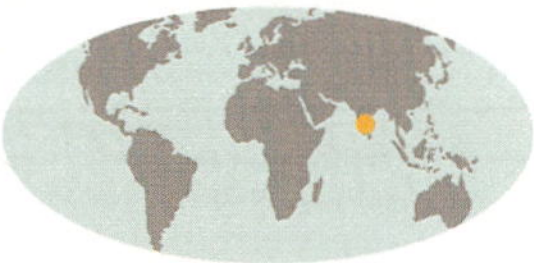

INDIEN Nach zwölf Tagen Vorbereitung in Dunkelheit präsentiert dieses Hindu-Mädchen sein geschminktes Gesicht dem Sonnengott Surya – und verwandelt sich damit symbolisch in eine Frau

lichen daran teil. Entstanden ist die Jugendweihe schon Mitte des 19. Jahrhunderts in Opposition zu Konfirmation und Firmung. Inzwischen haben auch private Agenturen die Marktnische entdeckt. So bietet etwa das von dem Therapeutenpaar Holger und Gesa Heiten gegründete Eschwege-Institut unter dem Motto „Den eigenen Weg finden" eine zwölftägige „Visionssuche" an, eine „moderne Form alter Übergangsrituale". Dazu gehört, dass die Jugendlichen einige Tage in freier Natur verbringen.

Offensichtlich verspüren auch moderne Teenager ein Bedürfnis nach Initiation. Doch können die Angebote in modernen Gesellschaften tatsächlich dieselbe Funktion erfüllen wie die Riten überschaubarer Stammesgesellschaften? Helfen sie Jugendlichen, ihre Identität als Erwachsene zu finden?

Anders als ein junger Hamar oder Orokaiva erleben Konfirmanden oder Teilnehmer alternativer Rituale keine reale Veränderung ihrer gesellschaftlichen Stellung. Von kirchlichen Mitbestimmungsrechten abgesehen, verläuft ihr Leben weiter wie gehabt. Der Ritus droht damit zu einer Art Placebo zu werden.

Derweil gehen die wahren Wendepunkte im Trubel des Alltags unter. „Heranwachsende erleben zwar vielfältige Statusübergänge wie Volljährigkeit, Studienabschluss oder Eintritt ins Berufsleben", sagt die Erziehungswissenschaftlerin Friebertshäuser, „aber die vollziehen sie in eigener Regie." An die Stelle kollektiver Erfahrungen tritt die individuelle Lebensgestaltung.

PÄDAGOGEN BENENNEN den Mangel an zeitgemäßen Initiationsriten gern als eine Ursache für allerlei Übel der Gesellschaft – vor allem wenn es um die Gewaltbereitschaft und Identitätsprobleme junger Männer geht. Bei Mädchen hingegen, so wird stillschweigend vorausgesetzt, markierten körperliche Veränderungen wie die erste Menstruation die Wandlung zur Frau zur Genüge.

„Ohne verbindliche Initiationsriten und ohne einen wirklichen Anhaltspunkt, wann die langsame Entwicklung zum Erwachsenen ihr Ziel erreicht hat,

ARIZONA Mit einer mehrstündigen Tanz-Zeremonie – die auch ein Test der körperlichen Ausdauer ist – feiert die junge Apachen-Indianerin ihre erste Menstruation

taumeln junge Männer in unserer Kultur orientierungslos im Kreis", schreibt der US-Autor Robert Bly in seinem Buch „Die kindliche Gesellschaft. Über die Weigerung erwachsen zu werden".

Und der Berliner Ethnologe Georg Elwert hält den Mangel an friedlichen Ritualen der Mannwerdung für eine Ursache rechtsradikaler Jugendgewalt: Da die Erwachsenenwelt sie nicht angemessen willkommen heiße, tauchten Jugendliche in Subkulturen ab. Mit Mutproben oder Gewaltexzessen verschafften sie sich die Achtung der Clique.

Die Heranwachsenden initiieren sich also gewissermaßen selbst – wenn auch nicht in die Erwachsenenwelt, so doch in die eigene Gruppe.

Aber lassen sich die Identitätskrisen der Jugend beheben, indem man ihr neue Rituale aufpfropft? Ist die Erosion der Initiationsbräuche nicht vielmehr ein Symptom des gesellschaftlichen Wandels? Schließlich existiert heute keine Erwachsenenwelt mit allgemein akzeptierten Werten und Rollenvorstellungen mehr, in die man Jugendliche mit einem beeindruckenden Ritual einführen könnte. Stattdessen muss jeder seinen eigenen Lebensweg finden. Und während es ein den Traditionen verhafteter junger Hamar noch heute ganz selbstverständlich anstrebt, wie seine Vorfahren zu leben, finden westliche Jugendliche das Leben ihrer Eltern oft gar nicht nachahmenswert. Schließlich bietet es, gemessen an ihrem eigenen Dasein, meist wenige zusätzliche Privilegien oder Freiheiten, stattdessen eher Pflichten und Einschränkungen. Folglich haben es viele Heranwachsende nicht eilig, den Schritt in die Verantwortung zu tun.

Umgekehrt aber bemühen sich die Eltern, möglichst mit ihrem Nachwuchs gleichzuziehen: Mütter kaufen ihre Kleider in Teenager-Boutiquen, Väter borgen sich die CDs ihrer Sprösslinge; jugendlich zu sein gilt als Wert an sich. „Wir leben in einer Gesellschaft", stellt Barbara Friebertshäuser fest, „in der das Ziel der Reise, das Erwachsensein, an Attraktivität verloren hat." □

MEHR ZUM THEMA:

Mircea Eliade: **Das Mysterium der Wiedergeburt**, Insel 2001, 268 Seiten

Richard Rohr: **Endlich Mann werden. Die Wiederentdeckung der Initiation**, Claudius 2005, 240 Seiten

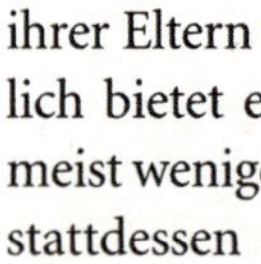

Der Berliner Autorin **Alexandra Rigos**, ohne religiöse Bindungen und gänzlich uninitiiert aufgewachsen, erschienen die Gepflogenheiten des evangelischen Konfirmandenunterrichts als fast so farbig und exotisch wie die Initiationsriten ferner Stammesvölker.

Jetzt im Handel
Kolle Rebbe
GEOlino
Das Erlebnisheft
www.geolino.de
DAS IST DER GIPFEL
Ohne Sauerstoffgerät auf den höchsten Berg der Erde
STURKOPF?
Esel haben es faustdick hinter den Ohren
ZEITREISE
Das Dorf, in dem die Uhren anders gehen
UMWELTSCHUTZ
So wird unser Abwasser wieder sauber
VORHANG AUF
Hinter den Kulissen einer Opern-Produktion
In Zusammenarbeit mit
unicef
Zeigen Sie Ihren Kindern die Gesichter der Welt.
GEOlino – das Monatsmagazin für junge Entdecker: spannende Berichte über Menschen, Tiere, Natur, Technik und tolle Extras zum Spielen, Rätseln oder Sammeln.
www.geolino.de
GEOlino. Wissen macht Spaß

An der St.-Anna-Schule werden zwei Fächer zeitweise getrennt unterrichtet: Denn in der zweiten Fremdsprache kommen die Jungen besser allein zurecht, in Physik die Mädchen

KOEDUKATION

VON HÜHNERN UND HÄHNEN

Der gemeinsame Unterricht von Mädchen und Jungen ist eine Errungenschaft der Gleichberechtigung. Doch gerade in den Jahren der Pubertät lernen sie unter ihresgleichen oft besser – wie das Beispiel des Münchner St.-Anna-Gymnasiums zeigt

VON PETRA THORBRIETZ (TEXT) UND ULRIKE MYRZIK/MANFRED JARISCH (FOTOS)

Hühner! 16 Mädchen zwischen elf und zwölf in einem engen Klassenzimmer – da drängt sich dieser Vergleich schon auf. Sie gackern, flattern und scharren, während sie geräuschvoll Stühle rücken und ihre Plätze suchen, möglichst nah an der besten Freundin. Zahnspangen blitzen. Mitten im Treiben steht Anke Wagner, die Lehrerin, und redet gelassen gegen die Turbulenzen an.

Physikunterricht in der siebten Klasse. Kein Junge in Sicht. Im Münchner St.-Anna-Gymnasium werden die Kinder in diesem Fach nach Geschlechtern getrennt. Atomkerne und Mechanik, Optik und Gase – ein Jahr lang können die Mädchen ungestört lernen: ohne die Jungen, die angeblich immer besser sind, wenn es um Naturwissenschaften geht.

„Das glaube ich nicht", sagt Nina aus der ersten Bank schnippisch. „Die sind nicht schlauer als wir!" Historisch gesehen stimmt das auch. Das St. Anna konnte als einziges naturwissenschaftliches Mädchengymnasium in Bayern lange Jahre hervorragende Ergebnisse vorweisen, bei den Durchschnittsnoten im Abitur wie auch in Wettbewerben.

Doch dann, Ende der 1980er Jahre, gingen die Schülerzahlen so stark zurück, dass fortan Jungen aufgenommen werden mussten. Die auffallendste Folge: Der Anteil der Mädchen im Leistungskurs Physik nahm drastisch ab.

„Wir haben eine Weile gebraucht, bis wir uns über die Ursachen im Klaren waren", erzählt Studiendirektorin Verena Schroll, auch sie Physiklehrerin. „Aber dann haben wir verstanden, dass sich die Mädchen von den Jungs in eine Geschlechterrolle drängen ließen und umgekehrt – vor allem in der Pubertät."

Seit elf Jahren wird deshalb der Physikunterricht in dieser schwierigen Phase getrennt abgehalten. Mit gutem Erfolg: Der Anteil der Mädchen im Leistungskurs stieg von elf Prozent – dem

PHYSIK
Seit der Geschlechtertrennung in Klasse 7 hat sich der Anteil der Mädchen am Oberstufen-Leistungskurs verdreifacht

bayerischen Durchschnittswert – auf mehr als 30 Prozent.

Frauen tun sich leichter mit Sprachen und Sozialem, Männer mit Technik und Naturwissenschaften: Diese Stereotype wurden zum ersten Mal ernsthaft infrage gestellt, als in den 1970er Jahren Feministinnen die tradierten Geschlechterrollen kritisierten. Bundesweit wurden die staatlichen Schulen auf „Koedukation" umgestellt. Der gemeinsame Unterricht von Jungen und Mädchen sollte von nun an für mehr Chancengleichheit sorgen.

Doch die scheinbar progressive Pädagogik hatte unerwartete Folgen: 1987 zeigte eine Studie an drei westdeutschen Universitäten, dass Absolventinnen von Mädchenschulen viel häufiger ein technisches oder naturwissenschaftliches Studium ergriffen als jene von gemischten Gymnasien. „Koedukation macht Mädchen dumm", urteilte daraufhin die feministische Zeitschrift „Emma" 1989.

Bald darauf wurden in einigen Schulen verschiedener Bundesländer Klassen wieder in Jungen und Mädchen aufgeteilt. Dieses Mal mit neuen Zielen: Pädagogen und Wissenschaftler begannen, geschlechtsspezifische Unterschiede im Lernverhalten zu erforschen, um dies bei Unterrichtsmethoden zum Vorteil der Schülerinnen und Schüler zu berücksichtigen.

Heute ist in vielen Schulgesetzen die Möglichkeit verankert, Kinder getrennt zu unterrichten. Vorreiter war Nordrhein-Westfalen, dessen Bildungskommission 1995 empfahl, Hierarchien zwischen den Geschlechtern abzubauen, auch durch die Einrichtung homogener Lerngruppen. Dieses Angebot nehmen Schulen jedoch bislang nur vereinzelt wahr.

Wo, wie in Brandenburg, der gemischte Unterricht zwingend vorgeschrieben ist, verlagert sich der „monoedukative" Unterricht häufig an Privatschulen, die dieser Pflicht nicht unterliegen. Im Jahr 2007 gab es insgesamt 162 reine Mädchen- und fünf Jungenschulen in Deutschland, die meisten in katholischer Trägerschaft.

Gerade in der Pubertät aktiviert der gemeinsame Unterricht jedoch die „Geschlechteridentitäten", wie die Psychologin Ursula Kessels von der Freien Universität Berlin anhand einer Studie an einer Grundschule festgestellt hat.

Mädchen zum Beispiel empfänden sich nicht als feminin genug, wenn sie neben Jungs an der Werkbank stehen oder im Chemiesaal experimentieren. Und die Jungen neigten dazu, sich mehr aufzuspielen und anzugeben.

Häufig verstärken Lehrer unbewusst diese Stereotype: „Wenn ein Junge im Physikunterricht eine gute Lösung findet, lobt man ihn für seine Kreativität", sagt Verena Schroll vom St.-Anna-Gymnasium. „Bei einem Mädchen fällt eher auf, dass es sauber zeichnet." Auch wegen solcher Rollenbilder wählen zehnmal mehr Jungen als Mädchen einen Physikleistungskurs. Dabei seien Mädchen, so Schroll, bei Experimenten oft besser, weil sie präziser arbeiteten.

Mehr Fleiß und Disziplin, das sind die Gründe, weshalb die Mädchen trotz der Rollenklischees ihr früheres Bildungsdefizit wettgemacht, die Jungen sogar längst überholt haben: Inzwischen stellen sie den größeren Teil der Gymnasiasten (54 Prozent), machen häufiger Abitur, noch dazu mit einem besseren Notendurchschnitt. Sie fallen seltener durch und verlassen die Schule weniger oft ohne Abschluss.

Inzwischen gelten die Jungen als die Bildungsverlierer. „Was Fächer betrifft, in denen sprachliche Fähigkeiten zählen", sagt Wolfgang Aumann, „sind sie mindestens so benachteiligt wie die Mädchen in den Naturwissenschaften."

Der Mathematik- und Sportlehrer ist der Jungen-Beauftragte am St.-Anna-Gymnasium. „Angesichts der Mädchen mit ihren besseren Leistungen ziehen sich die Jungs auf den Standpunkt zurück, es sei uncool, sich anzustrengen." Vor einigen Jahren regte Aumann an, auch die zweite Fremdsprache getrennt zu unterrichten. Das Fach beginnt in der sechsten Klasse. „Das ist ein kritischer Moment", bestätigt die Lateinlehrerin Hilde Hain. „Denn plötzlich kommen viele Kinder nicht mehr mit."

Und das sind oft Jungen, die sprachlich meist weniger talentiert sind als die Mädchen, keine Geduld für Grammatik haben und weniger Disziplin beim Vokabelnlernen. Jungen wählen deshalb in der Oberstufe deutlich seltener Leistungskurse in Fremdsprachen oder Deutsch.

Wenn sie aber, wie am St. Anna, für zwei Jahre unter sich seien, so Aumann, müssten sie sich nicht dauernd produzieren: „Das vergrößert ihr Rollenrepertoire. Da können sogar mal Tränen flie-

MEHR ZUM THEMA:
Frank Beuster: **Die Jungenkatastrophe. Das überforderte Geschlecht,** Rowohlt 2006, 351 Seiten
www.learn-line.nrw.de/angebote/koedukation Website des Schulministeriums Nordrhein-Westfalen

ßen." Sie entwickelten dann einerseits mehr Teamgeist, konkurrierten aber auch erfolgreicher miteinander.

Auf diese Weise, so Hilde Hain, schafften die Jungen auch mal eine Verbesserung ihres Notenschnitts, während sie in der Pubertät meist eher am unteren Ende der Skala wiederzufinden seien – ausgenommen die Begabten. „Jungen bewältigen Krisen generell schlechter als Mädchen", sagt die Lateinlehrerin. „Und sie arbeiten in diesem Alter nicht gern. Entweder sie können es, oder sie lassen es."

Bis auf die Rapper-Wollmützen und die schrägen Kappen wirken die Sechstklässler von Frau Hain viel braver als die gleichaltrigen Mädchen – auch wenn die Pubertät schon aus allen Knopflöchern drängt: „Ich habe einen riesengroßen Penis!", ruft einer ins Gewimmel und grinst provozierend. „Das Thema ist in diesem Alter besonders ‚in'", sagt Frau Hain und lacht.

Pubertierende Jungen lieben oft genau jene Unterrichtsthemen, vor denen es Mädchen graust

Die Jungs „blühen richtig auf", wenn es zum Beispiel im Lateinunterricht um den Fruchtbarkeitsgott Priap mit seinem Riesenphallus gehe. Aber die Schüler interessiere auch, wie die Latrinen im antiken Rom konstruiert waren und ob da wirklich ein Dutzend Männer nebeneinander auf einer Toilettenbank gesessen haben.

Mädchen, sagt Hain, grausten sich vor solchen Themen – besonders in diesem Alter: „Da suche ich nach ganz neutralen Texten." Die Jungen dagegen müssten sich im Alter von elf oder zwölf noch einmal ihres Geschlechts vergewissern, bevor sie voll in die Pubertät kämen. „Da darf dann ruhig das Blut fließen, auch wenn ihnen bei den Geschichten über die Gladiatorenkämpfe die Tiere immer so leidtun!"

Brauchen die Jungen aus diesem Grund auch eine andere Pädagogik? Nein, erklärt die Lehrerin. Man müsse nur individuell auf die Geschlechter eingehen.

Aber verstärkt das nicht die bestehenden Geschlechterklischees?

Hannelore Faulstich-Wieland, Professorin für Erziehungswissenschaften an der Universität Hamburg, ist davon überzeugt: „Ich bin sehr skeptisch, was den getrennten Unterricht angeht. Die Studien zeigen mal positive, mal negative Ergebnisse, und mal scheint es egal zu sein, ob die Geschlechter zusammen oder getrennt unterrichtet werden."

Um das „Gender Mainstreaming" zu verwirklichen, das von der Bundesregierung formulierte Ziel, die Geschlechterhierarchien zu überwinden, fordert die Bildungsforscherin eine „reflexive Koedukation", einen problembewussten Umgang mit Geschlechterrollen.

Was jedoch kulturelle Stereotype sind und was biologische Gegebenheiten, das vermag Frau Faulstich-Wieland nicht zu definieren: „Das muss die Lehrkraft mit ihrer Klasse immer wieder neu herausfinden." Mit dieser Aufgabe allerdings dürften sich die meisten Lehrer alleingelassen fühlen.

Im Beruf erfolgreiche Frauen, die nach Geschlechtern getrennt unterrichtet wurden, haben dazu meist eine andere Meinung. Hillary Clinton zum Beispiel hat eine Mädchenschule und ein für Frauen reserviertes College absolviert. Seit Jahren setzt sie sich als Senatorin für die Monoedukation ein. Mit Erfolg: Seit 2006 dürfen Jugendliche in den USA getrennt unterrichtet werden.

Die Zahl der Schulen mit ausschließlich monoedukativem Unterricht ist dort in den vergangenen zwölf Jahren von drei auf 241 angestiegen. In Großbritannien zeigte 2002 eine Studie der National Foundation for Educational Research, dass getrennt unterrichtete Mädchen sich in ihren Leistungen bis zu 40 Prozent steigerten – vor allem in naturwissenschaftlichen Fächern.

LATEIN
Beim Sprachenlernen haben Jungen häufig wenig Geduld für Grammatik – sind sie unter sich, arbeiten sie aufmerksamer

Im Physiksaal des St.-Anna-Gymnasiums hat Anke Wagner ihre Schülerinnen mit verschiedenen Materialien experimentieren lassen. Sie sollen testen, welche davon Strom führen.

„Warum leitet Wasser?", fragt sie die ununterbrochen kichernden Schülerinnen. „Richtig – weil Mineralien drin sind, und die leiten."

„Deshalb darf man auch keinen Föhn ins Wasser fallen lassen", weiß ein Mädchen. „Und wie ist das mit dem destillierten Bügelwasser?", fragt eine andere.

Der Tag, an dem diese Frage auch ein Junge stellt, wird zeigen, ob das „Gender Mainstreaming" tatsächlich funktioniert. □

Die Münchner Autorin **Dr. Petra Thorbrietz** machte Mitte der 1970er Jahre Abitur auf dem zweiten Bildungsweg – mit vielen Mitschülerinnen, deren Eltern nur den Söhnen den Besuch einer höheren Schule erlaubt hatten.

»EIN TRAURIGER UND SEHR

DEPRESSIONEN

SELTSAMER MENSCH«

In der Pubertät sind Kinder besonders anfällig für seelische Erkrankungen. Wichtig ist es, die Anzeichen dafür frühzeitig zu erkennen. Denn dann muss es nicht bis zum Suizidversuch kommen – wie im Fall des Berliner Mädchens Nike

VON SANNAH KOCH (TEXT) UND NATALIE HUTH (ILLUSTRATIONEN)

Was für ein Mensch bin ich eigentlich? Bin ich hübsch? Finden meine Freunde mich nett? Die Zeit der prüfenden Blicke in den Spiegel hat begonnen. Jene Zeit, in der das eigene Spiegelbild plötzlich so merkwürdig unvertraut erscheint. Und in der man dann oft kritisch bilanziert: „Dich da mag ich eigentlich nicht."

Wie grausam sich die Jahre des Heranwachsens anfühlen können, weiß Nike (Name geändert) nur zu gut. Es begann, als sie 13 war, mit tagelanger Grübelei. Dann folgte der Rückzug von Freunden und Bekannten. Nike vereinsamte und ließ die Schule schleifen, versuchte sich schließlich sogar umzubringen – und kam in kinder- und jugendpsychiatrische Behandlung. „Ich hatte Angst davor, erwachsen werden zu müssen", sagt die schmale Berlinerin mit den braunen Knopfaugen.

Inzwischen ist Nike 22 Jahre alt und wirkt immer noch nicht erwachsen. Kuschelt sich fröstelnd in das blaue Sofa in ihrem Zimmer in der kleinen Wohngemeinschaft im Berliner Stadtteil Spandau, schüchtern, eher wie ein Teenager denn wie eine junge Frau. Ihre Erinnerungen an die vergangenen Jahre sind häufig nur Stückwerk. „Ich habe ganz viel verdrängt", sagt sie ent-

FEHLER BEIM ERKENNEN EINER DEPRESSION

Von den eigenen Gefühlen ausgehen: „Kein Grund zum Traurigsein." Ein Satz, der deutlich macht, dass man die eigenen Gefühle und nicht die des Jugendlichen als Messlatte benutzt.

Fehleinschätzung durch Erfahrungsvorsprung: „Die Zeit heilt alle Wunden." Diese Erfahrung muss ein Jugendlicher erst machen.

Emotionalen Druck herunterspielen: „Das ist doch nicht so schlimm." Ist es für den Betroffenen aber womöglich doch.

Seelische Probleme dürfen nicht sein: „Bei uns in der Familie hat es so etwas noch nie gegeben." Resultat ist oft ein Redeverbot. Und noch mehr Einsamkeit.

Eigene Probleme sind gerade wichtiger: „Das wächst sich schon aus." Seelische Störungen wachsen sich meist nicht aus, sondern können mit der Zeit wachsen. Also lieber früh eingreifen.

Falsche Zuschreibungen: „Meine Tochter/mein Sohn ist halt in der Pubertät." Die Pubertät ist nicht an allem schuld: Leistungseinbruch, Traurigkeit oder Dauermüdigkeit können Hinweise auf ein seelisches Problem sein.

schuldigend, „es war alles so fürchterlich."

Alles – das meint insbesondere den unerwarteten Tod der geliebten Tante. Die gesamte Familie stand unter Schock, war in ihrem Kummer wie erstarrt. Nike war damals verzweifelt: „Meine Tante war für mich wie eine Schwester, wir haben ganz viel zusammen unternommen." Aber keiner vermochte das Mädchen zu trösten. „Ich konnte lange Zeit mit niemandem über meine Gefühle sprechen."

Nike war auch schon vorher ein trauriges Kind. Ihre Mutter, eine seelisch labile Frau, hatte sie im Alter von 18 Jahren geboren. Da Nikes Vater verschwunden war, kümmerten sich die Großeltern um die Enkelin. Eines Tages erklärten sie der sechsjährigen Nike, dass die Frau, die manchmal zu Besuch kam, nicht ihre Tante sei, sondern ihre Mutter.

Ob sie das damals geschockt hat, kann Nike heute nicht mehr so genau sagen. „Meine Großeltern waren immer sehr lieb zu mir, und ich nenne sie noch heute Papa und Mama", betont sie, „aber ich habe damals angefangen darüber zu grübeln, warum ich keinen Vater habe und sich meine Mutter nicht um mich kümmert."

Die Zeit des Auf- und Umbruchs in der Pubertät macht Jugendliche ohnehin verletzlich und stürzt viele von ihnen in seelische Nöte. Kommt ein solch einschneidendes Erlebnis wie bei Nike hinzu, möglicherweise noch im Zusammenhang mit einer erblichen Vorbelastung, droht eine ernsthafte psychische Störung. Die in den Pubertätsjahren häufigste ist – neben der Angststörung – die Depression.

Laut einer länderübergreifenden Studie der Weltgesundheitsorganisation WHO liegt die Zahl der Erkrankten im Alter von neun bis 17 Jahren bei etwa sechs Prozent. Die Psychologin Cecilia A. Essau von der Roehampton University in London zählte in ihrer Bremer Jugendstudie sogar 17,9 Prozent Jugendliche mit depressiven Störungen; auch das Münchner Max-Planck-Institut für Psychiatrie kam auf einen ähnlichen Anteil.

Das bedeutet, dass fast jeder sechste deutsche Jugendliche während der Pubertät mindestens einmal an einer Depression leidet. Mädchen erkranken daran allerdings fast doppelt so häufig wie Jungen.

Unbehandelt sind Depressionen ein gefährliches Leiden: Im Jugendalter ist die Selbsttötung die zweithäufigste Todesursache in Deutschland, nach Unfällen. Zwar geht nicht jedem Suizid eine Depression voraus, doch ist sie in allen Altersgruppen der stärkste Risikofaktor dafür.

Stimmungschaos, Reizbarkeit, Unsicherheit, Überschwang – all das ist in der Pubertät völlig normal. Eine vorübergehende depressive Verstimmung als Reaktion auf ein bedrückendes Erlebnis – einen Todesfall in der Familie, eine Scheidung oder Liebeskummer – komme bei zwei Dritteln aller Teenager vor, sagt Joachim Walter, Chefarzt der Kinder- und Jugendpsychiatrie des Katholischen Kinderkrankenhauses Wilhelmstift in Hamburg. Doch längst nicht jedes Stimmungstief wachse sich zu einer Depression aus.

Nicht jedes Stimmungstief wird zu einer Depression – aber es gilt, Alarmsignale nicht zu übersehen

Wichtig ist es, dass Eltern oder Lehrer bestimmte Alarmsignale bei Heranwachsenden nicht übersehen, vor allem, wenn sie sich deutlich und über Wochen hinweg zeigen: Traurigkeit, Rückzug aus wichtigen Beziehungen, Schlafstörungen, tagelanges Rumhängen im verdunkelten Zimmer, Äußerungen der Hoffnungslosigkeit, stark verändertes Essverhalten oder ein Leistungsknick in der Schule.

SOLCHE JUGENDLICHEN brauchen professionelle Hilfe, betont Michael Schulte-Markwort, ärztlicher Direktor der Kinder- und Jugendpsychosomatik am Universitätsklinikum Hamburg-Eppendorf.

Nicht nur wegen der Suizid-Gefahr, sondern auch, weil Depressionen –

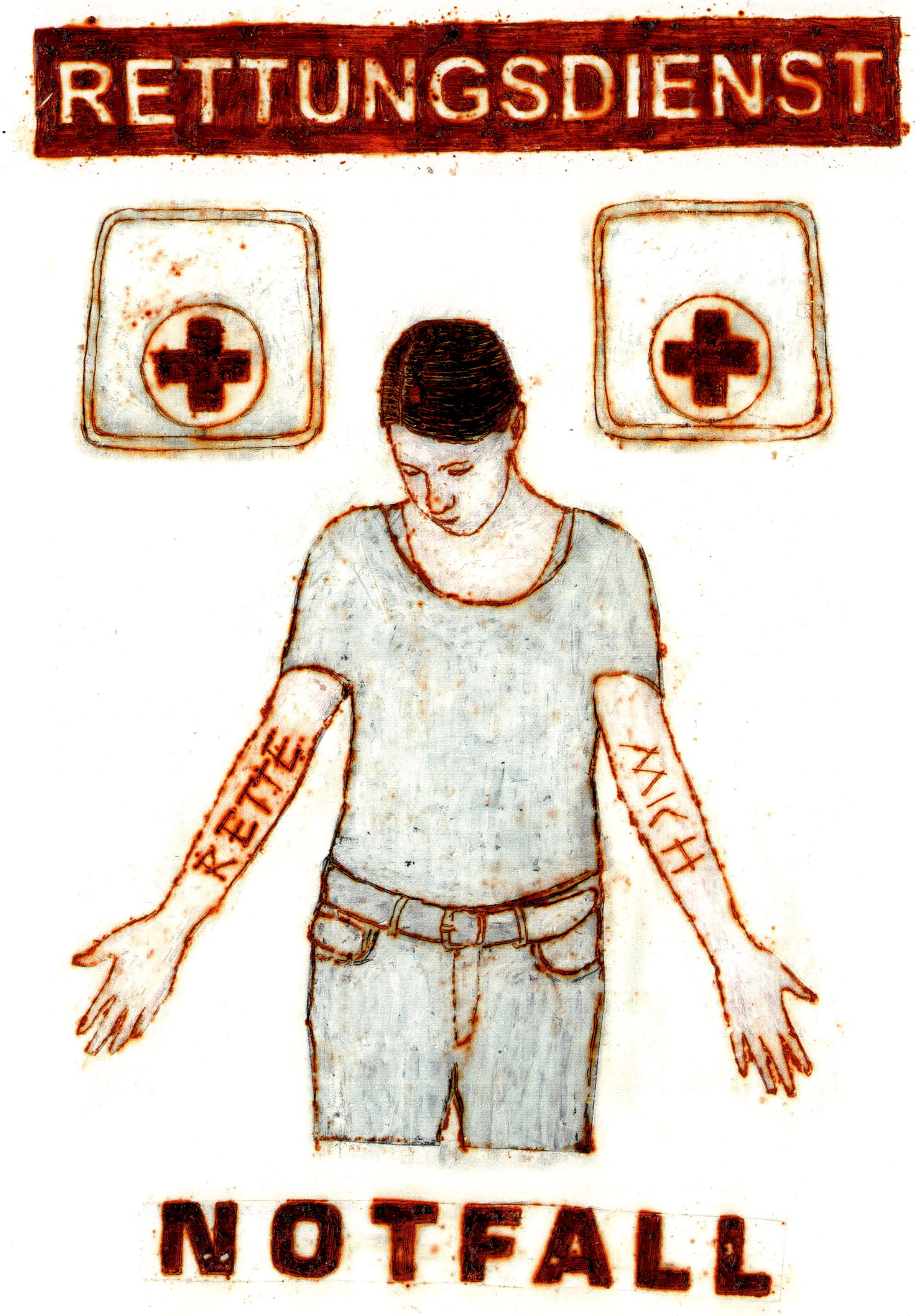
RETTUNGSDIENST
RETTE
MICH
NOTFALL

FORMEN DER DEPRESSION

MAJOR DEPRESSION

Die „Große Depression" kann einmalig oder mehrfach auftreten. Eine Krankheitsepisode dauert mindestens zwei Wochen. Die wichtigsten Symptome: gedrückte Stimmung ohne deutlichen Anlass, Verlust von Interesse oder Freude, starke Ermüdung, Verlust von Selbstvertrauen, wiederkehrende Gedanken an Tod oder Suizid.

DYSTHYME STÖRUNG

Die leichtere, aber länger andauernde Form einer depressiven Störung, die oft schleichend im Kindes- und Jugendalter beginnt und dann häufig einen chronischen Verlauf nimmt. Symptome wie bei der Major Depression.

BIPOLARE STÖRUNG

Dabei treten im Wechsel mit depressiven euphorische (manische) Phasen auf. Symptome: anhaltend gehobene Stimmung, übersteigertes Selbstwertgefühl bis zum Größenwahn, vermindertes Schlafbedürfnis, Rededrang, starke Unruhe.

ANDERE PSYCHISCHE STÖRUNGEN IM JUGENDALTER:

- Angststörungen (oft mit Depressionen gekoppelt)
- Aufmerksamkeits- und Konzentrationsstörungen (häufiger bei Jungen)
- Teilleistungsschwächen (häufiger bei Jungen)
- Essstörungen (häufiger bei Mädchen)
- Persönlichkeitsentwicklungsstörungen (z. B. Borderline-Störung)

selbst wenn sie nur phasenweise auftreten – kein vorübergehendes Leiden sind. Im Alter von 30 Jahren kommt es bei mehr als zwei Dritteln der zuvor depressiven Kinder und Jugendlichen zu einem Rückfall, so das Fazit einer Studie des britischen Kinder- und Jugendpsychiaters Richard Charles Harrington von der Universität Manchester.

Häufig werden Depressionen aber gar nicht erkannt; laut der Bremer Jugendstudie befand sich nur jeder fünfte seelisch Kranke in Behandlung. Dabei ist eine Depression normalerweise gut heilbar.

Und je früher die Behandlung einsetzt, umso besser wirkt sie. Nach zwei Jahren Psychotherapie – zum Teil in Verbindung mit Medikamenten – sind rund vier von fünf Patienten von ihrer Erkrankung befreit.

Eine Verordnung von Antidepressiva an Kinder und Jugendliche ist jedoch umstritten, da eine Wirksamkeit bislang nur wenig untersucht ist. „Beim Einsatz solcher Medikamente muss man sicher vorsichtig sein", räumt der Jugendpsychiater Schulte-Markwort ein. Aber in schweren Fällen sei ohne die Gabe von Medikamenten oft nicht einmal ein therapeutisches Gespräch möglich.

Nikes Großeltern erkannten frühzeitig, dass ihr Enkelkind ungewöhnlich traurig war. Doch sie fühlten sich hilflos, und die Sehnsucht nach den leiblichen Eltern konnten sie dem Enkelkind nicht erfüllen.

Nikes innerer Rückzug brachte mit sich, dass sie sich mehr und mehr vor anderen Menschen fürchtete, sich als „blass, pickelig und dürr" empfand und glaubte, dass ihre Mitschüler schlecht über sie redeten. Sie wurde zur Außenseiterin. „Ich war sehr scheu und hatte überhaupt kein Selbstwertgefühl", sagt sie heute.

Fragt man Nike, wie sie in jenen Jahren wohl auf ihre Mitschüler gewirkt habe, antwortet sie: „Wie ein sehr trauriger und sehr seltsamer Mensch."

Traurigkeit ist auch für Schulte-Markwort das auffälligste Merkmal einer jugendlichen Depression. Diese Traurigkeit zeige sich ständig und sei nicht mit einem bestimmten Ereignis gekoppelt. „Jugendliche in dieser Stimmung sehen nur noch graue Türen", ergänzt Joachim Walter vom Wilhelmstift, „sie haben die Fähigkeit verloren, sich selbst zu trösten."

Das Gefühl, das eigene Leben nicht mehr beeinflussen zu können, ist eine der entscheidenden Erfahrungen in einer Depression.

Gerade deswegen sei es wichtig, einem Kind die Fähigkeit zu vermitteln, sich selbst freudvolle Erlebnisse und Erfolge zu verschaffen, so Walter: „Erziehung besteht zum großen Teil im Anbahnen von Möglichkeiten." Miteinander über Gefühle sprechen, gemeinsam aktiv sein, dem Kind beizubringen, auch mit Frustration und Ärger umzugehen – all dies gehöre zu den grundlegenden Dingen, die Eltern vorbeugend tun können.

Depressionen sind jedoch nicht das Ergebnis falscher Erziehung. Die Gemütskrankheit kommt in allen Einkommens- und Bildungsschichten vor und auch in vollkommen intakten Elternhäusern.

DIE URSACHEN sind wissenschaftlich noch nicht abschließend ergründet. Zu ihnen zählen auch genetische Faktoren. „Kinder mit einem depressiven Elternteil haben eine Wahrscheinlichkeit von etwa 20 Prozent, ebenfalls eine Depression zu entwickeln", erklärt Michael Schulte-Markwort. „Wenn beide Eltern an Depressionen leiden, erhöht sich die Wahrscheinlichkeit sogar auf 50 Prozent."

Vermutet wird auch, dass bei depressiven Menschen ein Mangel an den Neurotransmittern Serotonin und

ICH WILL NICHT ERWACHSEN WERDEN
ICH MAG MICH NICHT
DIE HÖLLE, DAS SIND DIE ANDEREN
ICH HALTE DEN DRUCK NICHT AUS

Noradrenalin vorliegt – chemischen Botenstoffen, die Nervensignale weiterleiten. Das lässt sich zumindest rückschließen aus dem Erfolg jener Gruppe von Antidepressiva, welche die Wirkung dieser Neurotransmitter im Gehirn erhöhen. Zudem gehen Forscher der These nach, ob eine Fehlregulation im Stresshormonsystem eine Rolle spielen könnte.

Denn Stress ist oft Auslöser seelischer Störungen. „Scheidungskinder etwa sind häufig von Depressionen betroffen", sagt Schulte-Markwort. Aber auch traumatische Erlebnisse wie Gewalt oder sexueller Missbrauch können ein konkreter Anlass sein.

Der Schmerz beim »Ritzen« dient dem Stressabbau, die Teenager fühlen sich danach eine Zeit lang erleichtert

Das größte Problem für Nike waren andere Menschen. Mit 15 kapselte sich das schüchterne und nachdenkliche Mädchen von allen ab und hatte schließlich eine so große Angst vor den Mitschülern, dass es sich nicht mehr in die Schule traute. Eine ambulante Therapie brachte keine Hilfe. „Die Psychologin hat mich nicht verstanden", sagt Nike, „mit ihrem Gerede davon, dass ich eigentlich in die Schule gehen müsse, konnte ich gar nichts anfangen."

Nach einigen Monaten überwies die Psychologin sie in eine Tagesklinik, in der sie neben Therapie auch Unterricht bekam. Doch als sie nach einem Jahr in die Schule zurückkehren musste, war ihr Seelenzustand schon nach einer Woche wieder so wie vor der Therapie. Oft geweint habe sie in dieser Zeit.

Obwohl sie viele Unterrichtsstunden verpasst hatte, schaffte Nike schließlich den Realschulabschluss. Doch dem Druck, der auf ihr lastete, glaubte sie nur noch entkommen zu können, indem sie sich selbst verletzte. Sie schnitt sich die Haut der Arme auf: „Ich wollte endlich etwas fühlen", versucht Nike zu erklären, „und das Schneiden verschaffte mir Erleichterung."

Ein weit verbreitetes Phänomen. Laut einer Befragung der Kinder- und Jugendpsychiatrie des Universitätsklinikums Ulm gab ein Viertel aller Schüler an, sich mindestens einmal absichtlich verletzt zu haben, fast jeder zehnte Schüler sogar immer wieder. Mädchen waren mehr als doppelt so häufig betroffen wie Jungen. Unter jenen Kindern, die sich regelmäßig selbst verletzten, litten viele an psychischen Störungen wie Bulimie oder Depressionen. Der Schmerz, so die Wissenschaftler, dient dem Abbau von Stress, die Kinder fühlten sich danach eine Zeit lang erleichtert und beruhigt.

Nikes große Krise kam schließlich mit 19 Jahren. „Ich habe mich in einer Disco in einen Jungen verknallt", erzählt sie. Doch der wollte nichts von ihr wissen. „Mir war dann einfach alles egal, ich konnte nicht mehr."

Sie schnitt sich, „wie in Trance", im Badezimmer die Arme auf. Doch als sie ihr Blut fließen sah, bekam sie Angst. „Mama, kann man sterben, wenn man sich die Pulsadern aufschneidet?", rief sie. Ihre Großmutter alarmierte den Notarzt.

Damit es erst gar nicht so weit kommt, sei es wichtig, genau hinzuschauen und im Gespräch zu bleiben, sagt Michael Schulte-Markwort. „Eltern sollten signalisieren, dass sie sich Sorgen machen." Statt Fragen zu stellen, die Teenager häufig einfach ignorieren, sei es besser, seine Anteilnahme etwa so zu formulieren: „Du wirkst in letzter Zeit so anders auf mich. Ich frage mich, wie es dir geht." Depressive Jugendliche seien einsame Wesen, die sich aber wünschten, dass man sie rettet.

Wenn Eltern dann eine Therapie für ihr Kind suchen, ist absolute Offenheit wichtig. „Bitten Sie Ihr Kind, mitzukommen und den Therapeuten einfach mal kennenzulernen", rät Schulte-Markwort. „Sie könnten sagen: Nimm dir die Freiheit, dir die Sache mal anzuschauen."

IN DER UNIVERSITÄTSKLINIK, in die Nike eingeliefert wurde, war dann plötzlich alles anders. „Da ging es mir zum ersten Mal richtig gut", erzählt sie. Auf der Station fand sie Gleichaltrige, mit denen sie über alles reden konnte, von denen sie sich nicht be- und verurteilt fühlte, die ähnliche Probleme hatten wie sie. „Ich war endlich einmal keine Außenseiterin mehr."

Heute wohnt Nike in einer betreuten Wohngemeinschaft, jobbt als Kellnerin und macht sich Gedanken über ihre berufliche Zukunft. Den Plan, Erzieherin zu werden, hat sie verworfen. Das Verhältnis zu ihrer leiblichen Mutter ist besser geworden. Nach langer Zeit hat Nike sich ein Herz gefasst und ihr am Telefon erzählt, wie schlecht es ihr die ganze Zeit gegangen ist. Und hat dabei gespürt, dass sie ihre Mutter, die wieder verheiratet ist und weitere Kinder hat, eigentlich nicht mehr braucht. Inzwischen kann Nike sie besuchen, ohne dass es schmerzt.

„Ich habe mir beigebracht, wie ich mich aus einem Gefühlstief befreien kann", sagt Nike stolz. „Ich bin viel stärker geworden." □

MEHR ZUM THEMA:

Andreas Jordan: **Das Eismeer in mir. Gedanken von Kindern und Jugendlichen mit Essstörungen, Depressionen und Psychosen,** Hamburger Kinderbuch Verlag 2007, 176 Seiten

C. Nevermann/H. Reicher: **Depressionen im Kindes- und Jugendalter,** Beck 2001, 256 Seiten

Manfred Döpfner u. a.: **Ratgeber Pychische Auffälligkeiten bei Kindern und Jugendlichen,** Hogrefe 2000, 30 Seiten

www.kompetenznetz-depression.de

Die Hamburger Wissenschaftsjournalistin **Sannah Koch** ist immer wieder von den Höhen und Tiefen des Daseins fasziniert und von der Kraft, die Menschen mobilisieren können. Die Bilder der freischaffenden Künstlerin **Natalie Huth** aus Heidelberg zeichnen sich durch die eigenwillige Technik aus – und behandeln häufig psychologische und familiäre Themen.

Whitney, 15, Paris

Adel, 17, Paris

Die Fotos zu diesem Beitrag stammen aus Catherine Balets Bildband »Identity« über Dresscodes in europäischen Großstädten

WIRTSCHAFT

GELD HER! – ODER: DIE VERFÜHRUNG ZUM KONSUMRAUSCH

Jugendliche haben enorm viel Kaufkraft, und sie beeinflussen die Entscheidungen der gesamten Familie. Mit immer geschickteren Strategien versuchen Unternehmen und Marketingagenturen an die Geldbörsen der Teenager zu kommen

Carolina, 14, Mailand

Robyn, 15, London

VON CHRISTIAN SYWOTTEK (TEXT) UND CATHERINE BALET (FOTOS)

Bei Saft, Cola, Schokokuchen und Salamistullen sitzen vier Schüler im ersten Stock eines Fabrikgebäudes in Berlin-Friedrichshain um einen hellen Holztisch und schauen auf ein Foto. Es zeigt, wie sich eine breite, weiße Linie über einen scheinbar endlosen hölzernen Bauzaun zieht. Auf dem Weiß schlängelt sich ein schwarzer Strich, der mal die Form eines Hasen, mal die eines Schmetterlings oder eines Menschen annimmt und schließlich als Internetadresse www.sky-pen.de zu lesen ist. „Sieht wie Krakelschrift aus", mäkelt Ada, 16. „Nicht so aufregend", meint Antonia, 15.

Nächstes Foto: eine Rolltreppe mit weißem Handlauf, darauf der gleiche schwarze Strich mit der Internetadresse. Das finden alle „cool" und irgendwie interessant. Gut möglich also, dass der Stifteproduzent Herlitz demnächst mit Rolltreppen für seinen „Tintenroller für alle stilbewussten Teens" werben wird: Die Berliner Schüler haben eine neue Werbekampagne der Agentur „cobra youth" getestet.

Eine Erfolgsgarantie ist eine solche Gruppensitzung indes nicht. „Jugendliche sind unberechenbar. Einfach einen Knopf drücken und fertig, so funktioniert das beim Jugendmarketing nicht", sagt der Agenturchef Christopher Schering.

Unzählige Unternehmen und Agenturen wollen an das Geld der Teenager. Um deren geheimen Wünsche zu dechiffrieren oder erst zu wecken, verteilen Trendforscher Fragebögen, stellen sich auf den Schulhof, suchen das direkte Gespräch. Welche Marken sind gerade gefragt? Welche Farben muss man tragen? Sind Palästinensertücher prollig oder nicht? Schreibt noch jemand mit dem Füller?

ES GEHT UM SEHR VIEL GELD. Die 13- bis 17-jährigen Deutschen verfügen jährlich über 4,2 Milliarden Euro, pro Kopf sind das knapp 1000 Euro. Zwei Drittel der jungen Erwachsenen legen sich bei Konsumprodukten auf ihre Lieblingsmarken fest, noch ehe sie 18 Jahre alt sind. Und sie beeinflussen die Kaufkraft der Eltern.

Dabei sind Jugendliche einem immensen Werbedruck ausgesetzt. Allerdings herrsche ein Ungleichgewicht, so der Bielefelder Wirtschaftssoziologe Elmar Lange, denn die manipulativen

Sophie, 14, Berlin Elisa, 16, Paris

Originelle Botschaften verbreiten sich von allein, vor allem, wenn sie nicht als Werbung daherkommen

Kräfte der Unternehmen seien größer als die Möglichkeiten zur Gegenwehr. Außerdem erfüllen Marken bei Heranwachsenden wichtige Funktionen, ob die Eltern das gut finden oder nicht. Die angesagte Jacke, die richtigen Schuhe geben scheinbare Sicherheit in einer Welt, in der Teenager ihren Platz erst noch finden müssen. Und sie dienen der Abgrenzung gegenüber anderen – ein Grundbedürfnis während der Pubertätsjahre.

Andererseits wollen Jugendliche den Eindruck haben, dass sie selbst über das bestimmen, was sie cool finden und kaufen; kaum jemand würde zugeben, einem Trend zu folgen. Außerdem ändern sich die Vorlieben rasch. Was heute „in" ist, ist morgen schon wieder „out".

Reine Produktwerbung in TV-Spots und Anzeigen hat da oft nur noch wenig Chancen. Es geht heute vor allem um das Image eines Herstellers, um die Gedanken und Gefühle, die mit einem Markennamen verbunden sind. Emotionen, der Einfluss von Freunden, die Sucht nach dem ständig Neuen – in diesem psychologischen Dreieck agieren die Gestalter der Markenwelten.

Beispiel Kleidung. Dafür geben Jugendliche den größten Teil ihres Geldes aus, die Konkurrenz ist entsprechend groß. Dennoch verzichtet der Jeanshersteller Levi's seit 2007 auf TV-Werbung, hat stattdessen im Internet eine Musikplattform gegründet und veranstaltet Clubtouren mit Bands. Außerdem stattet das Unternehmen Künstler und Moderatoren im Musikfernsehen aus. Zugleich pflegt der Pressesprecher Alexander Matt ein Netz aus Szenegängern in großen deutschen Städten. „Wir haben jeweils einen Pool von bis zu 50 Leuten. Die laden wir zu Partys an ungewöhnlichen Orten ein, etwa einer Currywurstbude, und statten sie mit unseren Kleidungsstücken aus." Dass diese Aktionen von Levi's gesteuert sind, findet keine Erwähnung.

Eine andere Strategie hat der Konkurrent Lee gewählt. Zentrales Marketinginstrument ist die Internetplattform „Make History". Besucher sehen

Evan, 15, Barcelona

Gloria, 16, Mailand

dort keine Jeansmodelle, sondern können selbst gemachte Fotos einschicken. Die besten Aufnahmen schaffen es als Anzeige in Modemagazine. Was Lee davon hat? „Den Ruf, so etwas zu ermöglichen, das Image", sagt die Marketingchefin Anne Fahr, „letztendlich verkaufen wir ein Lebensgefühl. Aber eine Hose an sich hat nun mal keine Seele."

LEE IST EIN BEISPIEL für den Trend, Internet und reale Welt zu verknüpfen. Rund 80 Prozent aller Jugendlichen informieren sich über neue Produkte im Netz, so eine Allensbach-Studie.

Selbst ganz normale Reklame bleibt, ins Internet gestellt, häufig besser haften als in Form eines TV-Spots – weil sie sich nicht wegzappen lässt. Das gilt etwa für Internet-Computerspiele, bei denen Werbebotschaften stets aktualisiert werden können, zum Beispiel als Bandenwerbung bei virtuellen Autorennen.

Auch die Vernetzung Jugendlicher untereinander mittels Computer und Mobiltelefon ist ein beliebtes Einfallstor für Werbebotschaften. Laut einer Studie haben junge Deutsche im Schnitt 86 Telefonnummern in ihrem Telefon gespeichert und 55 Freunde in diversen Web-Gemeinschaften.

Wer einen einzigen Jugendlichen begeistert, hat die Chance, dass eben dieser die Botschaft an Freunde weiterschickt, die wiederum aufs Knöpfchen drücken. Das nennt sich dann „viraler Effekt". Aber wie pflanzt man ein Virus in die Lebenswelt der Jugendlichen?

Etwa mit dem kleinen Film des Sportartikelherstellers Nike, in dem der Fußballstar Ronaldinho viermal nacheinander gegen die Torlatte schießt – und der 18 Millionen Mal von der Nike-Homepage heruntergeladen wurde, weil jeder sich fragte: Ist so etwas wirklich möglich?

Zum Gesprächsstoff werden statt „Kauf mich!" schreien: Das ist entscheidend beim Jugendmarketing. Originelle Botschaften verbreiten sich von allein, vor allem, wenn sie nicht als Werbung daherkommen.

So gibt es auf „YouTube", dem weltgrößten Videoportal für selbst gedrehte Clips, populäre Filmer, die unter den Nutzern einige Tausend „Abonnenten" haben – Fans, die sich regelmäßig deren neuen Werke ansehen. Felix Holzapfel von der Kölner Marketingagentur „conceptbakery" vermittelt die YouTube-Filmer an Unternehmen, damit sie Werbeclips drehen.

Denn interessanter als ein Werbespot etwa des Fernsehgeräteproduzenten Sharp ist für viele Jugendliche der

Marek, 17, Berlin

Ashley, 17, London

Die Schule als letzte werbefreie Zone ist längst Angriffsziel der Agenturen – »Sponsoring« heißt der Türöffner

neueste Streifen eines bekannten YouTube-Filmers, noch dazu, wenn gar kein TV-Gerät auftaucht und erst im Abspann das Sharp-Logo erscheint.

Inzwischen ist die gesamte Lebenswelt der Jugendlichen fast vollständig von Werbung infiltriert. Entsprechend wächst ihr Misstrauen. „Es gibt ein diffuses Unbehagen“, meint Bernhard Heinzlmaier, Geschäftsführer der Trendagentur „tfactory“: „Man kann kaum mehr einer Botschaft trauen.“

Glaubwürdigkeit heißt die Devise. Und so geht das Rennen zwischen Unternehmen und Kundschaft in die nächste Runde, im Visier: die Schule als letzte fast werbefreie Zone. Reine Produktwerbung ist dort derzeit nur in den Bundesländern Berlin, Bremen und Sachsen-Anhalt gestattet; bundesweit erlaubt ist hingegen das Sponsoring.

So schickte der Traubenzucker-Hersteller Dextro Energy eine junge Gedächtnistrainerin durch 50 Schulen und ließ sie Kurse zum effektiven Lernen abhalten.

„Gut gemachtes Sponsoring ist Partnerschaft auf Augenhöhe“, meint Helmut Schorlemmer, Rektor des Pestalozzi-Gymnasiums in Unna und Schulsponsoring-Berater des Landes Nordrhein-Westfalen. „Wir machen Projekte, die den Erziehungsauftrag unterstützen, und nichts, was den Schülern nur das Geld aus der Tasche ziehen soll.“

Die örtliche Sparkasse unterstützt die Bläserklasse, der Pharmakonzern Schering stiftet Geräte fürs Chemielabor. Hauptgegenleistung, so Schorlemmer, sei der „Spricht-sich-rum-Effekt“. Reklameschilder gibt es an Schorlemmers Gymnasium nicht.

Das Problem beim Schulmarketing: Die Grenzen zwischen plumper Werbung und Sponsoring sind fließend. Der Bundesverband der Verbraucherzentralen hat nach vierjährigem Verfahren eine Aktion der Firma Kellogg endgültig gestoppt, die laut Urteil die geschäftliche Unerfahrenheit von Kindern und Jugendlichen ausnutzte. Die jungen Kunden sollten auf Kellogg-Produkten sogenannte Tony Taler

Daniel, 18, Barcelona

Alison, 16, Paris

sammeln und dann von der Schule abgestempelte Sammelhefte gegen Sportmaterialien wie zum Beispiel ein Badmintonset eintauschen.

Zumindest vorläufig unterbunden haben die Verbraucherschützer eine Aktion von Bahlsen, die laut Gerichtsurteil einen unzulässigen Kaufzwang ausübte. Schüler konnten dabei „Klassenfahrt-Punkte" auf Bahlsen-Produkten sammeln, die sich gegen verbilligte Dreitagereisen eintauschen ließen.

Auch auf Helmut Schorlemmers Schreibtisch stapeln sich Angebote der etwas zweifelhaften Art: Ein Computerspielehersteller möchte Schulhefte stiften – deren Frontseite gleicht einem Reklameplakat. Agenturen bieten werbeverzierte Poster, Freikarten, Schirme und Fußabtreter an. „Aus der Finanznot heraus werden Grenzen überschritten", so Schorlemmer, „vielleicht ist es auch Nachlässigkeit oder Resignation. Die Wirkung auf die Schüler jedenfalls ist verheerend. Schule soll kritische Menschen heranziehen, aber so verkauft sie ihre Werte für billiges Geld."

DIE SCHULD AM VERSCHWINDEN der letzten werbefreien Orte wird häufig allein der Wirtschaft angelastet. Doch das ist zu einfach. „Marketing verfängt sich nur in Lücken, die Eltern und Gesellschaft bei den Jugendlichen hinterlassen", sagt der Frankfurter Psychologieprofessor Henning Haase.

Wer also zu Hause nie über Geld spricht, muss sich nicht wundern, dass Kinder mit Geld nicht umgehen können. „Weniger gefährdet sind Kinder, deren Eltern sie an dem teilhaben lassen, was das Leben sonst noch bietet", erklärt der Psychologe: „Konzerte, Sport, Ausflüge, Gefühle und Gedanken. Aber Eltern müssen natürlich selbst Ziele haben."

Außerdem sollten Jugendliche begreifen, dass Konsum heutzutage ein Teil des Lebens ist. „Also muss man konsumieren lernen, genau wie lesen und schreiben", sagt Haase. „Sparen, disponieren, Preise vergleichen, Geschmack entwickeln – all das gehört zu den Spielregeln unserer Gesellschaft." □

MEHR ZUM THEMA:

Wolfgang Ullrich: **Habenwollen. Wie funktioniert die Konsumkultur?** Fischer 2006, 224 Seiten

Stefan Kuzmany: **Gute Marken, böse Marken. Konsumieren lernen, aber richtig!** Fischer 2007, 192 Seiten

Der Kölner Autor **Christian Sywottek** verbrachte seine Jugendjahre ziemlich werbefrei in der DDR. Wichtig in der Clique war damals der Sound des Motorrads. Sywottek löste das Problem, indem er eine durchlöcherte Coladose aus dem Westen in den Auspuff baute.

Der US-Amerikaner Alex Howard, der als Schüler die »Western Academy of Beijing« besucht, spricht vor der Generalversammlung der »Model UN« – als finnischer Delegierter. Der Rollentausch ist Programm, er soll die Augen für fremde Perspektiven öffnen

NACHWUCHSFÖRDERUNG

DIPLOMAT FÜR 72 STUNDEN

Eine globale Virusepidemie droht, der Friedensprozess in Nahost steht vor dem Scheitern, der Klimawandel muss eingedämmt werden – auf Konferenzen der »Model United Nations« versuchen Teenager, in Rollenspielen die großen Weltprobleme zu lösen. Ein GEO-WISSEN-Team war dabei, als in Ägyptens Hauptstadt Kairo 200 Schüler, die 50 Nationalitäten angehören, drei Tage lang miteinander debattierten

VON UTE EBERLE (TEXT) UND CIRA MORO (FOTOS)

Es ist der letzte Sitzungstag und nicht mehr lang bis zur Mittagspause, als unangekündigt eine Sprecherin in die Generalversammlung der Vereinten Nationen platzt. Sie hat eine Hiobsbotschaft. An mehreren Orten weltweit sei ein unbekanntes Virus ausgebrochen. Tausende von Menschen seien bereits erkrankt. Und immer neue Fälle tauchten entlang der Hauptflugrouten auf. „Die Weltgesundheitsbehörde“, sagt sie eindringlich, aber gefasst, „warnte soeben, dass in den kommenden Wochen Millionen von Menschen sterben könnten.“

Einen Moment lang herrscht Stille. Dann beginnen die Delegierten zu gestikulieren und sich gegenseitig zu übertönen. Man müsse sofort die Grenzen sperren! Nein, die Flughäfen! Und auf jeden Fall die Schulen! „Kinder sind Keimschleudern“, sagt die britische Repräsentantin beschwörend. „Sie schmieren ihren Rotz überallhin!“ Sie demonstriert das am Ärmel des japanischen Vertreters, der angewidert zurückzuckt.

Ein paar Türen weiter, im Sicherheitsrat der UN, geht es gesitteter zu, doch auch hier ist die Stimmung angespannt. Man hat den deutschen Diplomaten zu Konsultationen gebeten. In Frankfurt, so heißt es, tobe die Seuche besonders verheerend. Wäre Deutschland bereit, sich jedem Beschluss des Gremiums zu unterwerfen?, fragt der Abgeordnete Italiens.

Der Deutsche wehrt sich gegen eine solche Blankovollmacht: „Mein Land hat der Welt viel gegeben. Nun braucht es selber

Hilfe. Während wir sprechen, sterben die Menschen. Die Wirtschaft liegt am Boden, Deutschland ist dem Ruin nahe."

NICHT WIRKLICH NATÜRLICH. Der „deutsche Delegierte" ist ein strubbelhaariger Teenager. Der Vertreter Italiens leidet an jugendlicher Akne. Und manche Mitglieder der Generalversammlung können kaum über das Podium hinwegblicken. Auch treffen sie sich nicht im berühmten Sitzungssaal in New York, sondern in einem rotplüschigen Schultheater in Kairo.

Hier findet eine „Model United Nations" (MUN) statt. 200 Teenager zwischen 14 und 18 Jahren haben sich auf dem Campus des „Cairo American College" versammelt, um drei Tage lang das größte diplomatische Gremium der Welt zu simulieren.

Veranstaltungen wie diese gibt es fast überall auf der Welt. Die größte findet jeden Winter in Den Haag statt, wenn 3500 Schüler aus aller Welt eine Woche lang sämtliche Staatsvertretungen, UN-Organe und eine stattliche Zahl an Nichtregierungsorganisationen verkörpern. Bei den kleinsten MUN spielen 15 Schüler einer Klasse einen Nachmittag lang eine Sitzung des Sicherheitsrats nach.

Nach zum Teil wochenlanger Vorbereitung in den Heimatländern geht es endlich los: Die Nachwuchs-Diplomaten versammeln sich an der Privatschule »Cairo American College« in der ägyptischen Metropole

Das Konzept hat Tradition. Sie reicht weit vor die Zeit zurück, da Museen begannen, mit Simulationen Geschichte lebendig zu machen, oder Internetwelten wie „Second Life" virtuelle Realitäten popularisierten – zurück sogar bis vor die Gründung der Vereinten Nationen. In den 1920er Jahren trafen sich einige Studenten der US-Universität Harvard, um den Völkerbund nachzuspielen. Seither hat sich die Idee in über 40 Länder verbreitet, nehmen jährlich ungefähr 400 000 Schüler und Studenten an solchen politischen Rollenspielen teil.

Organisiert von Schulen oder Universitäten, sollen diese Veranstaltungen das Interesse für Weltprobleme sowie das Verständnis für andere Kulturen wecken. Sie bieten dem Nachwuchs Gelegenheit, Führungsqualitäten zu entwickeln, das kritische Denken zu schärfen, sich beim Argumentieren zu messen und eigene Ideen zu präsentieren. Die Jugendlichen lernen, von sich selbst in der dritten Person zu sprechen („Der Delegierte Frankreichs ist nicht einverstanden mit Chinas Vorschlag!"), erstellen Resolutionen zur Lösung internationaler Streitfragen, suchen Verbündete und handeln Kompromisse aus.

Kurzum: Auf einer MUN dürfen Teenager einmal ganz hemmungslos Erwachsene spielen. Und verblüffend ist, wie professionell sie sich in dieser Rolle zeigen.

TAG 1, 8.17 UHR. Eilig aufgehängte, noch knittrige Fahnen säumen das Foyer des Schultheaters. Die „Diplomaten" strömen zur Eröffnungszeremonie. Ihre oft noch linkischen Körper haben sie in dunkle Anzüge und elegante Kostüme gehüllt; etliche tragen Laptops.

Dreizehn Schulen haben Delegationen zur Cairo American College Model United Nations (CACMUN) geschickt. Sie kommen aus Abu Dhabi, Tunesien, Südafrika, Mexiko, Italien, Dubai, Aserbaidschan, China, Sudan, der Türkei und Ägypten selbst. Da es sich um internationale Schulen handelt, sind über 50 Nationalitäten vertreten. Hochgewachsene Schwarzafrikanerinnen plaudern mit Asiaten, blonde Europäer mit dunklen Südamerikanerinnen.

Die meisten haben sich wochenlang auf ihre Diplomatenrolle vorbereitet. Haben Länderprofile studiert, sich mit Botschaftern getroffen, über der UN-Charta gebrütet, sich mit komplizierten Parlamentsprozeduren vertraut gemacht. Ob es etwa zulässig ist, einen Änderungsantrag zum Änderungsantrag einzureichen (ja, es ist gestattet).

Es gibt Schulen, an denen sich bis zu achtmal mehr Jugendliche auf MUN-Plätze bewerben, als angenommen werden. Dann finden mitunter wochenlange Auswahlverfahren statt, bei denen die Anwärter Proberesolutionen erstellen und Testdebatten führen. All das in einer Generation, die in vielen Ländern als politisch desinteressiert gilt, so auch in Deutschland. Dennoch werden MUN auch hierzulande immer populärer, gibt es bereits regelmäßige Treffen in Berlin, Stuttgart und Lübeck.

Das sei kein Widerspruch, sagen Experten. Die sogenannte Politikverdrossenheit sei oft nichts als Parteienverdrossenheit. In vielen Ländern sind es gerade junge Menschen, die sich gesellschaftlich engagieren – etwa um Flüchtlingskindern bei den Hausaufgaben zu helfen, oder um sich in der Schule für Stromsparen einzusetzen. „Entgegen allen Unkenrufen ist dies eine Generation, die sich beteiligen möchte", sagt der Jugendforscher Klaus Hurrelmann von der

Auch das gründliche Aktenstudium muss gelernt sein: Der Kanadier Christopher Tomalty von der »American Cooperative School of Tunis« hat die Interessen Afghanistans zu vertreten

Während einer Pause des Sicherheitsrats diskutieren die beiden für Südafrika sprechenden Delegierten mit Vertreterinnen anderer Länder über die angespannte Lage im Nahen Osten

Universität Bielefeld. „Da ist nichts mehr mit Null Bock."

Das zeigt sich auch bei der CACMUN. Obwohl die Teenager nur drei Tage Zeit haben, wollen sie gleich zwölf Themen behandeln, darunter Sexsklaverei, die Krise in Darfur, die Sicherheit von Kernkraftwerken, den Klimawandel sowie Gen-Patente.

9.23 UHR. EILIG STÜRMT Da-Sol Kuen in den zweiten Stock des American College. Gewöhnlich werden hier Geschichte und Geografie gelehrt, doch heute dienen die Klassenzimmer den Delegierten als Treffpunkt, um Resolutionsanträge zu erarbeiten. Die jungen Leute umlagern die Laptops, debattieren Formulierungen und tippen Entwürfe.

Es ist Da-Sols erste MUN, und die 15-jährige Südkoreanerin sucht Kollegen, die ihre Ideen zur Bekämpfung des internationalen Drogenhandels teilen. Ihr Blick schweift über die gelben Delegiertenschilder, die jeder Teenager an der Brust trägt. Die sind nötig, um zu erkennen, wer für welches Land zuständig ist.

Dabei gilt die MUN-Regel, dass kein Teilnehmer seine eigene Nationalität vertreten darf. Vielmehr schlüpft jeder in die Rolle des Repräsentanten eines anderen Staates, dessen Eigenheiten und politische Ansichten er genau studiert hat, um sie möglichst realistisch vertreten zu können.

In Da-Sols Fall ist das Kuba, ein Staat, von dem sie ursprünglich wenig wusste, der ihr aber imponiert. „Es ist das einzige kommunistische Land, das wirklich Position bezieht", findet sie.

Der Wechsel in eine fremde Nationalität soll die Toleranz fördern und Horizonte erweitern. Der Repräsentant Polens etwa ist ein bebrillter Asiate. Für Estland ist eine Inderin mit langen schwarzen Haaren und Nasenstecker zuständig. Und der Sudan wird von einer kühlen Blonden verkörpert.

Das Rollenspiel befreit die Jugendlichen zudem vom Impuls, das eigene Land in Schutz zu nehmen, und erlaubt es so, unbefangen zum Kern der Sache vorzustoßen. Da-Sol erspäht einen potenziellen Alliierten – den Delegierten Afghanistans – und schießt auf ihn zu. „Du produzierst 92 Prozent des Opiums in der Welt, und ich bin ein Drogentransitland!", sprudelt sie hervor. „Lass uns gemeinsam eine Resolution machen."

TAG 2, 15.07 UHR. Leere Wasserflaschen, abgelegte Jacketts, Hemden, die aus der Hose gerutscht sind, und stapelweise Notizzettel auf den Tischen – der Raum 600 weist alle Indizien einer langen Sitzung auf. Seit dem späten Vormittag debattieren die 15 Mitglieder des UN-Sicherheitsrats das wohl anspruchsvollste Thema der CACMUN-Agenda: eine „umfassende" Friedenslösung für den Nahen Osten.

Dina Elabd, die 17-jährige Ratspräsidentin, hat die Problembeschreibung bewusst weit gefasst. „Man kann Palästina nicht lösen ohne den Irak, und den Libanon nicht ohne Syrien. Das bringt nichts." Als Ägypterin weiß sie nur zu genau, wie überwältigend schwierig das Thema ist. Doch gerade, weil es die Erwachsenen seit Jahrzehnten überfordert, hofft Elabd, „dass wir Schüler Erfolg haben, wo unsere Anführer scheitern".

Und warum auch nicht? Jugendliche sind oft undogmatischer, sehen die Dinge unverkrampfter. Zudem kann es das Weltbild verändern, eine Situation aus einer fremden Perspektive zu betrachten.

Anthony Hogan, der heute erwachsene Präsident von MUNI, einem globalen Internetportal für Model United Nations, erinnert sich noch genau an das erste Mal, als er Israel vertreten sollte. „Ich habe die Israelis damals gehasst", sagt der Afro-Amerikaner. „Ich sah im Fernsehen das Elend der Palästinenser und fand das Land rassistisch."

Bei seinen Vorbereitungen aber erhielt Hogan eine Lektion in Geschichte: die prekären Anfänge Israels, die Attacken der Nachbarländer, die Kriege. „Ich stellte mir vor, wie es wäre, wenn ich in ein weißes Viertel ziehen müsste und die Nachbarn schmissen mit Steinen." Zwar änderte das nichts daran, dass er mit der Politik der israelischen Regierung in vielem nicht einverstanden war. „Aber plötzlich konnte ich die Israelis verstehen."

Rund drei Stunden hat Dina Elabd für die Palästina-Debatte vorgesehen, doch schnell zeichnet sich ab, dass das nicht ausreicht. Immer neue Redner melden sich. Italien will UN-Truppen nach Israel schicken, China plädiert für monatliche Friedenskonferenzen, der Kongo will alle Waffenexporte in die Region kontrollieren lassen. Eine rege Debatte löst der Antrag Indonesiens aus, Jerusalem in eine international verwaltete Stadt zu verwandeln. „Exzellente Idee", applaudiert ein

Dina Elabd und Cole Parry vom Vorsitz des Sicherheitsrats haben kleine Botschaften auf Mitteilungszettel geschrieben, die von einem Saaldiener eingesammelt werden

Ratsteilnehmer. „Wenn sich zwei Kinder um ein Spielzeug streiten, nimmt man es am besten beiden weg.“ Die Abgeklärtheit und Sachlichkeit, mit der die Teenager diskutieren, beeindruckt einen Journalisten der „Daily News Egypt“ derart, dass er später schreiben wird: „Kinder könnten die

Der Sudanese Nazem Elnur vom Cairo American College spricht im Sicherheitsrat für China. Nach 72 Stunden, zehn Resolutionen und einer Konferenzparty reisen die MUN-Delegierten ab – um als ganz normale Schüler in den Unterrichtsalltag zurückzukehren

Welt regieren. Vielleicht sollten sie es.“ Als die Rednerliste auch am Spätnachmittag kein Ende findet, vertagt sich der Rat erschöpft. Im Papierkorb bleibt eine Notiz liegen. „Von China an Ghana. Eure Klausel ist schwach und redundant. Aber weil wir euch lieb haben, unterstützen wir sie.“

TAG 3, 14 UHR. Manche Lektionen, die eine MUN vermittelt, gehen weit über die eigentliche Absicht hinaus. „Diese Hose“, informiert ein Teilnehmer seine Freunde und zupft am Anzug, „ist derart unbequem, dass ich an nichts anderes denken kann.“ Offenbar fühlen viele der Jugendlichen ähnlich. Am letzten Tag wird die Kleiderordnung gelockert. Krawatten und Pumps werden abgelegt, bequeme Sandalen ersetzen hohe Absätze, T-Shirts manche Bluse.

Den Elan bremst das keinesfalls. Als die Konferenz schließt, haben die 200 Teilnehmer insgesamt zehn Resolutionen verabschiedet sowie zwei Streitfälle vor dem Internationalen Gerichtshof beigelegt – eine Effizienz, von der echte Diplomaten nur träumen können.

Natürlich haben die Jugendlichen es leichter als die Erwachsenen. Sie müssen nicht beweisen, dass ihre Resolutionen praktikabel sind. Immerhin werden Beschlüsse der Den Haager MUN stets an die echte UN geschickt, und es heißt, der frühere UN-Generalsekretär Kofi Annan habe sie immer interessiert gelesen. Auch müssen die Teenager keine Ausgaben verantworten, wenn sie etwa fordern, den zum Frieden bereiten Alt-Terroristen der IRA kostenlose Gesundheitshilfe zu gewähren. Und sie dürfen offen ihre Trauer bekunden, als es nicht gelingt, sich auf eine umfassende Nahost-Friedenslösung zu einigen. Zu komplex ist das Thema, zu knapp die Zeit. „Wir hatten so viel mehr erwartet“, seufzt eine 15-jährige Delegierte.

Sie dürfen auch darüber lachen, wenn ausgerechnet der deutsche Vertreter beantragt, die Virusepidemie in den Griff zu bekommen, indem potenzielle Impfstoffe an zum Tode verurteilten Häftlingen getestet werden. Eine solche Krise streuen die Organisatoren auf vielen MUN dazwischen, um die Fähigkeit der Teilnehmer zur spontanen Konfliktlösung zu testen. Im Sicherheitsrat fassen die Jugendlichen dann Beschlüsse, wie sie erwachsenen UN-Vertretern nicht überzeugender hätten gelingen können: schnelle Tests für potenziell betroffene internationale Reisende, Quarantäne von Städten, in denen sich das Virus bereits verbreitet hat, finanzielle Hilfe für arme Länder.

Dass es aber doch Teenager sind, die hier Politik machen, wird spätestens auf der Konferenzparty deutlich, als die ausgehungerten Mädchen und Jungen zum Büfett sprinten und später die Tanzfläche stürmen. Die mitgereisten Lehrer runzeln die Stirn über die House-Musik. Doch die Jugendlichen aus aller Welt wippen im Takt. Der Anwalt Irans tanzt mit den Juristen des Internationalen Gerichtshofs. Die chinesische Repräsentantin des Sicherheitsrates mischt sich unter die Delegierten der Generalversammlung aus Botswana, Afghanistan und der Schweiz. Der Vertreter Ghanas legt eine Breakdance-Einlage hin.

Nur ein einziges Mal möchte man das auch bei den „Großen“ sehen. □

MEHR ZUM THEMA:

www.thimun.org
Website der Den Haager Model United Nations
www.bermun.de
Website der Berliner MUN
www.schulmun.de
Allgemeine Website zum Thema

Die Autorin **Ute Eberle** wurde gebeten, sich in die Weltläufte einzumischen: Eine Schülerin, die die USA vertrat, fragte Eberle als die einzige Erwachsene im Raum, ob es „erlaubt“ sei, dass die USA gemeinsam mit Afghanistan eine Resolution einreichten – sie war sich unsicher, ob die Logik der Erwachsenenwelt eine derartige Koalition zulassen würde. Doch auch Eberle sah sich außerstande, das einzuschätzen. Die Fotografin **Cira Moro** hat für GEO WISSEN zuletzt die EU-Dolmetscher in Straßburg fotografiert.

Jetzt im Handel

Nich’ lang schnacken, Koffer packen:
die deutsche Nordsee.

Kolle Rebbe

In dieser Ausgabe

Sylt
Die Zukunft der Insel.

Heilkraft
Der Reiz des Reizklimas.

Kinder
Wohin bei Schietwetter?

www.geo-special.de

Die Nordsee entdecken mit GEO

LANGZEITSTUDIE

DER FAMILIEN-ERFORSCHER

Der Entwicklungspsychologe Kurt Kreppner hat über Jahre das Zusammenleben in verschiedenen Konstellationen dokumentiert. Sein Fazit: Die Harmonie zwischen alleinerziehenden Eltern und ihren Kindern ist oft trügerisch

VON MATTHIAS PAPE/URSULA OTT (TEXT) UND MARCUS HÖHN (FOTOS)

Alles so schön ruhig hier. Für Professor Kurt Kreppner war es fast erholsam, wenn er zu Besuch bei alleinerziehenden Müttern und ihren halbwüchsigen Teenagern war. Der Wissenschaftler und seine Kollegen hatten während ihrer Studien häufig anderes erlebt. Dreieinhalb Jahre lang besuchten sie alle paar Monate 67 Familien mit pubertierenden Kindern, die meisten sogenannte Normalfamilien. Oft ging es dort ziemlich laut zu: Sie trafen auf maulige Söhne, zickige Töchter, verwüstete Zimmer.

Bei den Alleinerziehenden dagegen schien alles harmonisch zu sein. „Meine Tochter ist schon so selbstständig, die kauft ein und macht das Zimmer sauber", schwärmte eine der Mütter. Und die Söhne erst – vorbildlich. Ersetzten den Heimwerker, reparierten die Spüle, spielten den Beschützer. „Wunderbar" war das alles auf den ersten Blick, erinnert sich Kreppner. Doch auf den zweiten Blick wirkte der Friede trügerisch."

Der kürzlich pensionierte Entwicklungspsychologe war am Berliner Max-Planck-Institut für Bildungsforschung der große Mann der Übergänge: Er hat erforscht, wie Paare Eltern werden. Wie das Erstgeborene vom kleinen Geschwister entthront wird. Wie sich Schulbeginn, Schulwechsel und Pubertät auf die Familien auswirken.

SEIN RESÜMEE nach 30 Jahren: So gut oder schlecht, wie Eltern die frühen Übergänge gemeistert haben, so kommen sie auch mit der Pubertät zurecht. Wer schon dem Zweijährigen Druck gemacht habe, endlich auf den Topf zu gehen, verlange auch vom 15-Jährigen zu viel Eigenständigkeit. „Der Umgang miteinander in der Pubertät", so Kreppner, „fällt nicht vom Himmel."

Manche Familien kennt der Psychologe seit gut 15 Jahren. Es gibt nicht viele Wissenschaftler mit einem so langen Atem. Kreppner hat alles erlebt: Familien, in denen ein Kind gestorben oder die Mutter an Krebs erkrankt ist. Und immer wieder Familien, die zerbrochen sind, weil der Vater weggegangen ist.

Solche Erfahrungen haben seine Skepsis gegenüber den „neuen Familienformen" bestätigt. „Für die Kinder", sagt er – und ihm geht es immer um die Kinder – „wäre es bis auf ganz wenige Ausnahmen besser, die Eltern blieben zusammen."

Kreppner hat für die Langzeituntersuchung 47 Normalfamilien und 20 Alleinerziehende ausgewählt. Zu allen gehörten jeweils zwei Kinder, von denen das Ältere zu Beginn der Studie zwischen elf und zwölf Jahre alt war. Die Jugendlichen mussten zweimal im Jahr einen Fragebogen ausfüllen, und mehrfach rückten die Forscher mit der Kamera an, um Familiendiskussionen zu filmen.

Etwa zu Dauerbrenner-Themen wie: „Das Badezimmer ist jeden Morgen in einem katastrophalen Zustand, wenn das Kind seine Morgentoilette beendet hat." Da sind dann zwangsläufig heftigste Auseinandersetzungen zu beobachten. Aber genau das brauchen die Jugendlichen, sagt Kreppner: Insbesondere in der Konfrontation mit den Regeln der Eltern könnten die Kinder ihre Identität entwickeln.

Bei diesen Konflikten stehen sich in Normalfamilien fast immer die Mütter und die Kinder gegenüber: „Räum dein Zimmer auf!", „Hast du Mathe gelernt?", „Hör doch mal auf zu telefonieren."

DIE FORSCHER FANDEN es erstaunlich, dass es bei den Alleinerziehenden meist viel friedlicher zugeht. Für die Mütter mag das auf den ersten Blick praktisch sein – aber für die Jugendlichen verschwimmt dadurch die für sie wichtige Grenze zwischen den Generationen, sie müssen mit einer Art Freundin oder großen Schwester verhandeln. Und gegenüber einer Freundin fällt Opposition viel schwerer.

»Für die Kinder wäre es bis auf ganz wenige Ausnahmen besser, die Eltern blieben zusammen«

Schon rein äußerlich, so fiel dem Psychologen Kreppner bei seinen Hausbesuchen auf, nähern sich Solo-Mütter und ihre Töchter geradezu krampfhaft an: „Die Frauen machen auf fesch und frisch, dagegen wirken auf den Videos die Mütter in Normalfamilien deutlich gealtert."

Die Kinder der Alleinerziehenden haben letztlich niemanden, von dem sie sich abgrenzen und an dem sie sich reiben können. Warum das wichtig ist? „Die bisherigen, kindorientierten Lebensformen sind in der Pubertät nicht mehr angemessen", sagt Kreppner, „es muss eine neue Balance gefunden werden – und das geht nicht ohne Reibung."

ZWEI FAKTOREN scheinen dabei unheilvoll zusammenzuspielen: Alleinerziehende Mütter sind oft mit der Bewältigung des Alltags enorm belastet: Sie müssen Geld verdienen, die Wohnung in Ordnung halten, die Getränkekisten besorgen, sich mit den Lehrern herumärgern. Und manchmal sind sie auch mit der Suche nach einer neuen Liebe beschäftigt. Derweil lassen sie dem oder der Pubertierenden oft große Freiheiten.

»Kinder Alleinerziehender haben oft Angst vor der Revolte – sie fürchten, von der Mutter verlassen zu werden«

Und das Kind? „Es findet natürlich erst einmal toll, dass ihm so viel erlaubt ist", sagt Kreppner. Und es schlägt dabei ganz selten über die Stränge. Schließlich hat es durch die Trennung der Eltern erlebt, dass selbst Beziehungen in der Kernfamilie nicht von Ewigkeit sind. „Bei den meisten ist die Angst da: Ich darf keine ganz schlimme Revolte machen, sonst verlässt mich die Mutter womöglich auch noch."

Daher die scheinbare Harmonie, wenn das Max-Planck-Team in diese Familien kam. Oft erst gegen Ende der Pubertät beklagten sich die Teenager. Darüber, dass die Mütter nicht da waren, wenn sie gebraucht wurden – oder dass diese ihre Rolle nicht richtig ausgefüllt hätten. Ein Dialog, den die Forscher dokumentiert haben, zeigt dies drastisch: „Ich erzähl dir meine Sorgen und Probleme, und du stehst da und lachst", beklagt sich eine Mutter bei ihrem 15-jährigen Sohn. Und der sagt: „Ich bin nicht deine Mutter. Wenn du Probleme hast, dann kannst du zu weiß ich nicht wem gehen, aber nicht zu mir."

Da erstaunt es nicht, dass diese Kinder sich oft ganz in ihre *peer group* zurückziehen, zu ihren gleichaltrigen Freunden. Spätestens dann, sagt Kreppner, sollte aber Schluss sein mit der langen Leine. „Kümmern Sie sich darum, welche Freunde Ihr Kind hat", rät der Psychologe. Notfalls seien auch Verbote auszusprechen. „Natürlich lehnen Kinder solche Kontrollen erst einmal ab – trotzdem erfahren sie damit, dass die Eltern sich kümmern. Das gehört zum Spiel dazu."

Studien aus den USA zeigen: Wer mit seinen Eltern gut auskommt, hat auch die richtigen Freunde. Kinder von alleinerziehenden Müttern tun sich dagegen oft schwer damit, den passenden Freundeskreis zu finden.

Und was ist, wenn die Mutter selbst gerade frisch verliebt ist, während das Kind in die Pubertät kommt? „Dann ist erst einmal die Hölle los", sagt Kreppner.

Er erinnert sich an eine Familie mit zwei Kindern. Die waren jahrelang allein mit der Mutter, dann zog der neue Freund ein. Nach etwa zwei Monaten sagte der Mann zu dem 14-Jährigen: „Wenn du das nächste Mal auf dem Klo warst, mach doch bitte sauber." Der Junge ging, nahm die Klobürste und warf sie dem Erwachsenen ins Gesicht mit den Worten: „Du hast mir hier gar nichts zu sagen."

Für Kinder, sagt Kreppner, ist der neue Freund der Mutter mitunter eine enorme Bedrohung. Besonders dann, wenn das neue Paar eigenen Nachwuchs bekommt, werden die vorhandenen Kinder häufig an den Rand gedrängt. Manche Evolutionsbiologen behaupten sogar, der neue Mann wolle die Kinder oft regelrecht wegbeißen.

Für die ist mitunter allein das Gefühl bedrückend genug, dass nach Jahren plötzlich jemand kommt, der sie aus ihrer etablierten Rolle als Beschützer drängt, sie sozusagen vom Sockel stürzt. „Eine Art griechische Tragödie", nennt Kreppner das.

In der Familie mit der Klobürste sind die Kinder schließlich zum geschiedenen Vater geflohen. „Wenn wir uns heute die Video-Aufnahmen anschauen, so sind sie bei ihm viel entspannter", sagt der Psychologe. „Es war eine gute Entscheidung."

„DANN GEH ICH HALT ZU PAPA!" In vielen Scheidungsfamilien ist das ein geflügelter Satz während der Pubertät eines Kindes. Wer jedoch zwischen den Eltern hin und her pendelt und sich dort aufhält, wo er oder sie gerade die größten Freiheiten hat, kann so auch allen Konflikten ausweichen. Deshalb ist Kreppner auch kein Freund von Patchwork-Familien: „Oft geht es da unverbindlicher zu, und es gibt nicht so viel Konfliktstoff. Das fehlt den Kindern.“ Außerdem sei es für viele Teenager großer Stress, sich mit neuen Halbgeschwistern anfreunden zu müssen. Auf die und deren Eigenarten treffen sie von einem Tag auf den anderen, statt sich, wie in Normalfamilien, langsam aneinander gewöhnen zu können.

„Stellen Sie sich vor, Sie kommen auf eine Tagung und es ist kein Einzelzimmer mehr frei: Sie können nur noch mit einem anderen Teilnehmer auf ein Doppelzimmer“, erklärt Kreppner. „So ähnlich geht es Patchwork-Kindern.“

Aber schult das nicht ungemein fürs Leben? Sich auf verschiedene Familienkulturen einstellen: bei Mama der Große sein, bei Papa eine Bande neuer Geschwister bekommen? Sich durchsetzen?

Ja doch, sagt der Forscher, es gebe gelungene Patchwork-Pubertäten. Aber nur wenn allen Beteiligten bewusst sei, dass man nicht in einer Normalfamilie lebe. Dass man sich immer wieder zusammenraufen müsse: „Das kann Kinder stark machen.“

Der Preis dafür sei allerdings hoch, besagt die Max-Planck-Studie: Oft sind die Schulnoten deutlich schlechter, weil die Kinder viel Energie brauchen, ihre Beziehungen zu regulieren; sie müssen ständig klären, wer zum inneren Kreis der Familie gehört und wer welche Stellung innehat.

Am besten gelinge das Leben in einer Patchwork-Familie, wenn die Kinder allmählich in eine solche Situation hineinwüchsen, hat der Psychologe beobachtet. Sollten also Eltern, die an Trennung denken, möglichst bald auseinandergehen – solange die Kinder noch klein sind? So weit will Kreppner dann doch nicht gehen.

Aber wenn schon Scheidung, so sollten die Eltern doch zumindest versuchen, in Erziehungsfragen auch nach der Trennung eine gemeinsame Elternrolle aufrechtzuerhalten. Und sehr hilfreich sei bei allem Nach-Scheidungs-Chaos eine verlässliche Bezugsperson.

In der Berliner Studie zeigte sich: Wenn Scheidungskinder eine Großmutter oder einen Großvater als ständig verfügbare Bezugsperson hatten, kamen auch sie vergleichsweise gut durch die Pubertät. „Großeltern spielen in solchen Zeiten eine ungemein wichtige Rolle“, sagt der Forscher.

Eine Erfahrung, die er seit einiger Zeit auch persönlich macht. Noch hat Kreppner ein Büro im Max-Planck-Institut, wo seine Forschungsfilme derzeit digitalisiert werden. Aber schon seit 2004 ist er im Ruhestand, nimmt zwar noch an Tagungen teil, ist im Hauptberuf jedoch Großvater. Und damit ein wichtiger *caretaker*, wie es im Wissenschaftler-Jargon heißt.

Und deshalb hat Kurt Kreppner jetzt auch genug erzählt. „Sie entschuldigen mich bitte“, sagt er höflich, „aber Freitag ist bei uns Enkel-Tag.“ □

Seit Kurt Kreppner im Ruhestand ist, kümmert er sich intensiv um seinen Enkel – und beherzigt damit den eigenen wissenschaftlichen Rat

MEHR ZUM THEMA:
www.familienhandbuch.de/cmain/f_Aktuelles/a_Teilfamilien.html
Herausgeber: Prof. Wassilios Fthenakis, Familienforscher

Die Autoren **Ursula Ott,** stellvertretende Chefredakteurin des Magazins „Chrismon“, und **Matthias Pape,** evangelischer Pfarrer, haben selbst eine gemeinsame Patchwork-Familie – und auch ein Buch darüber geschrieben: „New Family“, Ueberreuter 2002, 150 Seiten. Sie waren erstaunt, dass die Max-Planck-Studie erst Jahre nach ihrem Abschluss gewürdigt wird.

DOMINIK STIEF, 15
Haupt- und Realschule am Dobrock, Cadenberge/Friesland

Mein größter Wunsch:
Frieden auf Erden. Und dass Graffiti-Sprayer mehr Rechte bekommen
Was mir Sorgen macht:
Die Schule nicht zu schaffen
Wo ich mich in zehn Jahren sehe:
Als Maler und Lackierer

MEINE MEINUNG

WAS ICH IMMER SCHON MAL SAGEN WOLLTE

FOTOS: PETRA PAULINA KOHL

Manchmal fällt es leichter, die eigenen Gedanken aufzuschreiben, als sie anderen direkt zu offenbaren. GEO WISSEN hat sieben Jugendliche gebeten zu formulieren, was sie ihnen nahestehenden Menschen mitteilen möchten – sich bislang aber nicht getraut haben

... meiner Mutter:
»ICH VERMISSE MEINEN UNBEKANNTEN VATER«

Du warst erst 16 Jahre alt, als Du mich bekommen hast. Und jetzt als Jugendlicher kann ich verstehen, dass Du keine Lust hattest, Dich um mich zu kümmern. Ich würde in diesem Alter auch nicht gern ein Kind bekommen.

Aber warum hast Du Dich später nicht mehr für mich interessiert? Als Du genug in Discos gefeiert hattest und älter geworden warst? Zum Glück konnte ich sechs Jahre bei Oma leben und danach fast drei Jahre bei Deiner Schwester, die sich gut um mich gekümmert haben. Die hatten mich lieb.

Oma ist leider tot, und meine Tante sehe ich nur selten. Beide vermisse ich manchmal sehr. Ich würde immer noch gern bei Deiner Schwester leben, aber die Wohnung ist ja zu klein. Deswegen bin ich ganz froh, in der Wohngruppe zu sein. Dort lerne ich, was falsch und was richtig ist.

Würde ich bei Dir wohnen, würde ich bestimmt auf die schiefe Bahn geraten. Denn ich habe auch bei Deinen beiden kleineren Kindern nicht das Gefühl, dass sie besonders gut aufgehoben sind: Wenn sie nicht tun, was Du sagst, schreist Du sie einfach nur an. Und für mich, glaube ich, hast Du Dich nie wirklich interessiert.

Wenn ich Dich heute einmal im Monat besuche, nervt es mich, dass Du mich wie ein Kleinkind behandelst. Ich darf zwar bis 21 Uhr draußen bleiben, muss dann aber gleich ins Bett, nachdem ich mir Essen gemacht habe. Reden tun wir kaum, und wir können auch nicht gut miteinander reden. Über Probleme schon gar nicht. Da spreche ich lieber mit der Mutter meines besten Freundes oder mit Frau Wagner aus der Wohngruppe. Eigentlich komme ich nur zum Essen und Schlafen zu Dir, und um meine Freunde zu sehen.

Richtig doof finde ich es, dass Du mir nicht erzählst, wer mein leiblicher Vater ist. Ich habe da zwar eine Vermutung, aber ich würde es sehr gern wissen. Hast Du Angst, dass ich es bei ihm besser haben könnte?

Ich vermisse meinen unbekannten Vater mehr als Dich.

… meiner Stiefmutter:

»ICH WÜRDE DICH GERN MAMA NENNEN«

Im Märchen sind die Stiefmütter böse, aber Du bist die Beste! Deswegen sage ich auch nicht Stiefmutter zu Dir, weil Du wie eine richtige Mutter zu mir bist. Ich würde Dich sogar gern „Mama" nennen, aber irgendwie ist das noch ungewohnt.

Als Papa Dich kennengelernt hat und ich vor anderthalb Jahren zu euch gezogen bin, war ich noch ein bisschen eifersüchtig. Das hat sich aber schnell gelegt, weil Du Dich so gut um mich gekümmert hast. Du hörst mir zu, wenn ich traurig bin oder mir etwas auf dem Herzen liegt. Etwa, wenn ich mal wieder Streit mit meiner leiblichen Mutter habe. Was sie mir angetan hat, ist schlimm, und ich kann ihr nicht so schnell verzeihen. Aber natürlich würde ich gern ein besseres Verhältnis zu ihr haben. Aber darüber zu reden, fällt mir schwer.

Es tut dann doch gut, mit Dir darüber zu sprechen. Außerdem fragst Du, was mit meinen Freunden los ist und wie es mit der Schule klappt – und zwar, weil es Dich wirklich interessiert. Du tust nicht nur so.

Ich freue mich so, dass ich Dich habe. Auch wenn wir natürlich mal verschiedener Meinung sind. Ich finde es auch gut, dass Du mir sagst, wenn Du etwas nicht möchtest – so wie es eine richtige Mutter tun würde. Und natürlich ist es super, dass bei uns viel gelacht und Spaß gemacht wird.

VICTORIA SCHÖNEBERG, 12
Gymnasium Bondenwald
Hamburg-Niendorf

Mein größter Wunsch:
Dass meine Stiefmutter meine richtige Mutter ist und ich noch ein Geschwister bekomme
Was mir Sorgen macht:
Streit mit der leiblichen Mutter
Wo ich mich in zehn Jahren sehe:
Mit Abitur in der Tasche auf der Uni, vielleicht schreibe ich dann auch schon Jugendbücher

… meiner Schwester:

»DU ERFINDEST GESCHICHTEN ÜBER MICH«

Liebe Mira, wir hatten in letzter Zeit oft Streit. Das liegt vor allem daran, dass Du immer im Mittelpunkt stehen musst. Wenn ich Besuch habe, kommst Du ungefragt in mein Zimmer, willst vortanzen, damit alle sehen: Die ist aber cool und toll. Das nervt mich total. Und wenn ich mit meiner Freundin allein sein möchte, Du aber unbedingt mitspielen willst, erfindest Du Lügengeschichten über mich, die ich dann erst mal klarstellen muss.

Auch vor Mama und Papa lügst Du Dir Dinge über mich zusammen. Die wissen dann nicht, wem sie glauben sollen, und wir bekommen beide eine Strafe. Das ist unfair! Oder Du erzählst vor meinen Freundinnen Sachen über mich, die ich Dir im Vertrauen gesagt habe und die mir peinlich sind. Manchmal erpresst Du mich damit, geheime Dinge auszuplaudern, nur um Dein Ziel zu erreichen.

Zum Glück gibt es da auch einige Peinlichkeiten bei Dir, die ich ausplaudern könnte. Deswegen hältst Du Dich dann doch manchmal zurück. Schön finde ich diese Erpresserei nicht! Ich werde in Zukunft besser aufpassen, was ich Dir erzähle, weil Du es gegen mich verwenden könntest.

Außerdem macht es mich wütend und traurig, wenn Du mir meine Freundinnen ausspannen willst. Warum kannst Du nicht akzeptieren, dass ich auch jemanden nur für mich haben will? Und dass ich älter bin als Du! Es nervt total, dass Du Dich dauernd erwachsener machst: Indem Du Dich schminkst und die coolsten Klamotten anziehst. Und wenn Dein Taschengeld aufgebraucht ist und Du nur lange genug bettelst, bekommst Du von unseren Eltern Nachschub! Das finde ich ungerecht.

Aber trotz unserer vielen Unterschiede: Man kann auch viel Spaß mit Dir haben, wie früher, als wir immer zusammen was gemacht haben.

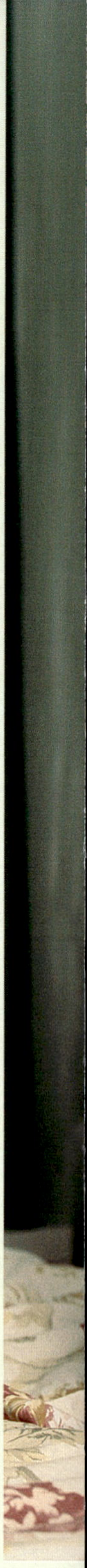

ANNIKA PERLWITZ, 13
Gesamtschule Blankenese
Hamburg

Mein größter Wunsch:
Das Abitur zu schaffen, später ein eigenes Pferd
Was mir Sorgen macht:
Mein Schulabschluss, keinen guten Job zu finden
Wo ich mich in zehn Jahren sehe:
In einer Wohngemeinschaft

JAN SCHWERMER, 13
Gymnasium Köniz-Lerbermatt
Köniz/Schweiz

Mein größter Wunsch:
Dass alle Menschen in Frieden miteinander leben
Was mir Sorgen macht:
Die Schule; besonders Französisch fällt mir schwer
Wo ich mich in zehn Jahren sehe:
An der Universität

... meinem Vater:

»MANCHMAL FÜHLE ICH MICH ALLEINGELASSEN«

Hallo Hepi, ich wollte Dir immer schon mal sagen, dass Du der beste Vater bist, den ich mir wünschen kann. Und zwar, weil Du mich schulisch und seelisch unterstützt. Neulich zum Beispiel war ich sehr traurig, als Du mit Oma und ihrem neuen Freund gestritten hast. Aber es ging mir besser, nachdem Du mir die Gründe dafür erklärt hast.

Außerdem mag ich die kleinen und großen Ausflüge mit Dir. Wenn wir zu zweit im Wald unterwegs sind, habe ich das Gefühl, dass Du mich schon als Großen wahrnimmst. Das ist toll. Aber leider muss ich deswegen auch manchmal sehr selbstständig sein, und das mag ich nicht so.

Wenn ich etwa für die Schule lernen muss und Du mir sagst, dass ich mir selbst überlegen soll, welche Fragen wohl drankommen. Da fühle ich mich alleingelassen.

Es hat mir auch nicht gefallen, dass Du früher oft laut geworden bist, wenn ich nicht gehorcht habe. Schön, dass das jetzt weniger wird.

Dass Du Dich manchmal über mein Hobby lustig machst, mag ich auch nicht. Ich gebe zu: Bei meinem Lieblingsspiel „Warhammer" laufen wirklich seltsame Gestalten herum. Aber ich finde dieses Strategiespiel halt supercool. Dass ich dafür oft tagelang Miniaturfiguren bastele, klebe und werke, hat doch auch was Gutes, oder?

Ich mag es auch nicht, dass Du immer meine kleinen Geschwister in Schutz nimmst. Die nerven mich, und wenn sie nicht mitspielen dürfen, heulen sie sofort los. Dann bin ich der Böse. Grundsätzlich finde ich es jedoch schön, wie Du Dich für mich einsetzt.

Und dass wir jetzt ein Schlagzeug haben, ist wirklich toll!

... einem Jungen:

»DU HAST MICH SEHR ENTTÄUSCHT«

Vor genau zwei Jahren haben wir uns kennengelernt. Damals kam ich gerade aus einer Beziehung und wollte nichts überstürzen, aber Du hast das nicht verstanden. Du dachtest, ich weise Dich ab. Warum? Wir sind doch immer in Kontakt geblieben. Ich habe jeden Tag überlegt, wie es mit uns weitergehen soll, und als ich dann nach zwei Monaten endlich wusste, dass ich länger mit Dir zusammen sein will, hast Du den Kontakt abgebrochen. Warum?

Für mich ist eine Welt zusammengebrochen. Ich konnte nicht fassen, dass alles vorbei war. Ewigkeiten habe ich gehofft, dass wir doch noch zueinanderfinden, aber es war umsonst. Dennoch konnte ich meine Gefühle nie richtig abstellen. Aber ich konnte es Dir nicht sagen, weil ich wusste, es würde mir wieder das Herz brechen, wenn es bei Dir anders aussehen würde.

Dann kam der größte Schock: Als ich von einer Freundin erfuhr, dass Du eine Neue hast. Das war ein Schlag ins Gesicht. Ich dachte, Du würdest mir so etwas erzählen. Dann wäre es einfacher für mich gewesen. Wieder hast Du mein Herz gebrochen. Als ich Dich dann auf Deine Freundin angesprochen habe, hast Du mir freudig erzählt, wie glücklich ihr wärt. Du bist mit ihr sogar nach Paris gefahren. Und das Allertollste: Du wolltest sie heiraten! Dann hat Dich Deine ach so tolle Freundin aber für einen anderen sitzen lassen – und schwups hast Du Dich wieder bei mir gemeldet.

Ich habe mich riesig gefreut und Deine Einladung angenommen. Der Abend war wunderschön, und danach war nichts mehr wie vorher. Ich hatte das Gefühl, bei Dir wäre es genauso. Heute bin ich schlauer. Anscheinend brauchtest Du nur einen Lückenfüller für Deine Ex. Es ging Dir nicht um mich. Du hast mich nur ausgenutzt. Ich weiß nicht, ob ich Dir jemals verzeihen kann, dass Du so mit meinen Gefühlen gespielt hast. Trotzdem bringe ich es nicht fertig, den Kontakt zu Dir abzubrechen. Weil ich Dich eben sehr gern mag.

ISABELL KITTLER, 17
Alexander-Puschkin-Gymnasium
Hennigsdorf bei Berlin

Mein größter Wunsch:
Endlich mal den Richtigen zu finden
Was mir Sorgen macht:
Dass ich die Gefühle für den Jungen immer noch nicht ganz los bin
Wo ich mich in zehn Jahren sehe:
Mit Mann und Kind im Urlaub in Australien

. . . meinem Vater:

»DAFÜR HASSE ICH DICH MANCHMAL!«

Lieber Papa, noch nie habe ich Dir gesagt, dass ich sauer auf Dich bin! Du kümmerst Dich nur um Dein Leben. Gehören wir etwa nicht dazu? Du bist in ein anderes Land gezogen, hast noch einmal geheiratet und hast noch zwei andere Kinder, mit denen Du zusammenlebst. Dario und ich können dagegen nicht bei Dir wohnen.

Wir sehen Dich so selten. Ist es denn zu viel verlangt, dass Du Dich hin und wieder meldest? Oft habe ich das Gefühl, dass Du uns mit Deiner neuen Familie ersetzen möchtest. Dass Dario und ich eher zur Vergangenheit gehören. Wenn ich dann mal zu Besuch bin, hast Du praktisch nie Zeit. Ich habe bei Dir immer das Gefühl, dass ich nicht erwünscht bin. Das macht mich traurig.

Wahrscheinlich wünschst Du Dir perfekte Kinder. Ich bin aber nicht perfekt, das ist doch niemand! Du auch nicht! Oft schon habe ich überlegt, warum Du Deine neuen Kinder lieber hast als uns. Weil wir nicht mehr so klein und süß sind wie sie? Oder unseren eigenen Weg gehen und bestimmte Ziele und unseren eigenen Willen haben? Doch was ist falsch daran? Ich weiß es einfach nicht! Ich hoffe zumindest, dass das der Grund für Dein Desinteresse ist. Denn dann wäre es nicht meine Schuld! Verstehst Du nicht, dass wir Dich brauchen?

Als Du vor fünf Jahren verkündet hast, dass Du noch einmal heiraten möchtest, habe ich gesagt: „Papa, ich will das nicht!" Du sagtest: „Es wird sich nichts verändern, ich werde euch genauso lieben, wie ich es jetzt schon tue, ich bin immer für euch da. Das verspreche ich!" Würdest Du sagen, Du hast Dein Versprechen gehalten? Nein. Denn alles hat sich verändert, und Du warst noch nie für mich da, wenn ich Dich brauchte! Noch nie hast Du mir geholfen, ein Problem zu lösen! Warum also hast Du mir so etwas versprochen?

Oft schon habe ich mir vorgenommen, mit Dir zu reden. Doch immer wieder hat mich der Mut verlassen. Du würdest mich ja doch nicht verstehen. Es macht mich sehr traurig, so zu denken, und es verletzt mich. Dafür hasse ich Dich manchmal!!!

Trotzdem liebe ich Dich, weil Du mein Vater bist, und niemand kann Dich ersetzen, auch wenn er es wollte und sich noch so gut um mich kümmert. Er würde es nicht schaffen, Deinen Platz in meinem Herzen zu bekommen!

LINA HEIN, 14
Ida-Ehre-Gesamtschule
Hamburg-Eimsbüttel

Mein größter Wunsch:
Dass ich und alle um mich herum glücklich sind
Was mir Sorgen macht:
Armut und schlimme Krankheiten! Aber auch, dass ich später keinen Ausbildungsplatz bekomme oder keine Arbeit finde
Wo ich mich in zehn Jahren sehe:
Als Hotelfachfrau möglichst im Ausland, vielleicht in Spanien

LARA SALAMON, 15
Albert-Schweitzer-Gesamtschule
Hamburg Klein Borstel

Mein größter Wunsch:
Ich möchte noch sehr viel Zeit mit meinen Uromas, Großeltern und Eltern verbringen
Was mir Sorgen macht:
Der ewige Streit und Krieg auf der Erde
Wo ich mich in zehn Jahren sehe:
In einem Beruf, der mir viel Spaß macht und bei dem ich viel lernen kann

... meinen Lehrern:
»ICH BIN KEINE LERNMASCHINE«

Vor einiger Zeit war ich auf Euch sehr sauer und wollte am liebsten nie wieder mit Euch sprechen.

Meist denkt Ihr, Ihr könntet mich gut einschätzen, was das Lernen oder Können betrifft. Oft unterschätzt Ihr mich aber, gebt mir ungerechte Noten oder setzt mich in Mathematik- oder Englisch-Kurse, die nicht meinen Fähigkeiten entsprechen. Ich fühle mich dann ungerecht behandelt, diskriminiert und verletzt.

Traut Ihr mir denn gar nichts zu? Bin ich wirklich so doof? Ich zweifle dann an mir selbst. Früher gehörte ich mal zu den Besten, jetzt bin ich plötzlich unter den Schlechteren.

Auch andere Dinge tun mir weh, selbst wenn sie vielleicht nicht so gemeint sind: Etwa wenn einer von Euch mich vor der ganzen Klasse bloßstellt. Wenn ein anderer sich einfach nicht meinen Namen merken kann; ich bin Lara, und darauf bin ich stolz.

Ich möchte von Euch genauso respektvoll behandelt werden, wie ich Euch behandele. Ich möchte, dass mir zugehört wird und dass ich ernst genommen werde, denn das hat jeder verdient. Und vor allem möchte ich menschlich behandelt werden und nicht wie eine Lernmaschine, die sich alles sofort und für immer merken kann. Auch ich mache Fehler, denn ich bin nur ein Mensch.

Das Wichtigste aber: Als Mensch brauche ich das Gefühl, dass ich nicht überflüssig bin, sondern genauso wichtig wie alle anderen. Dazu könntet Ihr ein bisschen mehr beitragen. □

Recherche: Antje Helms

EXPERTEN-MEINUNG

DISTANZIERTE NÄHE UND VIEL GEDULD

Wie können Eltern die Pubertät ihrer Kinder unbeschadet überstehen? Der Erziehungswissenschaftler **WOLFGANG BERGMANN** weiß aus langjähriger Erfahrung, was zählt: Gelassenheit zeigen und viele Dinge mit Humor nehmen – aber bei wichtigen Problemen erreichbar sein. Das hört sich einfacher an, als es ist

ILLUSTRATIONEN: CAROLIN LÖBBERT

Kinder, die sich der Pubertät nähern oder sich gar (horribile dictu!) mittendrin befinden, sind seelisch oft völlig zerrissen. Die Jungen und Mädchen haben mindestens zwei existenzielle Bedürfnisse: Zum einen wollen diese Fast-schon-nicht-mehr-Kinder in der kindlichen Verbindung zu den Eltern verharren. Sie möchten in der Geborgenheit der Familie aufgehoben bleiben. Zugleich aber wollen sie ihre Individualität entfalten, frei und ungebunden, angetrieben von ersten sexuellen Aufregungen; sie wollen die Welt als Abenteuer und in Freiheit erleben.

Beides geht nicht so recht zusammen. Ja, es schließt sich sogar aus.

Hoch angesehen sind Väter, denen es gelingt, sich aus nicht lösbaren Konflikten zurückzuziehen

Beschrieben worden ist diese Zerrissenheit schon oft. Aber dieselben psycho-pädagogischen Schriften, die diesen seelischen Spagat detailliert schildern, unternehmen gleich anschließend den nicht sehr logischen Versuch, darauf mit eindeutigen Ratschlägen zu antworten.

Ich rate dagegen zur Uneindeutigkeit. Das heißt: dem pubertierenden Kind nahe bleiben und gleichzeitig Distanz einhalten. Auch das klingt nicht sehr logisch – aber wir reden ja auch von Jugendlichen und von Pubertät.

Distanz sollten Eltern vor allem zu den eigenen Aufgeregtheiten wahren, die sie in den Pubertätswirren ihrer Kinder heimsuchen. Aber auch Distanz zu dem, was das Kind durchmacht. Man erwirbt Distanz, indem man sich mit einer gewissen fatalistischen Gelassenheit zurücklehnt und beispielsweise denkt: „Das ist nun mal so, lässt sich nicht ändern und geht mit derselben Naturwüchsigkeit, wie es gekommen ist, wieder vorbei."

Merkwürdigerweise wirkt sich eine solche freundlich-entspannte Zurückhaltung äußerst positiv auf das durcheinandergewirbelte Seelenleben der Pubertierenden aus. Nach meiner Erfahrung sind bei diesen Kindern vor allem solche Väter hoch angesehen, denen es gelingt, sich aus nicht lösbaren Konflikten einfach zurückzuziehen.

Väter spielen in der Pubertät ohnehin eine zentrale Rolle. Sie waren schon für das zweijährige Kind diejenigen, die in die enge Mutter-Kind-Bindung einbrachen und das Tor zur Welt aufstießen. In der Pubertät muss der Vater diesen Entwicklungsschritt sichern und vollenden helfen.

Und wie geht das? Durch eine „mitfühlende Abgrenzung", durch „souveräne Präsenz", die sich etwa in Worten äußert wie: „Mir geht es vorzüglich. Wenn es dir heute miserabel ergangen ist, und deinem Gesichtsausdruck nach zu urteilen ist das der Fall, tut mir das sehr leid – ist aber nicht mein Problem." Ausgerechnet Väter, die, gemes-

Kinder wollen behütet werden – am besten so, dass sie es gar nicht groß bemerken

sen an der konventionellen Erziehungsmoral, egoistisch wirken, genießen den meisten Respekt. Ihre unerschütterliche Ruhe fasziniert – und bietet Halt. Den suchen Pubertierende, denn sie wollen gar nicht gleichberechtigt sein. Wer sich aber als Erwachsener in die unzähligen Konflikte dieser Phase verstricken lässt, der wird nicht als stark, sondern als gleichwertig erlebt.

Des Weiteren plädiere ich für eine kritische Selbstüberprüfung. Eltern durchlaufen während der Pubertät ihrer Kinder ebenfalls eine Art pubertäre Krise. Sie müssen einige Allmachtsfantasien aufgeben. Insbesondere sich zu der Einsicht durchringen, dass sie das Leben ihres Kindes nicht länger vollständig regulieren können. Ständige Disziplinierungsmaßnahmen und Strafandrohungen sowie permanente Kontrolle hemmen die kaum begonnene Selbstständigkeit, machen es dem Kind schwerer als nötig, seine Individualität und Identität zu entdecken. Kurzum, sie verlängern das pubertäre Drama ins Unendliche. Und dagegen wehren sich die Kinder. Zu Recht.

Das gilt etwa für den Fall, dass eine Mutter, die bei einem 14-Jährigen die Schultasche durchforstet und schlecht geführte Mappen findet, in ein lang anhaltendes Lamento verfällt. Sie wird nicht damit rechnen können, bei seelischen Nöten ihres Sohnes zu Rate gezogen zu werden.

Wenn ihr Sohn seine Schulmappen nicht ordentlich führt, dann kann sie kontrollieren, bis sie schwarz wird. So viel Kontrolle gibt es gar nicht, dass eine Mutter ihn gegen seinen Willen zu einer geordneten Mappenführung zwingen könnte. Der Wille eines Pubertierenden ist so stark wie der eines Kindes im Trotzalter. Und es geht nicht darum, diesen zu brechen. Vielmehr müssen Pubertierende ihren Willen gegen die übermächtigen Eltern-Figuren behaupten, sie werden sonst seelisch „gestört". Ob Eltern es mögen oder nicht, sie müssen akzeptieren, dass ihr Kind ihnen entwächst, dass es sein eigenes Schicksal hat, und dass sie ihm dies nicht ersparen können. Dass seine Siege nicht ihre Siege und seine Niederlagen nicht ihre Niederlagen sind. In all der elterlichen Sorge und Meckerei steckt nämlich, ganz ähnlich wie in der Unzufriedenheit des Nachwuchses, ein gehöriges Stück Angst vor dem Verlust der Bindung.

Sich nicht von allen Turbulenzen beeindrucken lassen – keine leichte Übung für Eltern

Besser ist es – auch wenn es schwerfällt –, zwei Schritte zurückzutreten. Den Sohn oder die Tochter auch mal „gegen die Wand" laufen lassen, sei es in der Schule oder bei den Freunden. Das kann das ständig schlechte Gewissen der Eltern mildern; vor allem jener mit Erziehungs-Allmachtsfantasien, die sich für alles verantwortlich fühlen, die glauben, sie könnten jedes Ungemach für ihre Kinder abwehren. So ist es aber nicht.

Diese Einsicht entlastet ganz ungemein. Und sie führt dazu, dass die unerträgliche Besserwisserei der Eltern ausbleibt, wenn die Kinder eine Niederlage erlitten haben. Wer nach einem „Versetzung gefährdet" im Zeugnis lostrompetet, er habe es schon immer kommen sehen, wer nach einem Konflikt mit Freunden allen Ernstes darauf hinweist, dass diesen die pubertäre Arroganz des eigenen Zöglings sicher fürchterlich auf die Nerven geht – der stiftet wenig Vertrauen und noch weniger Selbstvertrauen.

Der Kern der Pubertät besteht ja darin, dass ein Kind sich unter mühsamsten seelischen Bedingungen vom „sicheren Ort Familie" lösen muss; jedenfalls ein wenig. Wenn Eltern sich nun ständig in Konflikte verstricken lassen, dann drängen sie dem Nachwuchs neben der ständigen Meckerei auch noch zu viel Nähe auf.

Wenn man es ihnen am wenigsten ansieht, benötigen Kinder ihre Eltern am meisten

Distanz, verbunden mit souverän-freundlichem „Abwarten", ist die bessere Alternative. Noch einmal, weil es so wichtig ist: Sohn oder Tochter streben ein Paradoxon an. Sie wollen total unabhängig sein und gleichzeitig die Geborgenheit verlässlicher Eltern spüren. Wenn etwa die Mutter aus gegebenem Anlass das Verhalten des Sohnes kritisiert, dann reagiert der zwar mürrisch-verschlossen, hört sich die Einlassungen aber mit oft erstaunlicher Geduld an. Nichts ist eindeutig in dieser Phase. Achten Sie mal darauf.

Haben Eltern eine innere Distanz gefunden, besteht eine große Chance, dass die Kinder sie gerade deshalb als Ratgeber aufsuchen – so als hätten sie alle Antworten auf die Weltprobleme. Denn eines dürfen Eltern nicht vergessen: Kinder lieben und benötigen sie dann am meisten, wenn man es ihnen ganz und gar nicht ansieht. Haben die Eltern Ruhe bewahrt, sind sie auch in der Lage, die meist urplötzliche Bindungssuche ihrer Kinder wieder anzunehmen.

Daher ist ein gut gelaunter Vater sehr viel wichtiger für sein Kind als ein sorgenvoll vergrämter – als einer, der sich vor jedem Mathematiktest von der Prüfungsangst des Kindes anstecken lässt, stundenlang mit ihm lernt, dessen miese Stimmung gekränkt zur Kenntnis nimmt und sich schließlich nach ein, zwei Stunden Lernerei in einer fruchtlosen Auseinandersetzung mit dem Kind verstrickt.

Das Sich-Heraushalten birgt natürlich Risiken. Das ist gar nicht anders möglich. Es könnte zum Beispiel sein, dass ein pubertierender 14-Jähriger viel zu spät um Hilfe nachsucht, wenn etwa die schulische Situation schon derart festgefahren ist, dass eine einzige Fünf das endgültige Aus bedeutet. Dann heißt es, nicht besserwisserisch zu sein, aber auch nicht ängstlich. Bedeutet eine weitere Fünf in Mathematik, dass der Sohn eine Klasse wiederholen muss, dann ist das eben so. Es ist seine Fünf, er wiederholt die Klasse, er muss damit fertig werden.

Viele Eltern stellen sich jetzt die Frage, ob sie ihr Kind einfach ins Unglück rennen lassen sollen. Zum einen aber ist ein wiederholtes Schuljahr kein Weltuntergang – zum anderen haben sie gar keine Wahl. Aufgezwungene Hilfe, die theoretisch hätte rechtzeitig kommen können, ist fast immer fruchtlos. Ich kenne unzählige Pubertierende, die ihren Eltern die Schuld geben, wenn sie in der Schule versagen. Mit dem Hinweis, dass deren fortwährendes Nörgeln und Drängeln sie in eine fatale Abwehr gegen Schule und alles, was nach Leistung riecht, gedrängt hätte. Versuchen Sie einmal einen 14-Jährigen von dieser Meinung abzubringen!

Viel besser ist es, geduldig abzuwarten, dass Sohn oder Tochter um Hilfe bitten. Manchmal rechtzeitig, manchmal eben nicht. Erst wenn der Sohn, zögernd und hoffentlich mit ein wenig schlechtem Gewissen, um Hilfe nachfragt, wird er sie auch annehmen. Mädchen entfalten dabei oft eine eigenwillige Mischung aus Koketterie und mauligem Trotz. Eltern helfen übrigens vor allem durch ihre Präsenz. Indem sie deutlich machen, dass sie ihr eigenes Leben im Griff haben, dass es Möglichkeiten gibt, seine beruflichen Aufgaben mit Spaß zu erfüllen, erfolgreich zu sein, ohne dabei permanent in Hetze zu verfallen.

Spätestens jetzt werden sich Sohn oder Tochter mit den Eltern identifizieren. Sie verkörpern in solchen Lebenskrisen (und es sind Krisen!) den seelischen Ausweg. Vermitteln Gewissheit, dass jedes Mal, wenn eine Tür zuschlägt, eine andere aufgeht. Sie sind der Fels in der Brandung der pubertären Wirren.

In Konfliktsituationen kommt es sehr auf Details an. Eltern sollten keine unnötig optimistischen Versprechungen machen, etwa: „Das kriegen wir schon hin.“ Es gibt Konflikte, die kriegt man nicht hin, selbst beim besten Willen nicht. Gelassen sollten sie sich mit Sohn oder Tochter zusammensetzen und etwa sagen: „Na, wollen wir mal sehen, wie wir aus dieser Nummer wieder rauskommen. Papa und Mama sind an deiner Seite, wenn etwas schiefgeht. Verantwortlich bist aber du ganz allein, niemand sonst.“

Sie sind präsent, nehmen ihrem Kind jedoch nicht die Eigenverantwortung ab. Wenn Eltern diesem Gedanken ein wenig nachlauschen, spüren sie schon, wie viel seelischen Aufwand und Energie ausgerechnet dieses Distanzhalten erfordert. Dass es mindestens so anstrengend ist wie das ewige Dreinreden, Korrigieren und Kontrollieren.

Jugendliche schieben nur allzu bereitwillig ihren Müttern die Schuld an jedem Versagen und jedem Fehlschlag zu. In diesen Vorwürfen äußert sich ein Ur-Konflikt: Mit einem Teil ihrer Seele wollen die Jugendlichen sozusagen an die Mutterbrust zurück oder am liebsten gleich ganz im Bauch der Mutter verschwinden – mit dem anderen Teil wollen sie genau das Gegenteil, nämlich wild um sich schlagend das Erwachsensein erzwingen. Sie nörgeln an ihren Müttern herum, finden sie mal total peinlich, dann wieder viel zu jugendlich-attraktiv (was ihrer festen Überzeugung nach ausschließlich ihnen selbst zusteht).

Wann ist ein Mensch interessant für Kinder? Wenn er ständig Vorschriften macht? Wohl kaum!

Distanz zu halten ist dann sehr anstrengend. Mitunter müssen sich Eltern von dem Anblick kindlich-jugendlicher Verzweiflung, dem Schmerz oder der Hilflosigkeit der Heranwachsenden regelrecht losreißen, um sich nicht verstricken zu lassen.

Fragen wir uns noch einmal: Wann ist ein Mensch interessant? Wenn er ständig um uns herumspringt und uns Vorschriften macht und im Übrigen darauf hinweist, dass er alles schon immer gesagt habe? Wohl kaum. Interessant ist ein Mensch, wenn er sich mit interessanten Dingen befasst, wenn er eine gewisse Zufriedenheit, Integrität oder gar eine Erfüllung in seinen beruflichen oder sonstigen Tätigkeiten zu erkennen gibt. Wenn er einen freundlichen, ja liebevollen, aber gleichwohl distanzierten Blick auf mich richtet. Dieser Blick zeigt mir, dass ich seine

Verbundenheit trotz Verschiedenheit – das ist die Kunst der Erziehung

Zuneigung, sogar seine Liebe erwerben kann, wenn ich mich darum bemühe.

Eigentlich liegt alles auf der Hand. Eigentlich ist alles ganz klar. Begriffe wie „Präsenz" und „Integrität" sagen sich allerdings schnell dahin, sind aber nicht leicht vorzuleben. Stärke kann man nicht einfach behaupten. Persönliche Integrität muss man leben. Ein Vater, der mit hochrotem Kopf Befehle brüllt, fällt als Vertrauensperson oder gar als Vorbild erst einmal aus. Nirgends macht sich Gehorsams-Pädagogik so nachhaltig lächerlich wie in Pubertätskonflikten.

Eltern dürfen auch auf gar keinen Fall neuesten Moden hinterherrennen, mag die Tochter noch so sehr davon schwärmen. Alles Mitschwärmen wird ihnen als Schwäche ausgelegt. Sie dürfen natürlich andererseits nicht alles Modische rigoros ablehnen oder gar auf dem „Guten/Alten/Bewährten" beharren, das wird ihnen als Halsstarrigkeit und Zeichen beginnender Altersdemenz ausgelegt.

Nichts ist einfach in dieser Zeit. Aber auch nicht ganz so schwierig, wie es einem mitunter suggeriert wird. Wenn Eltern ihr Selbstbewusstsein von Pubertätskonflikten nicht eintrüben lassen, wenn eine liebevolle Mutter trotz töchterlicher Launen und eines mauligen Sohnes ihren

Manche Väter werden erst durch die Pubertät ihrer Kinder so richtig erwachsen

Spaß am Leben nicht verliert, dann hat sie bei ihrem Kind einen gewaltigen Kredit. Das gilt seltsamerweise völlig unabhängig davon, dass Eltern für ihre Kinder phasenweise peinlich, anstrengend und nervend sind. Eltern müssen sich über eines klar werden: Sie können tun oder lassen, was sie wollen, daran ändern sie nichts. Das steht einfach nicht in ihrer Macht.

Eltern müssen also richtig „erwachsen" sein. Manche Väter werden es erst durch die Pubertät ihrer Kinder. Sie müssen die Fähigkeit haben, die kritischen Blicke eines ihnen vertrauten Menschen und die permanente Nörgelei an ihrer Person gelassen und humorvoll hinzunehmen. Sie müssen so selbstsicher sein, dass nicht jeder missbilligende Blick sie gleich umwirft. Gelingt ihnen das, kann diese „kritische Phase" ihre familiären Beziehungen langfristig festigen.

Kinder haben ein untrügliches Gefühl für die Schwäche von Erwachsenen. Aber auch für deren Stärke. Wenn Eltern hin und wieder eine selbstkritische Bemerkung einstreuen und deutlich machen, dass sie das Verhalten des Sohnes und der Tochter noch nicht von jener Reife geprägt sehen, die diese sich selbst zuschreiben, dann ist es sehr wahrscheinlich, dass sie nach Ablauf der anstrengenden Monate in den Augen ihres Kindes noch einmal erheblich gewachsen sind.

Warum waren die Eltern denn so „peinlich" für ihr Kind? Doch nur, weil es in seiner Selbstfindung noch ganz in der Identifizierung mit ihnen verstrickt war. Das ganze Kritteln und Nörgeln ist zum einen eine Art von Selbstkritik; zu der ist ein Mensch nie wieder so schonungslos begabt wie in der Pubertät. Zum anderen ist es eine Selbstfindung über das Vorbild der Eltern. Genau deswegen schmerzt jede Schwäche dieses Vorbildes einen Teenager so maßlos. Haben Eltern seinen oder ihren Respekt ihnen gegenüber aber bewahrt, oder ist er gar gewachsen, dann werden sie mehr wertgeschätzt als je zuvor.

Gelassenheit und Distanz. Abwarten, bis die schwierigen zwei, drei Jahre vorüber sind. Humorvoll mit den eigenen Schwächen und Aufgeregtheiten umgehen, mit der Wankelmütigkeit und dem Missmut des Kindes. Zugleich dessen Selbstverantwortung stärken, ihm die Selbstverantwortung nicht einfach abnehmen. Bei wichtigen Problemen als erstklassiger Tröster zur Verfügung stehen. So überdauert jede Familie die Pubertät. □

Wolfgang Bergmann leitet das Institut für Kinderpsychologie und Lerntherapie in Hannover. Er ist Vater von drei Kindern und Autor diverser Erziehungsratgeber, darunter „Gute Autorität", „Die Kunst der Elternliebe" und „Das Drama des modernen Kindes". Dieser Beitrag ist ein gekürzter und neu bearbeiteter Text aus Bergmanns neuem Buch „Disziplin ohne Angst" (Beltz 2007, 184 Seiten).

SPIEGEL WISSEN?
Spielverderber!
SPIEGEL WISSEN ist das neue, unentbehrliche Online-Lexikon.
Es vereint klassisches Lexikonwissen aus dem Hause Bertelsmann mit
dem kollektiven Wissen von Wikipedia und dem SPIEGEL-Archiv.
Drei Perspektiven auf einen Klick. www.wissen.spiegel.de
SPIEGEL WISSEN
Das Lexikon der nächsten Generation.

GEO-WISSEN-RÄTSEL

WER WOHNT **WO?**

Jugendzimmer sind intime Rückzugsorte, Außenstehende dort also unerwünscht. Für den GEO-Fotografen **Malte Jäger** haben zehn Jungen und Mädchen eine Ausnahme gemacht. Doch wer gehört in welchen Raum? Die Auflösung finden Sie auf Seite 144

»Meine Schwester und ich verstehen uns super, und wir haben auch den gleichen Geschmack: Monrose und Bollywood-Musik. Uns fehlt aber ein Schreibtisch« **A**

»Unordnung mag ich überhaupt nicht, deshalb räume ich auch immer freiwillig auf. Gern hätte ich noch ein großes Bücherregal, in weiß« **B**

»Ich bin Reptilienfan, dem muss sich alles in meinem Zimmer unterordnen. Ein Terrarium habe ich extra von einem Glaser anfertigen lassen« **C**

»Wenn ich nicht mit der Eisenbahn spiele, kann ich sie einfach unter die Decke ziehen. Dann habe ich richtig viel Platz zum Musik machen« **D**

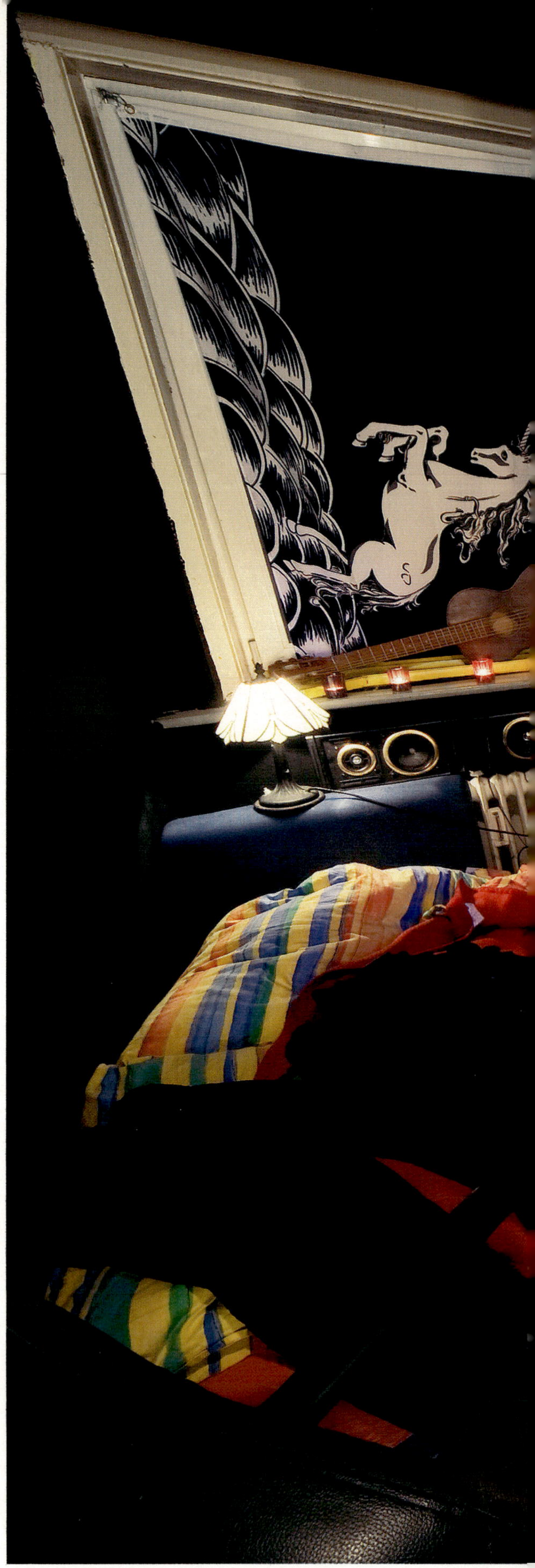

»Letztes Jahr habe ich mein Zimmer schwarz gestrichen, einfach weil ich die Farbe mag. Meine Freundin findet das auch okay. Ich bin gerade in der Tischlerlehre und möchte mir bald einen größeren Schreibtisch bauen« E

»Es sieht keineswegs immer so aus bei mir, aber Aufräumen ist nicht so mein Ding. Das Zimmer ist mein Rückzugsraum, und wenn meine fünf Geschwister oder Eltern reinkommen wollen, müssen sie anklopfen«

F

»Meine Modellflugzeuge und die Poster motivieren mich immer sehr bei den Hausaufgaben, denn ich will später unbedingt Pilot werden« **G**

»Als ich hier eingezogen bin, habe ich selbst die Wände gestaltet. Meine Freundinnen finden das super und übernachten gern bei mir« **H**

»Ich bin schon ewig HSV-Fan und spiele auch selbst ständig Fußball. Für mein Zimmer wünsche ich mir noch einen Sandsack, zum Boxen« **I**

»Ich stehe ziemlich auf Rosen und die Farbe Rosa. Meine Familie und meine Freunde schenken mir zu Geburtstagen dann manchmal Deko für mein Zimmer. Den Einrichtungsstil habe ich bei Ikea entdeckt« J

Die Auflösung. Hätten Sie es gewusst? Auch die Redaktion und der Fotograf hatten keine leichte Aufgabe. Gesucht waren nicht ganz alltägliche Mädchen- und Jungenzimmer und Bewohner, die uns hereinbaten. Manchmal war ein Jugendlicher begeistert von der Idee, aber die Eltern waren es nicht; mitunter hätten diese zwar alle Türen geöffnet, aber der Nachwuchs wollte seine Privatsphäre nicht der Kamera preisgeben

HIER WOHNE ICH

Hasret Dag, 12, und Ebru Dag, 11, teilen sich Zimmer »**A**«

Louise Kühns, 13, sitzt häufig im Lesesessel und liest Krimis in Zimmer »**B**«

Isabel Klinge, 17, lässt sich auf dem Kopf herumtanzen in Zimmer »**C**«

Niklas Paschburg, 13, hat Vertrauen in die Schwebe-Bahn in Zimmer »**D**«

Björn Schulz, 17, spielt oft stundenlang »Counter-Strike« in Zimmer »**E**«

Nicole Schlichting, 16, schafft sich ihren Freiraum in Zimmer »**F**«

Johannes Heller, 18, betreibt einen Modellbau-Hangar in Zimmer »**G**«

Vivien Leszczyk, 15, würde nichts verändern wollen an Zimmer »**H**«

Friedemann Peters, 14, geht seine Privatsphäre über alles in Zimmer »**I**«

Aika Herrmann, 16, hat meist nur abends Zeit für Zimmer »**J**« □

Rebecca Hartl, 16, lebt mit Mutter, Stiefvater und Halbbruder in Holzkirchen. Sie geht in die 10. Klasse des Gymnasiums Tegernsee. Mehr als zweieinhalb Jahre lang wurde sie von einem Kamerateam des ZDF für die Dokumentation »Zeit der Wunder: Wenn Kinder in die Pubertät kommen« begleitet

Renke von Lienen, 16, lebt mit Mutter und Stiefvater in Leipzig; dort hat er auch noch zwei Stiefgeschwister. Renke besucht die 10. Klasse der Nachbarschaftsschule Leipzig. Auch er ist einer der Jugendlichen aus der ZDF-Dokumentation »Zeit der Wunder«

Prinz Asfa-Wossen Asserate, 59, wurde in Addis Abeba als Großneffe des ehemaligen äthiopischen Kaisers Haile Selassie geboren. Er hat in Tübingen und Cambridge studiert und promovierte in Frankfurt am Main zum Dr. phil. Bekannt geworden ist er als Autor des Buches »Manieren«, das von der Kritik als »grandioses, sprachmächtiges Sittenbild unserer Zeit« gefeiert wurde. Asserate arbeitet heute als Unternehmensberater für Afrika und den Mittleren Osten

Adriano Sack, 40, hat Architektur studiert und ist über den Journalismus zur Schriftstellerei gekommen. Er leitete das Kulturressort der »Welt am Sonntag« und hat mit dem Buch »Manieren 2.0« so etwas wie die Stilbibel für das digitale Zeitalter entworfen. Sack ist Mitgründer des Social Network »ilikemystyle.net«. Er lebt als Autor in New York

GEO-WISSEN-GESPRÄCH

Verfall von Sitte und Moral?

Ist die oft gehörte Klage über schlechte Manieren junger Menschen tatsächlich berechtigt? Sind Benimmkurse an Schulen sinnvoll? Und wie verändern Mobiltelefon und Internet den Umgang miteinander? Darüber diskutierten im Frankfurter Literaturhaus Jugendliche mit Erwachsenen

MODERATION: JOHANNA ROMBERG UND CLAUS PETER SIMON; FOTOS: ANDREAS TEICHMANN

GEO: Herr Asserate, wir sitzen hier mit zwei 16-Jährigen zusammen. Was gebieten die guten Manieren – sollten die Erwachsenen die Jugendlichen duzen oder siezen?

Asfa-Wossen Asserate: Normalerweise würde ich Jugendliche ab 16 siezen. Als Zeichen dafür, dass sie praktisch erwachsen sind. Aber ich weiß natürlich nicht, ob sie das überhaupt möchten. Vielleicht denken sie: „Ich will meine Jugend noch genießen, und wenn man anfängt mich zu siezen, ist die schöne Zeit vorbei." Man muss es im besten Falle aus der Situation heraus erspüren.

Rebecca Hartl: Ich finde es persönlicher, geduzt zu werden. Siezen lassen kann man sich, wenn man alt ist, immer noch lange genug. In der Schule steht es uns ab der zehnten Klasse frei, ob wir geduzt oder gesiezt werden wollen. Aber die meisten lassen sich duzen.

Asserate: Aber ihr duzt die Lehrer nicht, das ist Gott sei Dank noch nicht so weit?

Adriano Sack: Besser gesagt, nicht mehr so weit. Bei uns, in der Generation der 40-Jährigen, haben die Lehrer ja zum Teil darauf bestanden, geduzt zu werden.

Asserate: Das kann ich nicht gutheißen. Die Kinder sollten nicht das Gefühl haben, dass die Lehrer ihre Kumpel sind. Denn sie wollen von ihnen lernen, wollen auch Respekt vor ihnen haben. Das funktioniert mit einem Du nicht.

Renke von Lienen: Bei uns an der Schule ist es üblich, die Lehrer zu duzen. Ich finde das aber sympathisch, weil es einen auf eine Ebene stellt. Auf meiner vorigen Schule war das nicht so, daher fällt mir das Duzen manchmal noch schwer. Es ist einfach seltsam, wenn man sich im Unterricht meldet und sagt: Gabi, kannst du mir das an der Tafel noch mal erklären?

GEO: Ist das ein Zeichen unserer Zeit, dass man sich ständig fragt: „Wie muss ich mich jetzt verhalten?" Gibt es kein allgemeinverbindliches Regelwerk mehr?

Asserate: Wir haben keine Instanz, keine Autorität, die bestimmt, wie wir uns anziehen und wie wir uns anderen gegenüber verhalten sollen. Der Deutsche Tanzlehrerverband wird immer mal gern mit Einschätzungen zu Benimmfragen zitiert, etwa ob man den Smoking auch tagsüber tragen oder Kartoffeln mit dem Messer schneiden darf. Aber darüber kann man nur lächeln.

GEO: Andererseits ist es kein Zufall, dass gerade in letzter Zeit mehrere Bücher zum Thema Manieren erschienen sind.

Asserate: Bei uns ist zwar keine Klassengesellschaft entstanden, aber zumindest eine Ellenbogengesellschaft, in der viele Menschen nicht mehr wissen, wie sie mit anderen umgehen sollten. Und dagegen wehren sich viele junge Menschen. Zu Recht.

Renke: Es gibt aber auch eine Menge Jugendliche ohne Manieren, die laufen durch die Straßen und pöbeln einfach andere Menschen an. In dem Leipziger Stadtteil, in dem ich wohne, ist es sehr viel schlimmer geworden, als es früher war: Da wird nachts um eins das Fenster aufgemacht und Techno-Musik brüllend laut aufgedreht.

»Wir haben keine Instanz, keine Autorität, die bestimmt, wie wir uns anderen gegenüber verhalten sollen«

Asfa-Wossen Asserate

Asserate: Es gibt eine eigentümliche Mischung aus Herablassung und verstohlener Neugier – ja, sogar einer gewissen Sehnsucht – nach guten Umgangsformen. Gerade unter jungen Menschen. Auf einer Lesung sagte mir ein Jugendlicher einmal „Ich möchte Sie nicht beleidigen, aber Sie müssen wissen, dass ich es Ihrer Generation zu verdanken habe, dass ich heute so frieren muss." Damit meinte er die Kälte in der Gesellschaft. Daran ist meine Generation schuld, die 68er. In dem Bemühen, jedweden Mief loszuwerden, haben wir alles getilgt, was den Anschein von Tradition erweckte. Daher gibt es heute kaum ein Volk, das so unsicher und so unzufrieden mit sich selbst ist wie die Deutschen.

Sack: Das ist aber nicht den 68ern anzulasten. Schließlich hat deren Elterngeneration den Nationalsozialismus angezettelt und damit das bürgerliche Deutschland zerstört. Im Nachkriegsdeutschland herrschte unter den Traditionsruinen ein moralisches Vakuum. In Frankreich dagegen sind die 68er an der versteinerten Gesellschaft geradezu abgeprallt.

Asserate: Die Proletarisierung der Gesellschaft ist ein globales Phänomen. Wenn Sie dann allerdings den englischen Hooligan mit dem deutschen vergleichen, erscheint der deutsche als eher harmlos.

GEO: Ist schlechtes Benehmen eine Frage von sozialer Schichtung?

Asserate: Mitnichten. Hochgebildete Menschen sind oft nur in der Lage, ihre schlechten Manieren besser zu verbergen.

GEO: Was genau zeichnet denn einen Menschen mit guten Manieren aus?

Asserate: Das ist jemand, der auf die Gefühle anderer so achtet, als wenn es seine eigenen wären. Und er würde es sich nicht anmerken lassen, wenn er auf einen Menschen mit schlechten Manieren trifft.

Sack: Auf manchen Gebieten gelten lockere Umgangsformen ja geradezu als Vorbild. Damit meine ich nicht Dieter Bohlen oder Paris Hilton, sondern eher die jungen Internet-Millionäre, die schlechte Manieren mit nachlässiger Kleidung verbinden. Die sind mit Mitte 20 plötzlich reich und senden das Signal aus: Du kannst alles erreichen, ganz gleich, wie du dich benimmst.

GEO: Auch die Zurückhaltung beim Alkoholkonsum scheint für manche Jugendlichen nicht oberstes Gebot zu sein. Wir haltet ihr es damit?

Rebecca: Ich trinke ab und zu etwas und habe auch schon mal zu tief ins Glas geschaut – aber nie tagsüber. Das finde ich total abstoßend.

Renke: Also, wenn man Sport gemacht hat, zum Beispiel den ganzen Tag in der Sonne Kanu gefahren ist, und dann einen halben Liter Hefeweizen trinkt, das ist einfach lecker.

Rebecca: Auch am Geburtstag. Ich habe meinen 16. mit einem Freund gefeiert, der 18 wurde. Wir hatten für jeden Gast zwei, drei Flaschen Bier eingeplant. Meine Mutter hat da aber nicht mitgespielt. Am Ende hatten dann viele Leute ihren eigenen Kasten Bier dabei. Es waren einige darunter, die waren ganz schön betrunken, aber immerhin hat sich keiner übergeben. Das ist auf anderen Partys extremer.

Renke: An meinem 16. Geburtstag hat jemand in die Suppe gekotzt, die auf dem Tisch stand. Das hätte er ja wenigstens unter dem Tisch machen können.

Asserate: Mich würde interessieren, ob es Rebecca und Renke weiterhelfen würde, wenn sie wüssten, es gäbe eine Instanz, die über Manieren entscheidet?

Rebecca: Eigentlich nicht. Eine Klasse an meiner Schule hat einen Benimmkurs gemacht, aber im Alltag haben sich die Jungen und Mädchen dadurch nicht verändert. Das war eher wichtig für Bewerbungen und den Übergang in die Berufswelt.

Sack: Ich halte so etwas für unnütz. Der beste Benimmkurs ist eine Reise ins Ausland. Wenn man sich ohne Freunde und Familie in einer fremden Umgebung bewähren muss. Das schult den Blick für das Verhalten anderer. Zudem stellen sich viele neue Fragen, wie „Darf ich mich am Strand komplett ausziehen?“ oder „Gebe ich zur Begrüßung die Hand?“. Dadurch verstärkt sich die Sensibilität für das Verhalten anderer und zugleich auch für das eigene.

Asserate: Benimmkurse decken selbst im besten Fall nur einen kleinen Teil der Manieren ab. Manche Benimmregeln muss man einfach intus haben, auch ohne Kurs. Aber das Wesentliche für die Manieren ist die Herzensbildung. Jemand kann noch so perfekt gekleidet sein und beste Tischmanieren haben – ohne Herzensbildung ist das künstlich.

Das Mobiltelefon von Asserate klingelt.

Asserate: Oh, Entschuldigung. Das ist unmanierlich.

Rebecca *(lacht)*: Das wollte ich auch gerade sagen.

GEO: Aber woher soll die Herzensbildung kommen, wenn es stimmt, das die 68er alle Manieren abgelegt haben?

Sack: Die 68er haben ja keinesfalls die Herzensbildung abgeschafft. Im Gegenteil. Die heutige Generation hat eine so enge und konfliktarme, ja herzliche Beziehung zu ihren Eltern wie keine andere zuvor. Noch vor einigen Jahrzehnten durften die Kinder nur sprechen, wenn der Vater das erlaubte, sie hatten oft geradezu Angst vor ihm. Und es ist ja nicht so, dass es heute kein verbindliches Regelwerk mehr gäbe. Auch 14-Jährige wissen, dass es einem Schlag ins Gesicht gleicht, wenn einem jemand eine Hand zur Begrüßung hinhält, man diese aber nicht ergreift. Dazu braucht es keinen Benimmkurs.

Renke: Sicher, jeder weiß das irgendwie, aber man muss sich auch so benehmen wollen. Aber da fehlt es bei vielen.

Sack: Das Problem in Deutschland ist oft, dass immer alles authentisch sein muss. Ich möchte aber nicht in einer Gesellschaft leben, wo jeder ständig sagt, was er denkt. Ein gewisses Maß an Unehrlichkeit, an charmanter Lüge gehört auch zu guten Manieren. In den USA vergeht kein Tag, an dem einem nicht jemand sagt, wie toll er deine Uhr findet oder dein Jackett. Und selbst wenn man weiß, dass der Kellner im Restaurant auch wegen des erhofften Trinkgelds freundlich ist, geht man am Ende mit einem besseren Gefühl, wenn man zuvorkommend bedient worden ist.

Renke: In Deutschland gibt es tatsächlich zu viele Menschen, die mit grummeliger Miene durchs Leben gehen. Manchmal laufen Leute stumm an mir vorbei, obwohl man sich kennt und sie einen sehen; das stört mich sehr.

GEO: Der Begriff Respekt wird in der Jugendkultur sehr hochgehalten. Man möchte respektvoll behandelt werden und sagt damit gleichzeitig, dass das offenbar längst nicht immer der Fall ist. Behandelt ihr andere Menschen mit Respekt?

Rebecca: Ich bin oft ziemlich direkt, wenn mir etwas nicht passt. Einer Lehrerin habe ich einmal gesagt, dass das, was sie macht, kein Unterricht ist. In der sechsten Klasse wohlgemerkt – das gab natürlich ein Riesendonnerwetter. Viele halten mich schon für respektlos. Aber woher sollte die Lehrerin wissen, wie sie es besser machen kann, wenn sie es nicht erfährt? Ich konnte einfach nicht akzeptieren, dass Lehrer immer recht haben. Heute sehe ich das etwas anders – und im Nachhinein tut mir meine Reaktion dann teilweise wieder leid.

Renke: Man sollte vor Lehrern schon einen gewissen Respekt haben. Was manchmal aber nicht einfach ist, wenn man merkt, dass ein Lehrer seinen Beruf nur macht, weil er Geld dafür erhält, und den Stoff durchzieht, selbst wenn keiner mehr mitkommt. Das ist den Schülern gegenüber respektlos. Aber auch Eltern sind manchmal Lehrern gegenüber respektlos, das finde ich ebenfalls nicht gut.

Asserate: Für mich ist Respekt etwas, das man nur anderen geben, aber nicht für sich selbst in Anspruch nehmen kann. Rapper fordern immer „Respect me, respect me!“ ein. Und dann hauen sie dem Nächstbesten einen auf die Mütze, von dem sie glauben, dass er es an Respekt hat fehlen lassen oder ihnen zu direkt in die Augen geschaut hat. Man muss Respekt vor jedem Menschen dieser Welt haben, vor jeder Kreatur Gottes.

GEO: Inwiefern haben die neuen Medien den Umgang der Jugendlichen miteinander verändert? Wenn ich mich mal wieder über bestimmte Dinge wundere, sagt mein 15-jähriger Sohn gern: Willkommen im 21. Jahrhundert. Ist es akzeptabel, nebenbei eine SMS einzutippen, wenn einem die Freundin gerade das Herz ausschüttet?

Rebecca: Das ist unhöflich und zeigt Desinteresse. Nach dem Motto: Erzähl du ruhig, aber zuhören tue ich nicht.

Renke: Ich finde es furchtbar, wenn ich einen Freund besuche, um gemeinsam etwas zu unternehmen, und dann heißt es „Ich muss nur noch mal schnell ins ICQ“: also in das Chat-Programm, wo seine anderen Freunde online sind. Dann gehe ich lieber wieder nach Hause.

Sack: Die neuen Medien haben Umgangsformen hervorgebracht, die man bei Jugendlichen sozusagen in Reinkultur sieht. Der Anrufer auf dem Mobiltelefon ist immer interessanter als der Mensch neben einem. Feste Verabredungen werden für überflüssig gehalten, weil wir ohnehin permanent erreichbar sind. Die Trennung zwischen privat und öffentlich gibt es nicht mehr, wenn etwa in der S-Bahn lauthals per Telefon Beziehungsdramen besprochen werden. Da bildet sich jetzt erst langsam heraus, was als sozial akzeptiert gilt und was nicht.

GEO: Dass jeder mit jedem in Kontakt treten kann, bedeutet auch, dass man Kontakte problemloser wieder abbrechen kann. Anrufer auf dem Handy lassen sich zum Beispiel einfach wegdrücken. Ist es inzwischen auch okay, Bekanntschaften durch das Löschen der dazugehörigen Telefonnummer im Handy zu beenden oder gar eine Beziehung per SMS aufzukündigen?

»Auch ein gewisses Maß an Unehrlichkeit, an charmanter Lüge gehört zu guten Manieren«

Adriano Sack

Renke: Bei Beziehungen sollte man das auf jeden Fall persönlich besprechen. Bei mir ist es eher umgekehrt, dass sich viele Nummern in meinem Telefon angesammelt haben von Leuten, die ich mal getroffen habe, aber eigentlich gar nicht kenne.

Rebecca: Für mich ist das Internet wichtiger als das Handy. Ich schaue oft bei lokalisten.de vorbei, wer dort von meinen Leuten online ist. Das ist eine große Online-Community, bei der es darum geht, „Wer kennt wen und wer ist mit wem befreundet". Es gibt welche, die haben 800 Freunde in ihrem Profil, die werden richtig gesammelt, je mehr, desto besser.

GEO: Was bedeutet denn dann noch der Begriff „Freund"?

Rebecca: Bei mir sind es Leute, mit denen ich zur Schule gehe oder meine Freizeit verbringe. Ich habe sogar mal jemanden aus meiner Krabbelgruppe wiedergefunden. Aber dann gibt es Leute, die bieten einem online die Freundschaft einfach so an, ohne einen jemals gesehen zu haben, oder denen man nur mal auf der Straße begegnet ist. Nach ein paar Wochen werden die dann wieder gelöscht.

GEO: Aber eine Freundschaft nicht anzunehmen, wäre schon eine Zurückweisung?

Rebecca: Kommt drauf an. Wenn mir irgendein 20-Jähriger, der sich im Internet halbnackt auf seinen Fotos zeigt, die Freundschaft anbietet, finde ich das schon suspekt. Aber es gab ein Mädchen, das jedem, dem es an der Schule begegnet, bei den Lokalisten die Freundschaft angeboten hat. Wenn ich das ablehne und sie spricht mich darauf an, hätte ich keine passende Ausrede. Da habe ich es angenommen, aber nachdem sie mich ein halbes Jahr lang nicht angeklickt hat, habe ich sie dann doch rausgelöscht.

»Wenn mir im Internet ein halbnackter 20-Jähriger die Freundschaft anbietet, finde ich das schon suspekt«

Rebecca Hartl

Asserate: Ich muss sagen, das kommt mir völlig bizarr vor.

Renke: Für mich ist bei Freundschaften entscheidend, wie dieser Mensch charakterlich ist und was er für Interessen hat. Ich kann doch niemanden als Freund bezeichnen, von dem ich nur ein kleines Foto im Internet gesehen habe und der gerade mal zwei Sätze über sich geschrieben hat.

GEO: Heute ist alles öffentlich, viele Menschen stellen sich und ihr Leben regelrecht aus ...

Sack: ... was sie vielleicht auch früher schon getan hätten, wenn es möglich gewesen wäre. Ich habe Mitte der 1990er Jahre in der Fernsehserie „Das wahre Leben" mitgemacht, in der das ganz normale Zusammenleben von Menschen gezeigt wurde, die sich ansonsten nicht kannten. Ich fand das als Selbstversuch interessant, da hat es mir auch nichts ausgemacht, mich vor der Kamera auszuziehen. In Formaten wie „Big Brother" ist das dann als Wettkampf inszeniert worden. Kritiker nannten das „Menschenzoo", tatsächlich war es so etwas wie ein moderner Gladiatorenkampf.

Asserate: Wir sind auf dem besten Weg zur Dekadenz. Es ist wie im Römischen Reich, der nächste Kick muss immer ein bisschen heftiger ausfallen. Das heißt dann „Ich bin ein Prominenter, holt mich hier raus", und die Leute stecken ihren Kopf in einen Ameisenhaufen. Die Schamgefühle, die uns davor schützen, zu Tieren zu werden, gehen dabei verloren. Und letztlich gilt dies auch für die Menschenwürde.

Sack: Die Menschenwürde ist schon etwas stabiler, als dass sie durch solche Mutproben verloren gehen würde.

GEO: Gibt es, was Manieren betrifft, eine stete Entwicklung zum Schlimmeren?

Asserate: Ich möchte mit einem Zitat antworten: „Die Jugend liebt heutzutage den Luxus. Sie hat schlechte Manieren, verachtet die Autorität, hat keinen Respekt vor den älteren Leuten." Das klingt aktuell – stammt aber von Sokrates, ist also 2500 Jahre her. Früher war also längst nicht alles besser. Aber ich glaube dennoch, dass der Mensch heute eine gewisse Grenzenlosigkeit für sein Handeln in Anspruch nimmt. Dabei sollten wir einen wichtigen Satz der christlichen Lehre nicht vergessen, denn die Manieren haben letztlich darin ihren Ursprung: „Du sollst Deinen Nächsten lieben wie Dich selbst". □

GEO berichtet in exklusiven und aktuellen Reportagen über die wichtigen Themen unserer Zeit. 12x im Jahr.

GEOEPOCHE ist das Geschichtsmagazin von GEO. 6x im Jahr.

GEOSAISON zeigt die schönsten Reiseziele rund um den Globus. 12x im Jahr.

GEO WISSEN berichtet in spannenden Reportagen über die neuen Erkenntnisse der Wissenschaft. 2x im Jahr.

Rosenzweig & Schwarz, Hamburg

GEOSpecial berichtet jeweils über ein Land, eine Region oder eine Stadt. 6x im Jahr.

GEOlino ist das Erlebnisheft für Kinder von 8 bis 14 Jahren. 12x im Jahr.

GEOkompakt ist monothematisch und widmet sich den großen Fragen der Allgemeinbildung in außergewöhnlicher visueller Opulenz. 4x im Jahr.

Gratis

Jetzt Titel Ihrer Wahl und Vorteile sichern:

14 % Ersparnis + Geschenk!

Ihre Vorteile:

- Bis zu 14% sparen!
- Umhängetasche gratis!
- Lieferung frei Haus!
- Nach der Bezugsdauer jederzeit kündbar!
- Geld-zurück-Garantie für zu viel bezahlte Hefte!

Kunden-Service Schweiz
Tel.: 041/329 22 20
E-Mail: Geo-Wissen@leserservice.ch

Abonnenten-Service Österreich
Tel.: 0820/00 10 85
E-Mail: Geo-Wissen@abo-service.at

Bitte Bestellnummer aus dem Coupon angeben.

Die Preise gelten nur in Deutschland, Österreich. Weitere Auslandspreise auf Anfrage.

Verlag: Gruner+Jahr AG & Co KG, Dr. Gerd Brüne, Am Baumwall 11, 20459 Hamburg. AG Hamburg, HRA 102257. **Vertrieb:** DPV Deutscher Pressevertrieb GmbH, Dr. Olaf Conrad, Düsternstr. 1, 20355 Hamburg. Handelsregister AG Hamburg, HRB 95 752.

GEO-Familienangebot

Ja, ich bestelle die angekreuzten Zeitschriften. Zum Dank für meine Bestellung erhalte ich **die Umhängetasche** nach Zahlungseingang **gratis.** Die Lieferung aller Hefte erfolgt frei Haus. Ich gehe kein Risiko ein, denn ich kann nach der unten angegebenen Mindestbezugsdauer jederzeit kündigen. Das Geld für bezahlte, aber nicht gelieferte Ausgaben erhalte ich zurück. Die Preise gelten in Deutschland und Österreich. Auslandspreise auf Anfrage.

GEOWISSEN (4 Hefte) für mich, Bestell-Nr. ☐ **582981**, als Geschenk ☐ **582982**
Erscheint 2x jährlich zum Preis von zzt. € 7,50 (D)/€ 8,15 (A) pro Heft.

GEO (12 Hefte) für mich, Bestell-Nr. ☐ **582988**, als Geschenk ☐ **582989**
Erscheint 12x jährlich zum Preis von zzt. € 5,30 (D)/€ 6,– (A) pro Heft.

GEOEPOCHE (6 Hefte) für mich, Bestell-Nr. ☐ **583001**, als Geschenk ☐ **583002**
Erscheint 6x jährlich zum Preis von zzt. € 7,50 (D)/€ 8,15 (A) pro Heft.

GEOSAISON (12 Hefte) für mich, Bestell-Nr. ☐ **582993**, als Geschenk ☐ **582994**
Erscheint 12x jährlich zum Preis von zzt. € 4,20 (D)/€ 4,90 (A) pro Heft.

GEOSpecial (6 Hefte) für mich, Bestell-Nr. ☐ **582990**, als Geschenk ☐ **582991**
Erscheint 6x jährlich zum Preis von zzt. € 6,65 (D)/€ 8,10 (A) pro Heft.

GEOlino (12 Hefte) für mich, Bestell-Nr. ☐ **583003**, als Geschenk ☐ **583004**
Erscheint 12x jährlich zum Preis von zzt. € 2,75 (D)/€ 3,05 (A) pro Heft.

GEOkompakt (4 Hefte) für mich, Bestell-Nr. ☐ **583005**, als Geschenk ☐ **583006**
Erscheint 4x jährlich zum Preis von zzt. € 7,25 (D)/€ 8,15 (A) pro Heft.

☐ Ja, ich bin damit einverstanden, dass GEO und Gruner+Jahr mich künftig per Telefon oder E-Mail über interessante Angebote informieren.

Widerrufsrecht: Die Bestellung kann ich innerhalb der folgenden zwei Wochen ohne Begründung bei GEOWISSEN, Kunden-Service, 20080 Hamburg, in Textform (z. B. Brief oder E-Mail) oder durch Rücksendung der Zeitschrift widerrufen. Zur Fristwahrung genügt die rechtzeitige Absendung.

X

Datum Unterschrift

Meine Adresse: (Bitte auf jeden Fall ausfüllen.)

Name

Vorname Geburtsdatum 1 9

Straße/Nr.

PLZ Wohnort

Telefon-Nr. E-Mail-Adresse

Ich zahle bequem per Bankeinzug:

Bankleitzahl Kontonummer

Geldinstitut

Anschrift des Geschenkempfängers: (Nur ausfüllen, wenn Sie einen GEO-Titel verschenken möchten.)

Name

Vorname Geburtsdatum 1 9

Straße/Nr.

PLZ Wohnort

Dauer der Geschenklieferung:

☐ unbefristet (mindestens 1 Jahr**) ☐ 1 Jahr** **GEOWISSEN 2 Jahre.

Vorteilscoupon einsenden an:
GEOWISSEN, Kunden-Service, 20080 Hamburg

Oder anrufen unter:
01805/861 80 00*

Einfach per E-Mail:
GeoWissen-Service@guj.de

*14 Cent/Min. aus dem deutschen Festnetz, Mobilfunkpreise können abweichen.

Wann kommt endlich der erste unkontrollierte Wutausbruch? Pubertierende stehen heutzutage unter ständiger Beobachtung von Medizinern und Eltern

GLOSSE

WAHNSINN VERPFLICHTET

Jugendliche können nicht mehr in Ruhe pubertieren, beklagt Hans Zippert. Ständig erwarten Eltern von ihnen Höchstleistungen in unberechenbarem Verhalten

ILLUSTRATIONEN: MARCUS SCHÄFER

Die Pubertät gehört neben Geburt und Tod zu den vielleicht interessantesten Phasen im menschlichen Dasein. Myriaden von Forschern versuchen herauszufinden, was da eigentlich im Hirn eines Heranwachsenden passiert, beziehungsweise ob man das eigentlich schon als Hirn bezeichnen kann.

Unzählige Ratgeber bemühen sich, Eltern die Haltung und Pflege eines Pubertierenden zu erleichtern. Der selbst erfährt aus Jugendzeitschriften oder Broschüren der Krankenkassen erstaunliche bis erschreckende Dinge über sein Leiden.

Lief dieser Prozess früher eher unaufgeregt und selbstverständlich ab, steht der Jugendliche heute unter ständiger Beobachtung. Eltern lauern auf den ersten unkontrollierten Wutausbruch, auf die erste Regel oder den ersten Schamhaaransatz. Mediziner lauern darauf, die chaotischen Abläufe in Körper und Geist des Heranwachsenden mit Chemikalien aller Art in die richtigen Bahnen zurückzulenken.

An die Jugendlichen werden gerade in der Pubertät höchste Anforderungen gestellt. Eltern, Ärzte und Soziologen erwarten Großes von ihnen. Höchstleistungen an Wahnsinn, an unberechenbarem Verhalten, an Verständnis- und Gefühllosigkeit müssen täglich erbracht werden,

um das Erziehungspersonal zufriedenzustellen.

Was aber, wenn die Veränderungen ausbleiben, wenn sich die rechte Aufmüpfigkeit, die ausgeprägte Trotzhaltung, die schockierende Unzurechnungsfähigkeit oder die sexuellen Exzesse einfach nicht einstellen wollen?

Dann geraten Jugendliche sehr schnell unter Pubertätsstress. Sie spüren, dass sie den Anforderungen nicht gewachsen sind, und befinden sich unversehens in einer Sinnkrise.

AUF DEN RATGEBERSEITEN der Jugendzeitschriften häufen sich dann Anfragen wie: „Gestern habe ich während des Abendbrots meinen Teller fallen lassen. Leide ich vielleicht unter Essstörungen?“ Erfahrene Psychologen müssen dem Teenager dann mit viel Feingefühl erklären, dass man unter einer Essstörung keine Störung des Essens versteht, und dass man dafür schon mehr bringen muss, als mitten bei einer Mahlzeit aufzustehen und einen Anruf entgegenzunehmen.

Auch wer sich weigert, das Wort „das“ wenigstens hin und wieder am Ende mit einem Doppelkonsonanten zu schreiben, leidet höchstens nach Ansicht von Linguisten unter „S-Störungen“.

Viele Jugendliche, die wissen, dass ihre Eltern ängstlich jeden Tagebucheintrag kontrollieren, versuchen die Erziehungsberechtigten durch in fahriger Schrift hingeworfene Bemerkungen wie „Heute trug ich mich mal wieder mit Selbstmordgedanken“ zu beruhigen. Sicher haben sie mitbekommen, dass ihre Eltern kürzlich eine Umfrage gelesen haben, der zufolge sich 60 Prozent der Pubertierenden hin und wieder mit Selbstmordgedanken tragen.

Häufig sind sich die Befragten allerdings über die Konsequenzen eines Suizids gar nicht im Klaren; so gab zum Beispiel ein 13-Jähriger aus Hamm-Pelkum in einem Internet-Forum zu Protokoll, er wolle nach seinem Selbstmord eine Ausbildung als Mechatroniker beginnen.

In letzter Zeit melden sich immer wieder verzweifelte Eltern bei den einschlägigen Beratungsstellen und klagen: „Hilfe, unser Kind hegt keine Selbstmordgedanken, was haben wir falsch gemacht?“ Ganz instinktiv haben sie damit den ersten Schritt in die richtige Richtung getan, denn sobald das Kind von dem hochpeinlichen Auftritt der Eltern in der Beratungsstelle erfährt, wird es sich schon die richtigen Gedanken machen.

Der Druck der Eltern auf ihre charakterlich noch nicht besonders stabilen Sprösslinge hat in den vergangenen Jahren zweifellos zugenommen. Aus dem Freundeskreis und der Nachbarschaft kennen sie unzählige Fälle von exzessivem Marihuana-Konsum, Graffiti-Schmierereien, Koma-Trinkereien oder Teenager-Schwangerschaften.

Was hat man als Eltern bloß falsch gemacht, wenn der Nachwuchs Briefmarken sammelt oder unter krankhafter Hochbegabung leidet?

Mit leuchtenden Augen erzählen andere Eltern, wie sie den Sohn oder die Tochter von der Polizeiwache, aus der Ausnüchterungszelle oder von der Intensivstation abholen mussten.

Wenn man selbst aber nur Nachwuchs aufbieten kann, der eifrig Briefmarken sammelt, voltigiert oder gar unter krankhafter Hochbegabung leidet, stellt sich unvermeidlich die Frage, was man falsch gemacht hat.

Weshalb konnte das Kind keine normale Trotzhaltung entwikkeln, wieso ist seine Aufmüpfigkeit nur so schwach ausgeprägt? Hilft da vielleicht auch Ritalin?

Noch vor wenigen Jahrzehnten galt eine Schwangerschaft als ein halbwegs natürlicher Vorgang, heute werden die neun Monate als eine hochkomplizierte Krankheit angesehen, die von mehreren Ärzten behandelt und im Krankenhaus auskuriert werden muss. Ein ähnliches Schicksal steht auch der Pubertät bevor. Es wird Pubertätsvorbereitungs- und Rückbildungskurse geben, und in der Endphase wird der Pubertierende ins Krankenhaus eingewiesen, wo er bleiben muss, bis der gereifte Erwachsene endlich entbunden wird.

Während der Pubertät wird man den Jugendlichen Schulungskurse anbieten. Nur so lässt sich verhindern, dass Heranwachsende unter Minderwertigkeitskomplexen und Versagensängsten leiden, weil sie befürchten, dem Pubertätsdruck nicht gewachsen zu sein.

Sicher, es ist für einen deutschen Jugendlichen auch nicht einfach, wenn er hört, dass seine Altersgenossen in Frankreich Autos umwerfen, anzünden und ganze Vorstädte in Schutt und Asche legen. Wie müssen sich Pubertierende in Reutlingen, Gifhorn oder Kiel fühlen, die vielleicht noch nicht einmal unter echten sozialen Ungerechtigkeiten leiden?

Soll man ihnen vielleicht ein paar Vorstädte, die sowieso dringend saniert werden müssten, zum Ausleben ihrer hormonellen

Wie peinlich: Die Eltern machen auf jung und hören auch noch dieselbe Musik

Störungen zur Verfügung stellen? Sollte man Partnerschaften mit Jugendlichen in Lyon und Paris organisieren, damit diese ihnen die Grundbegriffe erfüllten Pubertierens vermitteln?

FACHLEUTE SIND SICH bis heute nicht einig, ob zu einer erfüllten Pubertät nicht auch ein gewisses Mass an Selbstverstümmelung gehört. Die Industrie könnte mit aufklebbaren Narben oder Wunden aufwarten, damit auch Teenager, die vor Gewaltanwendung gegen sich selbst zurückscheuen, im Freundeskreis nicht abseits stehen müssen.

Die Politik hat überraschenderweise schon reagiert. Dort werden Jugendliche seit Jahren systematisch stigmatisiert, man redet ausschließlich von jugendlichen Gewalttätern, jugendlichen Arbeitslosen und jugendlichen Randalierern. Das ist wichtig, dadurch fühlen sich die Pubertierenden ernst- und auch angenommen in ihrem Anderssein. Trotzdem reichen solche Lippenbekenntnisse nicht aus.

Deshalb ist es begrüßenswert, wenn Politiker wie Roland Koch die Einrichtung von Erziehungslagern fordern, deren Insassen einem gewissen Pubertätsdrill ausgesetzt sind.

Man muss den Pubertierenden außerdem eine Checkliste an die Hand geben, aus der sie erfahren können, welche Anforderungen die Gesellschaft heutzutage an sie stellt und welche davon sie vielleicht schon erfüllt haben. Viele junge Männer wird es sehr beruhigen, wenn sie hören, dass es gar nicht so schlimm ist, wenn sie noch keine Regel hatten.

Andererseits müssen sie sich natürlich ernste Gedanken machen, wenn sie die gleiche Musik gut finden wie ihr Vater oder sich plötzlich dabei ertappen, wie sie den Müll raustragen oder ihr Zimmer aufräumen. □

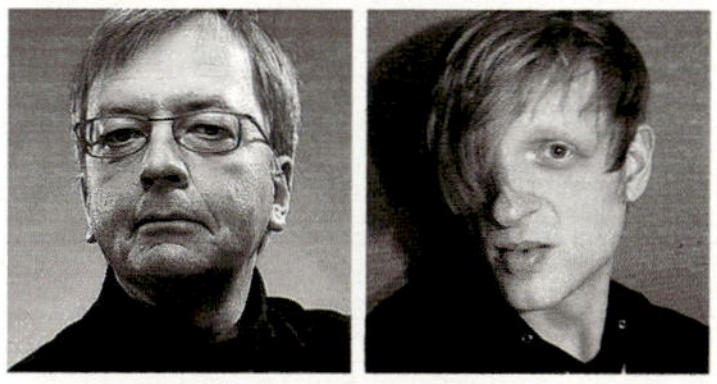

Der preisgekrönte „Die Welt"-Kolumnist **Hans Zippert** („Zippert zappt") schreibt regelmäßig für GEOWISSEN und war von 1990 bis 1995 Chefredakteur des Satiremagazins „Titanic". **Marcus Schäfer** ist Maler, Sprayer, Illustrator, Comic- und Trickfilmzeichner in Hamburg.

*14 Cent/Min. aus dem dt. Festnetz. Mobilfunkpreise können abweichen. Bestellcode: 582451.
Der erste Atlas, der auch spannen
Kartenteil
Themenkarten
Satellitenbilder
Geschichte der Kartografie
Entdeckungen & Entdecker

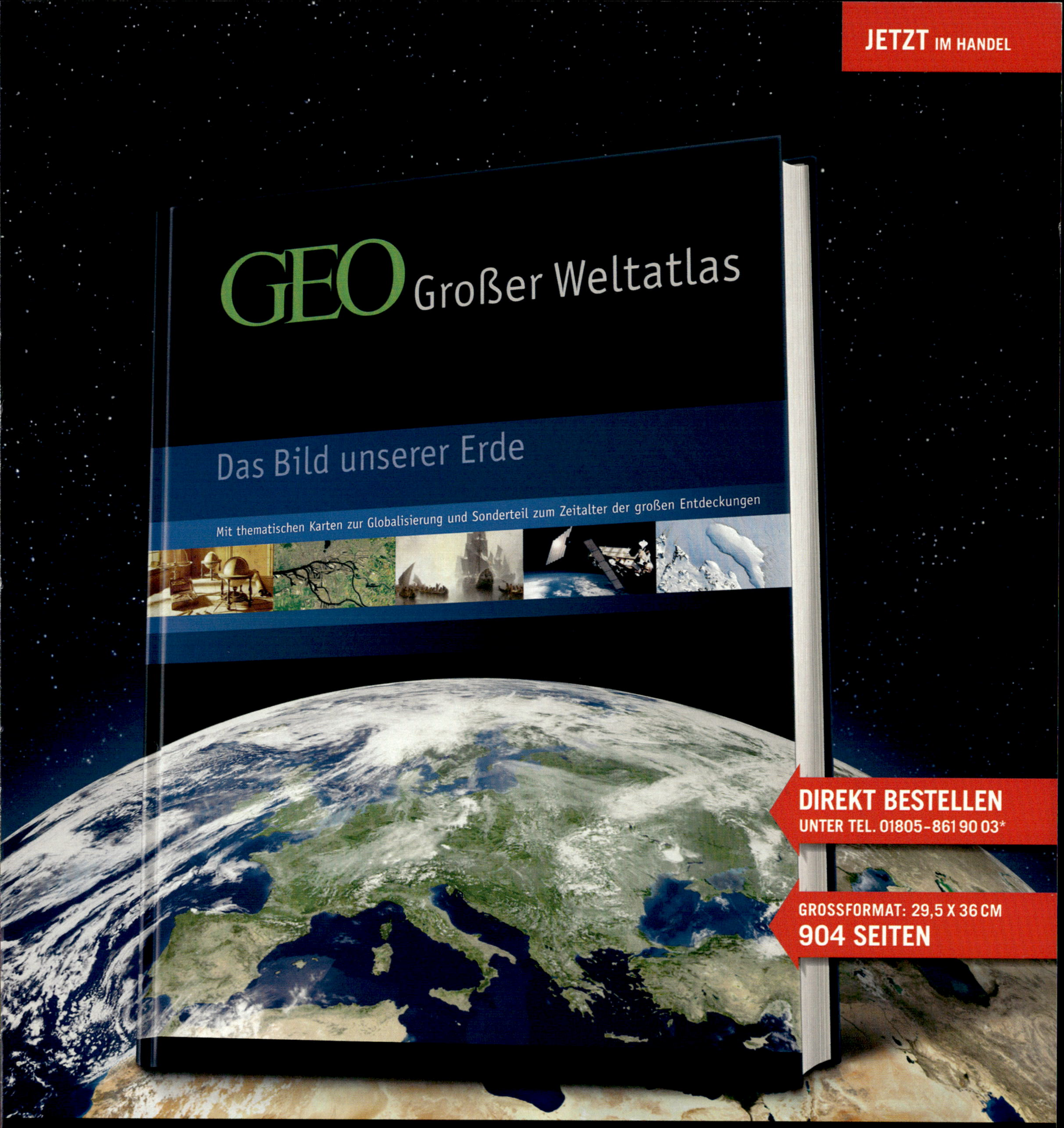

de Lektüre ist: der GEO Weltatlas.

Jetzt bekommt Kartenlesen eine völlig neue Bedeutung. Denn der GEO Weltatlas vereint auf einzigartige Weise Kartografie mit Lesevergnügen. Auf 904 Seiten und im beeindruckenden Großformat von 29,5 x 36 cm bietet er neben aktuellen Karten und Satellitenbildern einen großen Dossierteil. Mit spannenden GEO-Reportagen und Porträts der großen Entdecker von Kolumbus bis Livingstone. Und das für nur 119,95 €. Sichern Sie sich Ihren GEO Weltatlas telefonisch, über **www.geo.de/atlas** oder im Buchhandel.

WISSEN KOMPAKT

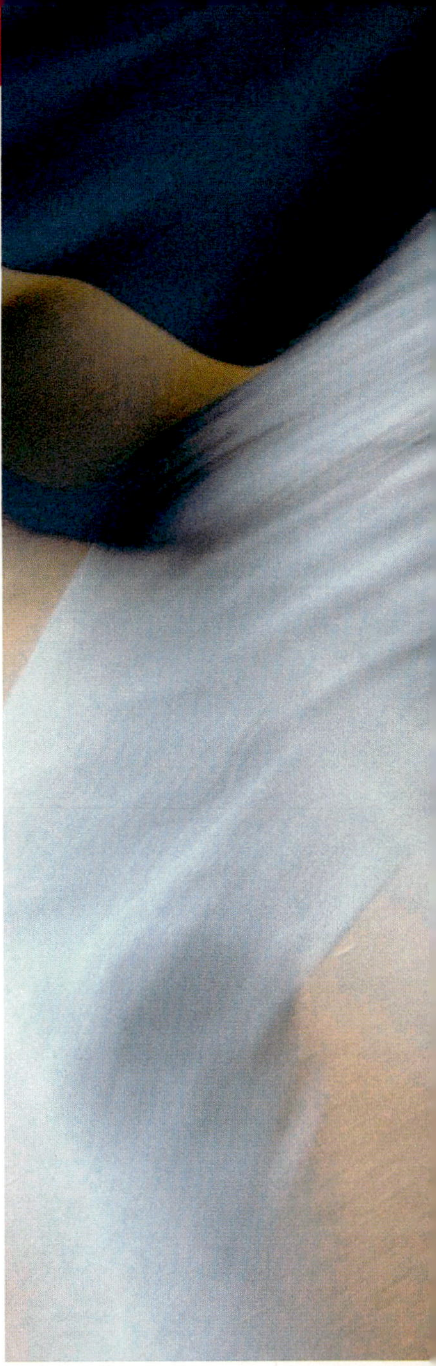

INHALT

GEWALTPRÄVENTION

Nicht den Helden spielen

Jugendliche sind überdurchschnittlich häufig Opfer von körperlichen Attacken – ganz gleich, ob sie zur Hauptschule oder auf ein Gymnasium gehen. Anti-Mobbing-Programme können ihnen helfen

Achtklässler der Anne-Frank-Realschule Marbach sind zu Streitschlichtern (stehend) ausgebildet worden, um Jüngeren zu helfen

Breitbeinig und mit geringschätzigem Blick stolziert der Mann durch den Bus. Er tritt gegen in den Mittelgang ragende Füße und setzt sich neben einen Jungen in der letzten Reihe. „Hast du ein Ticket?", fragt er. Die Antwort interessiert ihn allerdings nicht. „Das ist mein Bus. Hier verkaufe ich die Tickets. Gib mir zehn Euro!" Als er die nicht bekommt, hält er den Schüler fest und durchsucht dessen Tasche.

Der vermeintliche Räuber ist Klaus Tigges, Jugendbeauftragter der Polizei Bochum. Die Situation ist gestellt, eine Übung des Programms „Ohne Gewalt stark" in einer achten Klasse. Die Lehre daraus ist hingegen realistisch: Wer bei einem Angriff zu lange zögert, um Hilfe zu rufen, kommt mitunter nicht mehr dazu, weil er sich den Täter vom Leib halten muss.

Aber auch wer rechtzeitig Beistand sucht, ist damit nicht immer erfolgreich, sagt Tigges. Ruft das Opfer einfach in den Bus hinein, will sich oft niemand angesprochen fühlen. Besser sei es, andere gezielt aufzufordern: „Sie mit der Brille und Sie in der roten Jacke, können Sie mir mal helfen?"

Noch besser wäre es gewesen, wenn der Junge gar nicht erst in die gefährliche Situation gekommen wäre. Etwa indem er sich möglichst weit nach vorn gesetzt hätte – und nicht auf einen Fensterplatz.

Den Helden zu spielen und sich auf einen Kampf einzulassen, sich dafür gar mit Reizgas oder Messer auszurüsten, empfehle sich generell nicht, meint Tigges: „Bis ich meine Gerätschaften zur Verteidigung hervorgeholt habe, hat der andere längst seine Waffe in der Hand." Selbst Judo und Karate helfen im Ernstfall wenig. Denn beim Zweikampf mit einem Gewalttäter gewinnt meist derjenige, der brutaler ist.

Vor der „trügerischen Sicherheit durch einen Selbstverteidigungskurs" warnt auch Kriminalrat Harald Schmidt, Geschäftsführer der Polizeilichen Kriminalprävention der Länder und des Bundes. „Gegenwehr zu lernen, ist nur in speziellen Bereichen wie Vergewaltigung sinnvoll", ergänzt der Kriminologe Thomas Feltes von der Universität Bochum. Entsprechende Kurse seien vor allem dann nützlich, wenn sie das Selbstbewusstsein trainierten. Denn, so eine Broschüre der Polizeilichen Kriminalprä-

Schläge und Tritte einstecken zu müssen, gehört für viele Kinder in den Pubertätsjahren zur Schulerfahrung

vention: Erfahrungsgemäß sprechen Täter bevorzugt unsicher und unselbstständig wirkende Kinder an.

Schlagzeilen wie „Polizeischutz für bedrohten Hauptschüler" suggerieren eine Zunahme von Gewalt. Diese Entwicklung aber gibt es an Schulen gar nicht, wie mehrere Studien über verborgene Gewalt besagen, die Eingang in den „Periodischen Sicherheitsbericht" des Bundesjustiz- und Bundesinnenministeriums gefunden haben.

Auch die Zahl jugendlicher Tatverdächtiger ist der Kriminalstatistik zufolge in den vergangenen Jahren nicht gestiegen – und das, obwohl heute bereits bei geringfügigen Delikten häufig die Polizei eingeschaltet wird. Dennoch fallen junge Menschen überdurchschnittlich oft Verbrechen zum Opfer. Die 14- bis 17-Jährigen stellen fünf Prozent der Bevölkerung, laut Kriminalstatistik aber 13 Prozent der Opfer. Fast 40 Prozent aller Neuntklässler mussten bereits eine oder mehrere Gewalttaten erdulden, ergab eine Schülerbefragung des Kriminologischen Forschungsinstituts Niedersachsen aus dem Jahr 2005.

Einer der gefährlichsten Orte für Kinder ist die Schule, fanden die Wissenschaftler des Forschungsinstituts heraus. Gefragt nach ihren Erfahrungen im vergangenen Halbjahr, gaben 18 Prozent der Neuntklässler an, sie seien in ihrer Schule geschlagen oder getreten worden. Zehn Prozent wurden demnach massiv gehänselt, bei zehn Prozent wurde Eigentum wie Kleidung oder Mobiltelefon zerstört, gut ein Prozent mit einer Waffe bedroht oder erpresst.

Dabei machte es keinen Unterschied, ob das Kind eine Hauptschule, ein Gymnasium oder eine Waldorfschule besuchte. An jeder Schulform litt etwa jedes Vierte unter solchen Übergriffen.

Wenn ein Kind regelmäßig Opfer solcher Attacken wird, sprechen Experten von Mobbing; darunter fällt auch das Verbreiten von Gerüchten und das Spinnen von Intrigen. Nach den Ergebnissen mehrer Studien werden fünf bis elf Prozent der Kinder gemobbt.

Obwohl der Tatort von Staats wegen beaufsichtigt wird, lässt sich Mobbing an Schulen kaum vollständig abstellen. Die neuere Forschung hat gezeigt, dass viele Mobber keine tumben Schläger sind, sondern über eine überdurchschnittliche soziale Intelligenz verfügen. Solche Kinder finden für ihre Taten leicht Helfer und sind bei anderen respektiert, wenn auch nicht beliebt.

Die Opfer dagegen genießen oft wenig Ansehen, vor allem, wenn sie ohnehin ängstlich und unsicher wirken. Bei vielen nutzen die Mobber einfach eine momentane Schwäche aus, etwa einen Mangel an Freunden.

Die Psychologin Mechthild Schäfer von der Ludwig-Maximilians-Universität München berichtet von dem Fall eines Mädchens, das zur Klassensprecherin gewählt worden war: „Dann aber ging eine Freundschaft kaputt, und danach ist das Mädchen extrem gemobbt worden."

Aufbegehren hilft meist wenig. Denn der Quälgeist und seine Helfer müssen bei Widerstand geradezu beweisen, dass sie immer noch die Stärkeren sind. Deshalb nutzt es kaum etwas, das Selbstbewusstsein des gemobbten Kindes stärken zu wollen, und sei es mit der Hilfe eines Psychologen.

Mechthild Schäfer hält solche Versuche für „grob fahrlässig". Sinnvoll seien sie nur, wenn auch die Lehrkräfte eingreifen. Deshalb rät die Mobbing-Expertin den Eltern vor allem eines: die Schule aktivieren – notfalls auch mithilfe einer Dienstaufsichtsbeschwerde und durch Einschalten der Lokalpresse.

Schüler verhalten sich friedlicher, sobald sie merken, dass die Pädagogen Gewalt nicht tolerieren. „Lehrern sage ich immer, dass sie der Alpha-Affe sind", sagt Mechthild Schäfer. „Und wenn sie die Rolle nicht übernehmen, macht es ein anderer."

MEHR ZUM THEMA:

Herbert Scheithauer / Heike Dele Bull: **fairplayer.manual. Förderung von sozialen Kompetenzen und Zivilcourage.** Vandenhoeck & Ruprecht 2008, 160 Seiten

Wege aus der Gewalt. So schützen Sie Ihr Kind vor Gewalt. Broschüre der Polizeilichen Kriminalprävention, unter: **www.polizei-beratung.de/mediathek/kommunikationsmittel/broschueren**

www.fairplayer.de

Schwieriger wird es bei Psycho-Mobbing. Doch wenn ein Lehrer auf Andeutungen von Schülern achtet, so Mechthild Schäfer, kann er durchaus erkennen, welche Kinder gefährdet sind. Habe er zudem einen guten Draht zu nicht am Mobbing beteiligten Schülern, könne er mit ihrer Hilfe auch gegen Gerüchte und Intrigen angehen.

Oft scheitern Anti-Mobbing-Programme, weil sie nur halbherzig umgesetzt werden. Diese Erfahrung musste auch der Psychologieprofessor Herbert Scheithauer von der Freien Universität Berlin mit seinem Programm „fairplayer.manual" machen. Achteten die Schulen hingegen auf eine penible Umsetzung des Programms und ließen sie sich von Psychologen unterstützen, wurden bald nur noch halb so viele Schüler gemobbt. Doch vor dem Aufwand schrecken viele Schulen zurück. „Dann heißt es, ach, das wächst sich aus", sagt Scheithauer.

Doch es wächst sich nicht aus. Häufig werden Jahre später immer noch dieselben Kinder gemobbt. Und wie eine finnische Untersuchung ergab, sind gemobbte Kinder nicht selten so verzagt, dass sie selbst nach einem Klassenwechsel gleich wieder zu Opfern werden. *Jochen Paulus*

TIERE

Pubertäre Rüpel

Auch bei manchen Tierarten ist in der Jugend ein seltsames Verhalten zu beobachten. Diese Phase hat bei ihnen eine wichtige biologische Funktion: die Lösung aus dem Familienverband

Der Elefantenpfleger Thorsten Köhrmann vom Tierpark Hagenbeck in Hamburg kümmert sich zu Hause um eine 14-jährige Tochter und beruflich um zwei pubertierende Elefanten. Mitunter, so sagt er, gebe es verblüffende Parallelen im Verhalten: Tochter wie Dickhäuter wollten durch freche Aktionen Aufmerksamkeit erregen, weigerten sich etwa plötzlich, Dinge zu tun, die sie zuvor ohne Murren erledigt haben.

Ähnliches kennen viele Hundebesitzer, die erlebt haben, wie aus ihrem wohltrainierten Jungtier ein ungehobelter Halbstarker wurde.

Die Pubertät existiert auch im Tierreich, und mit ihr treten die typischen Probleme auf: Konzentrationsschwächen, Angst und Aufsässigkeit; selbst randalierende Junggesellengruppen gibt es bei Säugetieren in diesem Entwicklungsstadium.

Bei Afrikanischen Elefanten kommt es im Alter von etwa zehn Jahren erstmals zu einer Zunahme von

Elefanten geraten in ihrer Sturm- und-Drang-Phase auch schon mal mit Nashörnern aneinander

Sexualhormonen im Blut. Diese leiten die „Musth“ ein, eine besonders aggressive Phase. So etwa bei einer Gruppe Jungbullen im südafrikanischen Pilanesberg-Nationalpark: In den 1990er Jahren beobachteten Forscher, wie sie ihre überschüssige Energie an Breitmaulnashörnern ausließen und sie zu vergewaltigen versuchten oder sogar töteten.

Normalerweise wird der ungestüme Nachwuchs von erwachsenen Elefantenbullen kontrolliert. Da die Pilanesberg-Jungtiere jedoch verwaist waren, sei es zu ungewöhnlich ausgeprägter sexueller Erregbarkeit und Aggressivität gekommen, berichtete eine Forschergruppe um den Biologen Rob Slotow in der Fachzeitschrift „Nature“. Erst die Ansiedlung von sechs älteren Elefantenbullen bremste die Jungtiere und stellte wieder eine natürliche Rangordnung her.

Hormonell geschieht in der Pubertät bei Tieren etwas Ähnliches wie beim Menschen: Durch eine stärkere Ausschüttung der Sexualhormone Testosteron bei Männchen und Östrogen bei Weibchen setzt die Geschlechtsreife ein.

Vielen Tieren ist das regelrecht ins Gesicht geschrieben: So entwickeln männliche Mandrill-Affen nun die für erwachsene Tiere typisch knallrote, von blauen Streifen umringte Nase. Und bei vielen Weibchen, etwa bei Schimpansen, schwillt zum ersten Mal das Hinterteil an und verfärbt sich.

Für die meisten Tierarten ist die Pubertät jene Zeit, in der die Jungen die elterliche Umgebung verlassen und sich nun allein auf Nahrungs- und Partnersuche machen. Das dient vor allem biologischen Zwecken: Die Jungtiere müssen den Platz frei machen für neue Nachkommen, und indem sie abwandern, soll Inzucht vermieden werden.

Die wenigsten Männchen gingen jedoch freiwillig, so die Verhaltensforscherin Julia Fischer vom Deutschen Primatenzentrum in Göttingen. Zwar können pubertierende Affenmännchen im Gegensatz zu ihren menschlichen Artgenossen selbst für die Grundbedürfnisse Nahrung und Schutz sorgen, doch auch sie haben es gern sicher und bequem.

Werden sie schließlich von der Gruppe vertrieben, finden sich die Halbstarken oft zu Junggesellenverbänden zusammen, die durch die Wälder ziehen. Innerhalb dieser Gruppen herrscht meist ein raues Klima: Ständig werden die Kräfte gemessen, auch homosexuelle Handlungen sind nicht ungewöhnlich, wie bei Berggorillas beobachtet wurde. Das endet erst, wenn sich die Gelegenheit bietet,

ANZEIGE

Konzentrierter.
Belastbarer.
Ausgeglichener.

Aktivieren Sie Ihre Kraftwerke der Konzentration.
Konzentration ist Ihre Eintrittskarte zu geistiger Fitness – und die können Sie stärken und zur Höchstform bringen. Ihr Gehirn hat das Potenzial, ein Leben lang konzentriert und geistig aktiv zu sein. Die Energie dazu liefern Ihnen Ihre 100 Milliarden Gehirnzellen. Aktivieren Sie Ihre Gehirnzellen – jetzt NEU auch mit **Tebonin® konzent 240 mg.**

Tebonin®
Mehr Energie für das Gehirn.
Bei nachlassender mentaler Leistungsfähigkeit.

Stärkt Gedächtnisleistung und Konzentration.

Ginkgo-Spezialextrakt EGb 761®
- Pflanzlicher Wirkstoff
- Gut verträglich

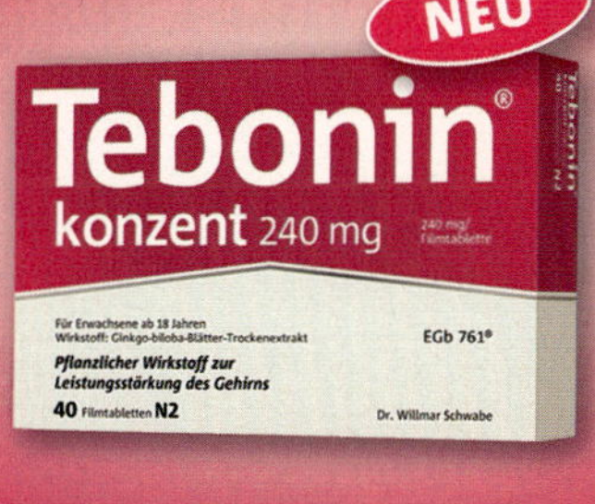

SCHWABE
Mit der Natur.
Für die Menschen.
Dr. Willmar Schwabe Arzneimittel
www.tebonin.de

Tebonin® konzent 240 mg 240 mg/Filmtablette. Für Erwachsene ab 18 Jahren. **Wirkstoff:** Ginkgo-biloba-Blätter-Trockenextrakt. **Anwendungsgebiete:** Zur Behandlung von Beschwerden bei hirnorganisch bedingten mentalen Leistungsstörungen im Rahmen eines therapeutischen Gesamtkonzeptes bei Abnahme erworbener mentaler Fähigkeit (demenzielles Syndrom) mit den Hauptbeschwerden: Rückgang der Gedächtnisleistung, Merkfähigkeit, Konzentration und emotionalen Ausgeglichenheit, Schwindelgefühle, Ohrensausen. Bevor die Behandlung mit Ginkgo-Extrakt begonnen wird, sollte geklärt werden, ob die Krankheitsbeschwerden nicht auf einer spezifisch zu behandelnden Grunderkrankung beruhen. Zu Risiken und Nebenwirkungen lesen Sie die Packungsbeilage und fragen Sie Ihren Arzt oder Apotheker. **Dr. Willmar Schwabe Arzneimittel, Karlsruhe.** Stand: Januar 2008 T/01/08/1 in eine fremde Gruppe mit Weibchen einzuwandern.

Regelrechte pubertäre Verirrungen sind bei Pottwalen zu beobachten. Jene Exemplare, die an Küsten stranden, sind häufig Jungtiere, die noch Probleme bei der Orientierung haben.

Aus dem gleichen Grund verirren sich gelegentlich halbstarke Braunbären in die Nähe von Menschen. „Ältere, erwachsene Tiere sind dagegen so gut wie unsichtbar“, sagt Walter Wagner von den Österreichischen Bundesforsten, der im Sommer 2006 wochenlang dem pubertierenden Braunbären Bruno folgte.

Das damals zweijährige Tier kam in seiner Sturm-und-Drang-Phase Menschen immer wieder gefährlich nahe: Über 600 Kilometer legte Bruno allein in Österreich und Bayern zurück, randalierte auf seinem Weg in Ställen und Pferchen, riss Schafe und Kaninchen.

Etwa zwei Jahre dauert die Halbstarken-Phase der Braunbären, bis sie im Alter von drei bis vier Jahren voll geschlechtsreif sind und wieder ruhiger werden. „In der Pubertät sind Bären nicht unbedingt aggressiver, aber neugieriger und überaus lernfähig“, sagt Walter Wagner.

Bruno begriff in dieser Zeit, dass in der Nähe von Menschen Nahrung zu holen ist. Eine natürliche Scheu kannte er nicht, denn seine Mutter war im Trentino von Menschen angefüttert worden.

Tödlich für Menschen kann es werden, wenn pubertierende Kolosse ihre spielerischen Rangkämpfe nicht in freier Wildnis, sondern im Zoo ausleben. Jungelefanten werden – ganz ähnlich wie Menschenkinder – durch gute Fütterung oft sehr früh geschlechtsreif. Dann versuchen die Elefanten häufig, den Pflegern ihre Rolle als Alpha-Tiere streitig zu machen. So geschehen 2005 im Wiener Zoo Schönbrunn: Der vierjährige Elefantenbulle Abu attackierte seinen Pfleger mit den Stoßzähnen und tötete ihn – obwohl er ihn von Geburt an kannte. *Tina Hüttl*

Auch die normalerweise friedlichen Bonobos rangeln als Jugendliche miteinander

GESCHWISTERFOLGE

Theater für die Zweitgeborenen

Mit dem ersten Kind wird in der Pubertät viel debattiert. Das zweite lernt daraus – und verhält sich entsprechend. Jedoch erleichtert das nicht die Erziehung

Wäre die Pubertät ein Theaterstück, müssten Eltern, so könnte man meinen, beim ersten Kind ihre Rolle noch einüben; beim zweiten wären sie dann sattelfest. Stimmt nicht, wendet der Berliner Entwicklungspsychologe Kurt Kreppner ein. Der Wissenschaftler hat eine große Langzeitstudie zum Thema Pubertät in verschiedenen Familienkonstellationen verfasst (siehe auch Seite 118) und dabei festgestellt: Bei jedem Kind wird ein neues Theaterstück aufgeführt.

Die Erklärung: Das Zweitgeborene kann die Dramen, die der große Bruder beziehungsweise die große Schwester auf der Pubertätsbühne aufführen, wie ein Zuschauer verfolgen – gewissermaßen vom „Parkettplatz im Familientheater“, wie Kurt Kreppner sagt. Durch diese Erfahrungen vorbereitet, gehe es dann „sozial pfiffiger“ in die Auseinandersetzung mit den Eltern.

Dreieinhalb Jahre lang begleitete der Psychologe 67 Familien mit jeweils zwei Kindern. Regelmäßig beobachteten Forscher die Diskussion zu verschiedenen Themen. „Wir haben lange nicht miteinander geredet“, stand zum Beispiel auf einer der Karten, die an die Familienmitglieder verteilt wurden. Das Gespräch, das sich daraus ergab, wurde gefilmt. Außerdem mussten die Kinder auf Fragebögen angeben, wie verlässlich und intensiv sie die Beziehung zu ihren Eltern empfänden.

Vier Hauptunterschiede haben die Berliner Wissenschaftler im Umgang der Eltern mit Geschwisterkindern festgestellt:

- Mit dem Erstgeborenen wird in der Pubertät egalitärer verhandelt. Vor allem Mütter behandeln „die Große“ oder „den Großen“ eher als Erwachsenen. Wie einer guten Freundin erzäh-

Geschwisterkinder machen vielfach ähnliche Erfahrungen – aber in der Pubertät gehen die Eltern meist unterschiedlich mit ihnen um

len die Mütter der ältesten Tochter von ihren Problemen und Launen. Und da sich die Eltern mit dem Teenager immer wieder in Streit verstricken, wird das kleine Geschwister lange Zeit als Nesthäkchen behandelt.

- Das erste Kind steht den Eltern meist näher. Schließlich hat es oft einige Jahre lang als „Kronprinz“ in der Familie gelebt, ohne den kleinen Konkurrenten. Es will auch sehr viel häufiger so werden wie die Eltern. Die Distanz zwischen ihnen und den später Geborenen ist meist deutlich größer – was diese aber nicht unbedingt als Nachteil empfinden, weil sie schon früh akzeptieren mussten, dass die Hauptrolle besetzt ist.
- Mit dem ersten Kind wird deutlich mehr über Fragen der Moral und über die Einhaltung von Regeln verhandelt: Wann muss ich abends daheim sein? Sind grüne Haare okay? Wann darf zum ersten Mal der Freund/die Freundin zum Übernachten bleiben?
- Mit dem Nachgeborenen wird nicht mehr so viel diskutiert. Diese Kinder fragen nicht erst, weshalb sie um Mitternacht wieder zu Hause sein sollen, sondern wenden gleich die Tricks der Erstgeborenen an (zum Beispiel „Bus verpasst!“). Dann allerdings gibt es massiv Streit – aber es wird auch häufig eine Lösung gefunden.

Hat es das zweite Kind also leichter als das erste? So weit mag der Psychologe nicht gehen, aber eines lasse sich feststellen: „Auf seinem Parkettplatz im Familientheater sieht und lernt es einiges, was ihm später, wenn es selbst auf der Bühne steht, das Leben sehr erleichtern kann.“

Das der Eltern wird indes nicht unbedingt leichter. Auch beim Zweitgeborenen kommt unweigerlich der Zeitpunkt, zu dem sich Eltern und Kinder nicht mehr verstehen – weil jene oft zu lange ihr Bild vom kleinen Kind aufrechterhalten, während sie es tatsächlich mit jemandem zu tun

haben, der schon mitten in der Pubertät steckt. Bis Eltern das begreifen, sagt Kreppner, müsse es bisweilen „richtig krachen".

Aber ähnlich, wie es beim Paradoxon von Achill und der Schildkröte dem griechischen Helden nicht gelingt, diese einzuholen, sind auch die Zweitgeborenen immer schon einen Schritt weiter als ihre Eltern. Während die mit der Tochter noch über zerrissene Jeans und zu viel Mayonnaise auf den Pommes diskutieren, ist die junge Frau gedanklich schon längst damit beschäftigt, wie das Ernährungsverhalten in den Industrieländern den Hunger in der Dritten Welt fördert.

Das war schon immer so, sagt Kurt Kreppner, damit müssten Eltern und Teenager leben lernen. Ein auf jedes Kind übertragbares Anwendungswissen gebe es in der Erziehung nicht – gleichgültig ob es sich um das Zweit-, Dritt- oder Viertgeborene handele.

Matthias Pape/Ursula Ott

GESCHICHTE

Mittelalterliche Flegeljahre

Die Pubertät als Entwicklungsphase ist keine Erfindung der Moderne. Vor allem für junge Männer lagen bereits im Spätmittelalter lange Lehrjahre zwischen der Kindheit und dem Erwachsenendasein – jugendliche Verirrungen inklusive

Zarte acht Jahre alt war der Sproß aus dem Hause Lancaster, der 1429 in der Westminster Abbey zum König von England gekrönt wurde. Zwei Jahre später wurde das Kind auch noch König von Frankreich.

Doch Heinrich VI. war eine Ausnahme. Wie es auch jene Angehörige des Hochadels waren, die mitunter schon im Kindesalter verheiratet wurden. Meist waren politische Zwangslagen oder dynastische Strategien die Gründe dafür. Der Blick in die Geschichte weckt Zweifel an der These, in früheren Zeiten sei es der Normalfall gewesen, dass Kinder die Rolle von Erwachsenen eingenommen hätten. Denn die meisten jungen Edelleute durchlebten eine langjährige Ausbildungs- und Bewährungsphase.

Heinrich VI. war bereits englischer König, als er im Alter von zehn Jahren auch zum König von Frankreich gekrönt wurde

Mit sieben bis neun Jahren verließen Jungen das Elternhaus, um bei einem Feudalherrn als Page zu dienen und erste Erfahrungen mit Waffen zu sammeln. Im Alter von etwa 15 Jahren beendeten die angehenden Ritter ihre Ausbildung; sie rückten in den Stand eines Knappen auf.

Den Ritterschlag empfingen sie meist mit 17 bis 19 Jahren und durften dann auch in die Schlacht ziehen. Als endgültig vollwertiges Mitglied der Gesellschaft sah man freilich nur einen verheirateten Mann an.

Anders erging es den Schwestern der jungen Ritter, die üblicherweise schon mit Einsetzen der Geschlechtsreife verheiratet wurden. Nach kirchlichem Recht lag das Mindestalter für die Hochzeit von Mädchen bei zwölf Jahren. Als Gattin eines meist älteren Mannes mussten sich die adeligen Damen früh in die Rolle der Hausfrau und Mutter fügen – wenn sie nicht den Schleier nehmen und ihr Leben im Kloster verbringen wollten.

Auch der männlichen Jugend des Bürgertums blieb in den aufstrebenden spätmittelalterlichen Städten viel Zeit, sich in das Erwachsenenleben einzufinden. Die Mehrzahl verließ das Elternhaus im Alter von etwa zwölf Jahren, um bei einem Handwerker oder Kaufmann in die Lehre zu gehen. Die Ausbildung konnte je nach Stadt und Epoche bis zu zwölf weitere Jahre dauern. Darauf folgte bei Handwerkern üblicherweise eine mehrjährige Wanderschaft.

Bürgerliche Töchter absolvierten hingegen nur selten eine Lehre. Sie wurden meist jung verheiratet, und was sie für das Leben als Hausfrau brauchten, lernten sie daheim.

Früher als die Adeligen und Bürger mussten Bauernkinder sowie der Nachwuchs der städtischen Unterschicht ihre Familie unterstützen. Mädchen arbeiteten mitunter schon mit sechs Jahren als Dienstboten; die

Jungen wurden ähnlich früh zum Viehhüten, für Botengänge und andere Hilfsarbeiten eingespannt.

Mit etwa 14 Jahren galten Bauernsöhne in vielen Gegenden als mündig und konnten über Land verfügen. Dennoch gründeten Männer oft erst dann eine Familie, wenn sie für deren Unterhalt sorgen konnten. So lag das durchschnittliche Heiratsalter von Männern in der Umgebung von Pisa um 1300 bei fast 27 Jahren – nur wenige Jahre früher als heute.

Auch die Annahme, die Jahre des Heranwachsens seien damals generell reibungsloser verlaufen als heute, lässt sich nicht belegen. So sind in kirchlichen Überlieferungen Klagen über pubertäre Raufbolde zu finden. Der Bischof von London exkommunizierte im Jahr 1385 einige Jungen, weil sie „frech, faul und nichtsnutzig" seien. Unter anderem hatten sie die bunten Glasfenster der Kirche zerschlagen und Standbilder beschädigt. Auch von Tierquälerei und respektlosem Verhalten gegenüber Erwachsenen berichten historische Quellen.

Die körperlichen und seelischen Erschütterungen der Pubertät haben Jugendliche wohl zu allen Zeiten ähnlich durchlebt. Denn die Umbauarbeiten am Gehirn und am Hormonsystem sind genetisch programmiert und ändern sich nicht innerhalb weniger Jahrhunderte. Allerdings haben die hormonellen Wallungen im Mittelalter und der frühen Neuzeit vermutlich später eingesetzt als heute. Statistiken zeigen, dass die Pubertät infolge besserer Ernährung und Gesundheit immer früher beginnt.

Insgesamt aber dauerte die Phase bis zum Erwachsensein damals ähnlich lange wie heute. Und selbst in der Altsteinzeit vor 160 000 Jahren war dies kaum anders, wie Max-Planck-Forscher anhand der Untersuchung von Zähnen eines fossilen *Homo-sapiens*-Kindes nachwiesen. Dessen Kiefer war nicht weiter entwickelt als der eines heutigen Kindes im gleichen Alter. Noch bei den Vorläufern von *Homo sapiens* dauerte die Kindheit jedoch kaum länger als bei Schimpansen – diese sind schon nach zehn bis zwölf Jahren voll ausgereift.

Alexandra Rigos

Jungen empfinden es meist als peinlich, wenn ihre Brustwarzen deutlich hervorragen

GYNÄKOMASTIE

Wenn Jungen Brüste wachsen

Jeder zweite männliche Pubertierende entwickelt eine auffällig vergrößerte Brust. Meist verschwinden die Symptome wieder – aber mitunter kann eine ernste Erkrankung dahinterstecken

Nun auch noch die Brust. Als würden Stimmbruch und all die anderen Seltsamkeiten nicht genug Verwirrung stiften. Auf einmal ragen die Brustwarzen auffällig hervor – fast wie bei einem Mädchen. Sie scheinen durch das T-Shirt hindurch und ziehen im Schwimmbad die Blicke auf sich.

Obwohl öffentlich kaum ein Thema, kommt die sogenannte Pubertätsgynäkomastie (griechisch *gyne* = Frau; *mastos* = Brustdrüse) häufig vor. „Ich sehe in der Sprechstunde immer wieder heranwachsende Jungs, die eine deutlich vergrößerte Brust haben", sagt Hans-Christian Schuppe, Androloge und Oberarzt der Universitäts-Hautklinik in Gießen.

Rund die Hälfte aller männlichen Jugendlichen im Alter von zehn bis

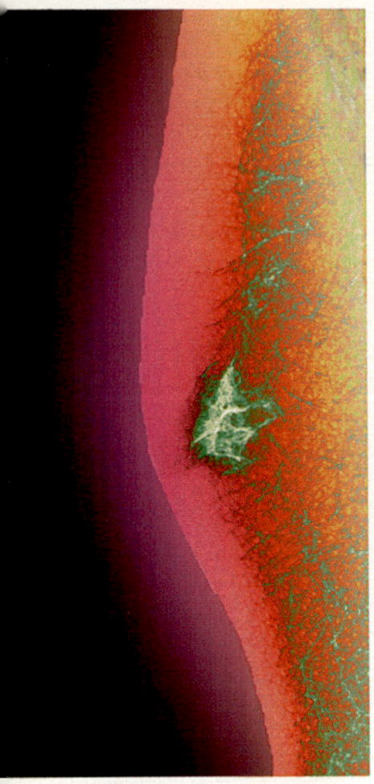

Röntgenaufnahme der Brust eines 48-jährigen Mannes: Unbehandelt bleibt eine Gynäkomastie manchmal bis ins Erwachsenenalter bestehen

15 Jahren ist zumindest zeitweilig betroffen. Eine Gynäkomastie entsteht, wenn durch die hormonelle Umstellung vorübergehend mehr weibliche Östrogene als männliche Androgene im Organismus vorhanden sind.

Der Drüsenkörper der männlichen Brust kann dann unter dem Einfluss der weiblichen Sexualhormone zu einem tastbaren, zum Teil auch schmerzhaften Knubbel hinter der Brustwarze anwachsen.

Hinzu tritt als weitere Ursache nicht selten überschüssiges Fett. „Jugendliche mit Gewichtsproblemen entwickeln besonders häufig eine solche Symptomatik", so Schuppe. Oft sammelt sich zunächst im Brustbereich Fett an, ohne dass sich der Drüsenkörper vergrößert.

Doch mit dem erhöhten Fettanteil am Gesamtkörpergewicht kommt es zu einer vermehrten Umwandlung von Androgenen in Östrogene – die Wahrscheinlichkeit einer Vergrößerung des Drüsenkörpers steigt.

In den meisten Fällen sind die Symptome nur gering ausgeprägt, und sie entwickeln sich von selbst wieder zurück, meist schon innerhalb eines Jahres. Doch in einigen Fällen bleibt es bei der weiblich wirkenden Brust.

Dann wandeln sich der Drüsenkörper und das umgebende Gewebe schrittweise in Bindegewebe um, eine natürliche Rückbildung der Gynäkomastie ist nicht mehr möglich. Betroffene fühlen sich oft in ihrer gesamten Lebensweise eingeschränkt, berichten von Scham und Minderwertigkeitsgefühlen, vermeiden Strandurlaube und versuchen durch eine unnatürliche Körperhaltung die unangenehme Silhouette zu verbergen.

In so einem Fall müssen die möglichen Ursachen geklärt werden. Das können Hormonstörungen oder Hodentumoren sein, infrage kommen auch der Konsum von Marihuana, Alkohol und vor allem Anabolika. Um dies herauszufinden, ist eine Überweisung zum Spezialisten angeraten, etwa zu einem Andrologen (eine Übersicht spezialisierter Andrologen unter www.dgandrologie.de).

Viele Betroffene erhoffen sich Besserung durch Krafttraining. Das kann zwar den Fettanteil im Brustgewebe verringern, aber der vergrößerte Drüsenkörper bildet sich dadurch nicht zurück. Dann bleibt als Abhilfe nur eine Operation. Dabei wird durch einen kleinen Schnitt um den Warzenhof herum der Drüsenkörper entfernt (Mastektomie) und meistens zur Angleichung umliegendes Fett abgesaugt (Liposuktion). Das Ergebnis ist in der Regel eine normale männliche Brust.

Bei einer Befragung von 33 Jugendlichen, die sich zwischen 1995 und 2001 einer Operation unterzogen hatten, gaben 29 von ihnen an, mit dem Ergebnis zufrieden zu sein.

Die Kosten eines solchen Eingriffs werden in Fällen starker psychosozialer Belastung von der Krankenkasse übernommen (eine Liste erfahrener Chirurgen unter www.vdpc.de und www.dgaepc.de).

Mirco Lomoth

LANGZEITDOKUMENTATION

Cooles Pokerface

Neun Jahre lang haben Wissenschaftler die Entwicklung einer Schulklasse aus Bonn mit Kamera und Mikrofon begleitet. Ihre wichtigste Erkenntnis: Die Lehrer »wachsen« nicht mit

Auf den ersten Blick erinnert der Raum an ein gewöhnliches Klassenzimmer: fünf Bankreihen, 40 Stühle, ein Lehrerpult, eine Tafel. Auch der Unterricht unterscheidet sich nicht von dem in einer normalen Schule.

Ungewöhnlich nur, dass die Fenster durch schwarze Rollos abgedunkelt sind, grelles Kunstlicht den Raum erhellt und fünf Mikrofone von der Decke hängen. Zudem schwenken zwei Kameras leise surrend hin und her, und in die Wände sind verglaste Sehschlitze eingezogen. Dahinter stehen – unsichtbar für Schüler und Lehrer – drei weitere Videokameras und ein Mischpult.

In der „Unterrichts-Mitschauanlage" der Universität Bonn werden seit den 1960er Jahren Lehrvideos für Studenten gedreht. Doch von 1998 bis 2006 war die Anlage auch Schauplatz eines einzigartigen Forschungsprojekts: Neun Schuljahre lang, von der fünften Klasse bis zum Abitur, filmten der Erziehungswissenschaftler Volker Ladenthin und seine Mitarbeiter Schüler des katholischen Gymnasiums „Collegium Josephinum Bonn".

Zweimal im Jahr zeichneten die Wissenschaftler jeweils eine Doppelstunde des regulären Unterrichts auf. Schüler und Lehrer tauschten dafür ihr Klassenzimmer gegen den Forschungsraum. Rund 180 Stunden Filmmaterial kamen so zusammen – eine einmalige Dokumentation über die soziale Entwicklung einer Schulklasse.

Zwar lassen sich die Ergebnisse dieser Jungenklasse nicht ohne Weiteres auf gemischte Klassen übertragen. Doch das Collegium Josephinum erfüllte eine entscheidende Voraussetzung für die Langzeitstudie: Der Religionsunterricht wird bis zum Abitur im ursprünglichen Klassenverband erteilt.

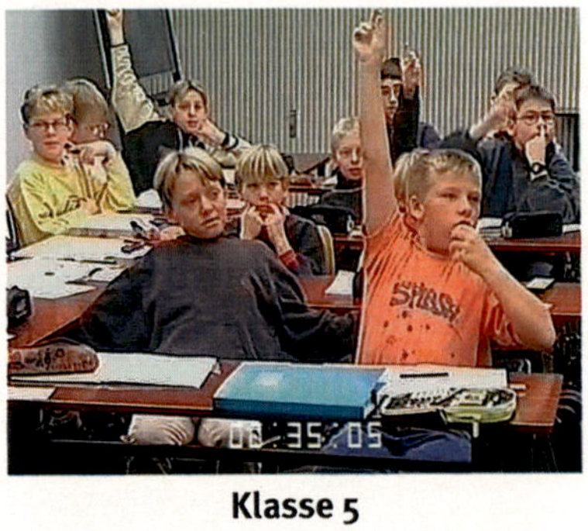

Klasse 5
In der Vorpubertät sind die Jungen noch mit Engagement dabei

Klasse 9
Eine unsichtbare Wand steht jetzt zwischen Lehrern und Schülern

Am erstaunlichsten, sagt Projektleiter Volker Ladenthin, sei für ihn die Erkenntnis, dass viele Lehrer nicht mit den Schülern „mitwachsen“: „Die sehen in den Abiturienten noch immer die Kleinen aus der Sexta, denen die Nase läuft.“

Das hätten die Jugendlichen als große Kränkung empfunden – vor allem in der Pubertät. „Die Schüler fühlten sich nicht ernst genommen, was zu Streitigkeiten mit einzelnen Lehrern führte.“

Auffallend sei auch, dass ab der Klasse 9 für die Schüler das Thema wichtiger werde als die Motivationstechniken der Lehrer. Stuhlkreise zu bilden oder einfach mitgebrachte CDs abzuspielen, würde dann als „Schnickschnack“ empfunden. „Die Schüler wollen ohne Umweg zur Sache kommen, sich zum Thema äußern, und ansonsten in Ruhe gelassen werden“, sagt Ladenthin.

Außerdem legen Schüler in den Klassen 9 und 10 großen Wert auf den Schutz ihrer Privatsphäre: Waren die Gesichter der Fünftklässler noch ein Spiegel ihrer Emotionen, entwickeln die Pubertierenden eine eigene Mimik – die von Lehrern oftmals missverstanden wird.

So seien Schüler, die ein „cooles Pokerface aufsetzen“, nicht unbedingt gelangweilt oder desinteressiert. Die Aufnahmen hätten gezeigt, dass viele solcher Schüler dem Unterricht trotzdem aufmerksam folgen. „Das Interesse sieht man den Schülern in der Pubertät nicht mehr an, weil das Außen das Innen verschweigt“, erläutert Volker Ladenthin.

Allerdings gab es auch Stunden, in denen die Heranwachsenden die Mitarbeit tatsächlich verweigerten. Etwa wenn sie nach ihrer persönlichen Meinung zu einer provokanten These oder einem eindeutigen Liedtext gefragt wurden. „Die wollen ihre Seele nicht mehr zur Schau tragen, wollen nicht, dass die Lehrer ihrer Persönlichkeit zu nahe kommen.“ Und das vor allem, wenn sie genau wüssten, was der Lehrer von ihnen hören will, sie also die Intention des Unterrichts durchschaut hätten.

„Die Schüler werden insofern erwachsen, als sie nicht mehr bereit sind, ständig ihr Innerstes preiszugeben“, sagt Ladenthin. Das sei eine Erkenntnis, die sich nicht nur Lehrer zu Herzen nehmen sollten, so der Forscher. Auch Eltern sei zu raten, den Wechsel in der Körpersprache aufmerksam zu beobachten und „von einem 14-, 15-Jährigen nicht mehr das gleiche Verhalten zu verlangen wie von einem Kind, das leuchtende Augen bekommt, wenn man ihm ein Stück Schokolade schenkt“.

Lehrer und Eltern dürften von einem Pubertierenden „keine Bekenntnisse oder Beifallsstürme mehr erwarten“. Und sie müssten akzeptieren, dass die Heranwachsenden „Dinge ausprobieren, bei denen man die Hände überm Kopf zusammenschlägt“. So hatten sich zwei Schüler der zehnten Klasse plötzlich die Haare gelb gefärbt. Das zu verbieten, so Ladenthin, provoziere nur unsinnigen Streit.

Zumindest in dieser Klasse des Collegium Josephinum Bonn habe sich in der Oberstufe wieder alles normali-

Klasse 10
Gefärbte Haare und Körperhaltung signalisieren: Protest und Skepsis

Klasse 12
Aus den Fünftklässlern sind junge Männer geworden

ANZEIGE

Internatsschulen

die 21 LEH Internate

mit ihrem ganzheitlichen Bildungskonzept
führend in Deutschland und der Schweiz
▪
für anspruchsvolle Kinder und Jugendliche,
die Freude an ihren Leistungen haben
und mehr aus sich machen möchten
▪
Internatsberatung Dr. Hartmut Ferenschild
T. 0 75 54 / 98 67 22
www.internate.de

INTERNAT GYMNASIUM

Gute Bildung: das Tor zur Welt

Informationstag:
Samstag, 21. Juni 2008

BIRKLEHOF

Schule Birklehof
79856 Hinterzarten
(07652) 122 22
www.birklehof.de

Bestseller!

Jetzt bestellen:
Tel. 0180 - 506 20 00*
www.geoshop.de
*14 Cent / Min. in Deutschland, Mobilfunkpreise können abweichen

siert. Als Nächstes möchte der Bonner Erziehungswissenschaftler herausfinden, wie sich Schülerinnen in der Pubertät verhalten.

Und so sitzt Volker Ladenthin inzwischen als aufmerksamer Beobachter in einer Mädchenklasse in Bad Godesberg. *Christine Heidemann*

LÄSTERN

Sündenbock auf Zeit

Mädchen und Jungen tratschen stets nach dem gleichen Schema über Freunde und Bekannte. Zunächst wird über Erlebnisse mit dem Lästeropfer erzählt – am Ende erfolgt dessen Rehabilitierung

Als der Wuppertaler Sprachwissenschaftler Daniel Schubert Tonaufnahmen von Gruppengesprächen Jugendlicher auswertete, fiel ihm eines sofort auf: „Gleichgültig wie alt diese waren und welche Schulform sie besuchten, irgendwann begannen sie zu lästern." Im Mittelpunkt stand dabei stets das Verhalten oder Aussehen einer Person, die zwar zur Clique gehörte, aber gerade nicht anwesend war. Auch der Ablauf der bösen Nachrede und die sprachlichen Mittel ähnelten sich.

Neugierig geworden, machte Schubert das Lästern zum Thema seiner Promotion. Mehrere Monate lang begleitete er vier Gruppen von insgesamt 20 Jugendlichen und jungen Erwachsenen zwischen 14 und 25 Jahren. Insgesamt zeichnete er rund drei Stunden verwertbare Nachrede auf, die er Satz für Satz analysierte. Schuberts Fazit: „Lästern verläuft nach einem erlernten und kulturell verankerten Skript."

Dieses teilt sich in fünf Akte: Zunächst wirft jemand ein Stichwort über einen nicht anwesenden Freund in die Runde – und lauert auf die Reaktion der anderen. „Lästern ist offenbar eine gefährliche Angelegenheit. Man will sich absichern, dass die anderen auch mitziehen", erläutert Schubert. Folgt in der Aushandlungsphase – der zweiten Stufe – kein Protest, lachen die Zuhörer gar oder steuern sie weitere Stichworte bei, ist der Startschuss gefallen.

Während der dritten Stufe wird allgemeine Kritik am Lästeropfer geäußert. Da heißt es dann zum Beispiel: „Der Kevin ist echt geizig", oder: „Die Leonie schleimt sich ja wohl bei jedem ein." Dann folgt der sprachwissenschaftlich interessanteste Part: Die Gruppenmitglieder erzählen reihum, was sie mit Kevin erlebt haben. „Dabei werden die Szenen mit verteilten Rollen noch einmal genussvoll durchgespielt", sagt Daniel Schubert. „Auch die SMS-verliebten Jugendlichen von heute können noch erzählen."

Am Schluss erfolgt die Image-Reparatur. „Aber der Kevin hat ja auch gute Seiten", ist ein typischer Satz für diese Phase. Oder: „Eigentlich mache ich das ja auch immer so wie die Leonie." Anders als beim niederträchtigen Klatsch oder bei übler Nachrede soll das Lästern über Leonie oder Kevin diesen nicht wirklich schaden.

„Das Opfer ist eine Art Sündenbock auf Zeit, dessen Status am Ende aber wiederhergestellt wird, indem man es sprachlich in die Gruppe zurückholt", fasst Schubert zusammen. Das Happy End folge nicht ohne Grund. Schließlich wisse jedes Mitglied der Clique, dass es selbst das nächste Lästeropfer werden könnte.

Geschlechtsspezifische Unterschiede konnte Schubert nicht feststellen: „Jungen sind ebensolche Lästermäuler wie Mädchen, die Unterschiede sind minimal." So dramatisieren Mädchen das Erzählte oft noch ein wenig, indem sie das Opfer mit verstellter Stimme imitieren. Und sie vergewissern sich vor und während des Lästerns häufiger als Jungen, dass die anderen mitmachen. Zum Beispiel durch Fragen wie: „Findest du doch auch, oder?"

Gesellschaftlich hat die böse Nachrede durchaus einen Sinn, glaubt Daniel Schubert: „Aggressionen und Druck werden damit abgebaut. So dient das Lästern auch dem Erhalt der Gruppe." Oder, wie es ein Jugendlicher gegenüber dem Forscher ausdrückte: „Wenn wir lästern, sind wir für kurze Zeit sprachliche Hooligans. Danach ist die Welt wieder in Ordnung." *Fenja Mens*

Wer im Abseits steht, leidet – auch wenn er weiß, dass jeder mal das Ziel von Lästermäulern ist

BILDNACHWEIS

FOTOHINWEISE NACH SEITEN
Anordnung im Layout:
l. = links, r. = rechts, o. = oben,
m. = Mitte, u. = unten

TITEL: Debbie Miracolo
SEITE 3: Arnold Morascher/Bilderberg
SEITE 4: Ruth Erdt
SEITE 5: Panos Pictures/Visum: r. o.; Ulrike Myrzik + Manfred Jarisch: r. m. o. (2); Catherine Balet, aus „Identity", Steidl 2006 (2) r. m. u.; Malte Jäger/Laif: r. u.; Montage: E. Dygas/Getty Images (Foto)/Bildbearbeitung Martin Künsting: l. m.; Serge Cohen: l. u.

AUFBRUCH IN EINE NEUE ZEIT
Petra Paulina Kohl: 6/7; Ruth Erdt: 8-9; Julian Röder/Ostkreuz 10/11; Philippe Gerlach/Youth in the Countryside: 12—13; Johanna Manke: 14/15; Lauren Greenfield/VII: 16; Jessica Roberts/on-photography.com: 17; Marion Poussier/Picturetank: 18/19

15 WICHTIGE FRAGEN ZUR PUBERTÄT
Karina Weichold

VORSICHT: UMBAUARBEITEN!
Illustrationen: Montage: E.Dygas/Getty Images(Foto)/Bildbearbeitung Martin Künsting: 25; Martin Künsting: 26; illu.team43@web.de : 28 l.; Mauritius/JIRI (Fotos): 28 r.; Montage: Mauritius/JIRI (Fotos)/Bildbearbeitung Martin Künsting: 29; Harald Willenbrock: 31 l. u.; Martin Richter: 31 r. u.

DIE DUNKLE VERLOCKUNG
Ruth Erdt: 32/33, 42–43; Coneyl Jay/SPL/Agentur Focus: 34; Claudine Doury/Agence VU/Laif: 35; Guillaume Herbaut/Oeil Public: 36 l. u. ; David Burnett/Contact Press/Agentur Focus: 37 ; Arne Dedert/DPA: 38 ; Ryan McGinley, Image courtesy Team Gallery, NY: 39 ; Justin Jin/Agentur Focus: 40 ; Annette Hauschild/Ostkreuz: 41 ; Barbara Sichtermann: 45; Illustrationen: illu.team43@web.de : 34-45

»WAS GUCKST DU? BIN ISCH KINO?«
Matt Eich: 46; Fenja Mens: 49

DAS WAR UNSERE JUGEND
Serge Cohen 52–61 außer privat: 51, 53–60 (klein)

»ES IST DOCH NUR EIN SPIEL!«
Ullsteinbild–ddp: 63; World of Warcraft: 64/65; Daniel Kölsche/Photoplexus: 66 bis 67; Mit freundlicher Unterstützung von Electronic Arts: 68–69; Seokyong Lee/The New York Times/Redux/Laif: 70; M.Niehus/Advantage Media Services: 71; Jochen Paulus: 71

PICKELGESICHT, VERDAMMTES!
LMU München, Klinik und Poliklinik für Dermatologie und Allergologie: 75, 77; Illustration: www.scf-online.com, Skin Care Forum 38, Cognis GmbH: 76; Stefan Braun: 78

SCHMERZHAFTER ÜBERGANG
Anders Ryman: 80–83, 88/89, 90 o.; Lauren Greenfield/VII: 84/85; Panos Pictures/Visum: 86/87; Natalja Zcherkassa: 90 u.

VON HÜHNERN UND HÄHNEN
Ulrike Myrzik + Manfred Jarisch: 92–95 außer Petra Thorbrietz: 95 u.

»EIN TRAURIGER UND SEHR SELTSAMER MENSCH«
Illustrationen: Natalie Huth: 96–102, 103 r. u.; Michael Kottmeier/Agenda: 103 l. u.

GELD HER! ODER: DIE VERFÜHRUNG ZUM KONSUMRAUSCH
Catherine Balet, aus „Identity", Steidl 2006: 104–109 außer Christiane Haas: 109 u.

DIPLOMAT FÜR 72 STUNDEN
Cira Moro/Laif: 110–116

DER FAMILIEN-ERFORSCHER
Marcus Höhn/Laif: 118, 121 l.; Ursula Ott + Matthias Pape: 121 r.

WAS ICH IMMER SCHON MAL SAGEN WOLLTE
Petra Paulina Kohl: 123–129

DISTANZIERTE NÄHE UND VIEL GEDULD
Illustrationen: Carolin Löbbert 131–134; Frank May/DPA: 134 u.

WER WOHNT WO?
Malte Jäger/Laif: 136–145

VERFALL VON SITTE UND MORAL?
Andreas Teichmann/Laif: 146–150

WAHNSINN VERPFLICHTET
Illustrationen: Marcus Schäfer 153–155; Norbert Miguletz (Foto): 155 l. u.

KOMPAKT
Berthold Steinhilber/Bilderberg: 158 u.; Veit Mette/Laif: 159; Ralph Lee Hopkins/Okapia: 160; Cyril Ruoso/JH Editorial/Minden Pictures: 162; Ansgar Photography/Zefa/Corbis: 163; Mary Evans Picture Library: 164; Hellen van Meene: 165; Sovereign/ISM/Okapia: 166 l. o.; Volker Ladenthin: 166–167 u. (4); Dirk Krüll /Laif: 168

KARTEN
Stefanie Peters: 80–90

VORSCHAU
Thomas Ernsting/Bilderberg: 170 o. ; Floris Leeuwenberg/TCS: 170 m.; Julian Kumar/Godong/Corbis: 170 u.; Zoe Norfolk/Picture Press: 171

NACHTRAG ZU GEO WISSEN SPRACHE NR. 40
Zu den Fotos von Karin Sander auf den Seiten 16–17 fehlte folgender Hinweis: Karin Sander, Wordsearch 2002, Eine translinguistische Skulptur, publiziert am 4. 10. 2002 in der New York Times, temporäres Projekt im öffentlichen Raum der Stadt New York, realisiert in Zusammenarbeit mit der New York Times und der Deutschen Bank im Rahmen der Kunstreihe „Moment".

Für unverlangt eingesandte Manuskripte und Fotos übernehmen Verlag und Redaktion keine Haftung.

© GEO 2008, Verlag Gruner + Jahr AG & Co KG, Hamburg, für sämtliche Beiträge.

Einem Teil der Auflage liegen Prospekte für Atlas Verlag und Spektrum der Wissenschaft Verlagsgesellschaft bei.

GEO WISSEN

Gruner + Jahr AG & Co KG, Druck- und Verlagshaus, Am Baumwall 11, 20459 Hamburg. Postanschrift für Verlag und Redaktion: 20444 Hamburg. Telefon 040/37 03–0, Telefax 040/37 03 56 48, Telex 21 95 20.
Internet: www.geo.de

HERAUSGEBER
Peter-Matthias Gaede

CHEFREDAKTEUR
Michael Schaper

GESCHÄFTSFÜHRENDE REDAKTEURE
Claus Peter Simon (Text), Ruth Eichhorn (Fotografie), Jutta Krüger (Art Direction)

CHEF VOM DIENST
Hans-Heinrich Ziemann

ART DIRECTOR
Andreas Knoche

BILDREDAKTION
Venita Kaleps;
freie Mitarbeit: Hannah Möller, Lars Willumeit

VERIFIKATION: Jörg Melander;
freie Mitarbeit: Alice Gayler, Kirsten Milhahn

MITARBEITER DIESER AUSGABE: Dr. Wolfgang Bergmann, Ute Eberle, Christine Heidemann, Dr. Magnus Heier, Antje Helms, Tina Hüttl, Malte Jessl, Sannah Koch, Mirco Lomoth, Fenja Mens, Ursula Ott, Matthias Pape, Jochen Paulus, Alexandra Rigos, Dr. Marion Rollin, Barbara Sichtermann, Christian Sywottek, Dr. Petra Thorbrietz, Dr. Karina Weichold, Harald Willenbrock, Hans Zippert

INFO-GRAFIKEN: Martin Künsting, illu.team43

REDAKTIONSASSISTENZ: Angelika Fuchs, Doris Paulini

SCHLUSSREDAKTION: Hinnerk Seelhoff, Brigitte Gajser; Assistenz: Hannelore Koehl

TECHNISCHER CHEF VOM DIENST: Rainer Droste
Bildadministration und -Technik: Stefan Bruhn

HONORARE/SPESEN: Angelika Györffy

BILDARCHIV: Bettina Behrens, Gudrun Lüdemann, Peter Müller

REDAKTIONSBÜRO NEW YORK: Nadja Masri (Leitung), Tina Ahrens, Christof Kalt (Redaktionsassistenz); 535 Fifth Avenue, 29th floor, New York, NY 10017, Tel. 001-646-884-71 20, Fax 001-646-884-71 11, E-Mail: geo@geo-ny.com

VERANTWORTLICH FÜR DEN REDAKTIONELLEN INHALT:
Michael Schaper

VERLAGSLEITUNG: Dr. Gerd Brüne, Ove Saffe

GESAMTANZEIGENLEITUNG: André Freiheit

VERTRIEBSLEITUNG: Ulrike Klemmer, DPV Deutscher Pressevertrieb

MARKETING: Julia Duden (Ltg.), Anja Stalp

HERSTELLER: Oliver Fehling

ANZEIGENABTEILUNG: Anzeigenverkauf: Ute Wangermann, Tel. 040/37 03 29 32, Fax 040/37 03 17 29 32; Anzeigendisposition: Anita Ratschat, Tel. 040/37 03 29 23, Fax 040/37 03 17 29 23.
Es gilt die Anzeigenpreisliste Nr. 4 vom 1. Januar 2008.

Der Export der Zeitschrift GEO WISSEN und deren Vertrieb im Ausland sind nur mit Genehmigung des Verlages statthaft. GEO WISSEN darf nur mit Genehmigung des Verlages in Lesezirkeln geführt werden.
Bankverbindung: Deutsche Bank AG Hamburg, Konto 0322800, BLZ 200 700 00.

Heft-Preis: 8,50 € · ISBN-Nr. 978-3-570-19788-2
© 2008 Gruner + Jahr, Hamburg
ISSN-Nr. 0933-9736

Druck: Prinovis Itzehoe GmbH & Co KG
Printed in Germany

GEO-WISSEN-LESERSERVICE

FRAGEN AN DIE REDAKTION
Telefon: 040 / 37 03 20 84, Telefax: 040 / 37 03 56 48
E-Mail: briefe@geo.de

ABONNEMENT- UND EINZELHEFTBESTELLUNG

ABONNEMENT DEUTSCHLAND
BESTELLUNGEN:
DPV Deutscher Pressevertrieb
GEO-Kundenservice
20080 Hamburg
Telefon: 01805/861 80 00*

Heftpreis im Abonnement: 7,50 €
KUNDENSERVICE ALLGEMEIN:
(pers. erreichb.)
Mo–Fr 7.30 bis 20.00 Uhr
Sa 9.00 bis 14.00 Uhr
Telefon: 01805/861 80 01*
Telefax: 01805/861 80 02*
E-Mail: geo-service@guj.de

24-Std.-Online-Kundenservice: www.MeinAbo.de/service

ABONNEMENT ÖSTERREICH
GEO-Kundenservice
Postfach 5, A-6960 Wolfurt
Telefon: 0820/00 10 85
Telefax: 0820/00 10 86
E-Mail: geo@abo-service.at

ABONNEMENT SCHWEIZ
GEO-Kundenservice
Postfach, CH-6002 Luzern
Telefon: 041/329 22 20
Telefax: 041/329 22 04
E-Mail: geo@leserservice.ch

ABONNEMENT ÜBRIGES AUSLAND
GEO-Kundenservice, Postfach, CH-6002 Luzern
Telefon: 0041-41 / 329 22 20, Telefax: 0041-41 / 329 22 04
E-Mail: geo@leserservice.ch

BESTELLADRESSE FÜR GEO-BÜCHER, GEO-KALENDER, SCHUBER ETC.

DEUTSCHLAND
GEO-Versand-Service
Werner-Haas-Straße 5
74172 Neckarsulm
Telefon: 01805/06 20 00 (14 Cent/Min.)
Telefax: 01805/08 20 00 (14 Cent/Min.)
E-Mail: service@guj.com

SCHWEIZ
GEO-Versand-Service 50/001
Postfach 1002,
CH-1240 Genf 42

ÖSTERREICH
GEO-Versand-Service 50/001
Postfach 5000,
A-1150 Wien

BESTELLUNGEN PER TELEFON UND FAX FÜR ALLE LÄNDER
Telefon: 0049-1805/06 20 00, Telefax: 0049-1805/08 20 00
E-Mail: service@guj.com
*14 Cent/Min. aus dem dt. Festnetz, Mobilfunkpreise können abweichen

DIE SANFTE MEDIZIN

Was ganzheitliche Heilmethoden leisten – und wo ihre Grenzen liegen

Ob Ayurveda, Homöopathie, Pflanzenmedizin oder Akupunktur – die Nachfrage nach naturheilkundlichen Anwendungen ist ungebrochen. An Universitäten sind erste Lehrstühle für diese Verfahren eingerichtet worden. Das Verhältnis von Schulmedizin und Alternativmedizin – lange Zeit von Misstrauen und Ablehnung geprägt – hat sich entspannt. Naturheilverfahren werden von Wissenschaftlern und Klinikärzten nicht länger kurzerhand als Paramedizin oder Quacksalberei abqualifiziert. Mehr und mehr schulmedizinisch ausgebildete Ärzte setzen heute auf integrative Therapien, bei denen sich verschiedene Behandlungsansätze zum Nutzen des Patienten ergänzen, etwa die Gabe von Mistelpräparaten zur Verbesserung der Lebensqualität bei einer Chemotherapie. Vorteile bietet die Alternativmedizin insbesondere bei chronischen Leiden und Befindlichkeitsstörungen; zudem ist bei ihr die Arzt-Patienten-Beziehung oft von mehr Zuwendung geprägt. Dennoch sind alternative Heilverfahren keine Wundermittel. Um so wichtiger ist es, zwischen Nützlichem und Scharlatanerie genau zu unterscheiden. Auch dazu wird die kommende Ausgabe von GEO WISSEN beitragen.

HEILPFLANZEN: Natur-Arzneien werden heute meist großtechnisch hergestellt – das dient der Qualität

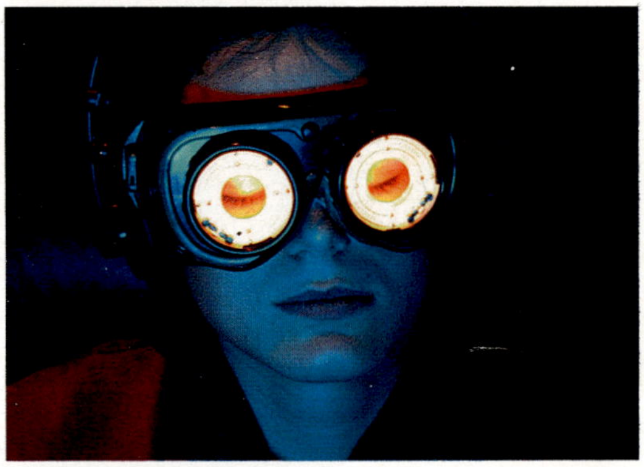

BIOFEEDBACK: So können sich Patienten Körperfunktionen bewusst machen und sie positiv beeinflussen

GLAUBENSKRAFT: Hoffnung auf Heilung, hier in der Grotte von Lourdes, vermag mitunter Wunder zu bewirken

Die zuletzt erschienenen Hefte der GEO-WISSEN-Reihe sind im ausgewählten Buch- und Zeitschriftenhandel oder beim Verlag erhältlich: Tel. 01805 / 861 80 00*; (*14 Cent/Min. aus dem deutschen Festnetz) Auch per Mail: abo-service@guj.de

NR. 31

NR. 32

NR. 33

NR. 34